The Political Structures of Japan

日本政治制度

許介鱗　楊鈞池　著

三民書局

Politics

國家圖書館出版品預行編目資料

日本政治制度 / 許介鱗,楊鈞池著.－－初版二刷.
－－臺北市: 三民, 2016
面;　公分
參考書目: 面
ISBN 978–957–14–4435–2　(平裝)
1. 政治制度－日本－戰後(1945–)

574.2179　　　　　　　　　　　　95005850

© 　日本政治制度

著 作 人	許介鱗　楊鈞池
發 行 人	劉振強
著作財產權人	三民書局股份有限公司
發 行 所	三民書局股份有限公司
	地址　臺北市復興北路386號
	電話　(02)25006600
	郵撥帳號　0009998–5
門 市 部	(復北店) 臺北市復興北路386號
	(重南店) 臺北市重慶南路一段61號
出版日期	初版一刷　2006年4月
	初版二刷　2016年3月
編　　號	S 571250

行政院新聞局登記證局版臺業字第○二○○號

有著作權．不准侵害

ISBN　978–957–14–4435–2　(平裝)

http://www.sanmin.com.tw　三民網路書店

※本書如有缺頁、破損或裝訂錯誤,請寄回本公司更換。

序

　　從比較長久的歷史觀察，日本政治制度的發展可以分為三大階段：一是 1868 年明治維新以前的武家政治體制，二是 1868 年明治維新以後到 1945 年戰敗為止的明治憲法體制，三是 1945 年敗戰至今的戰後政治體制。本書的重點，當然是放在第三階段。

　　日本不像中國那樣有「易姓革命」，然而有「萬世一系天皇」的政治神話。在日本長久的歷史當中，只有「明治維新」與「戰後改革」能算是政治制度上的巨大變革。政治制度是比較靜態的，除了二次巨大變革之外，平時的變動並不很大；相對的，社會經濟是動態的，其間的起伏變動較大。政治制度可以說，是一種持續性而被公認的社會生活架構。日本的政治社會中，人們行為之間有一種被大家公認的約束，這就是政治制度。政治制度並不一定限於法令、規章或組織、機構等實體，還包括日本人慣常採取的行為模式等，這些形成一套整體的秩序，並相當程度取得彼此之間的相互承認，而成為日本政治的人際關係和政治社會安定的主要因素。

　　本書除了緒論「日本政治制度的起源」之外，將當代日本政治制度分為十章，第一章戰後日本的憲法體制，第二章穩定政局的新天皇制，第三章內閣制度，第四章國會制度，第五章國會議員的選舉制度，第六章政黨政治，第七章公務員體制，第八章司法制度，第九章地方自治，第十章利益團體。但是本書的編撰，還顧慮到最近的變動和發展。

　　美國的社會學者傅高義 (Ezra F. Vogel) 在 1979 年出版的「日本第一」(*Japan As Number One*) 書中，依制度論的方法，稱讚日本在政治、經濟、教育、福利以及防治犯罪等的成效，認為這些「日本的奇蹟」堪作為美國的借鏡。然而，1990 年代冷戰終結之後，美國主導推行「全球化」，讓日本的經濟首先遭受到很大的衝擊，接著政治制度面也開始逐漸的變形。

　　本書的特色，除了靜態的政治制度之外，還考慮到日本受到「全球化」影響，隨著社會經濟動態的變遷，政治面也逐漸變形。因此，在每一章後面，加上政治制度各領域的變形：日本國憲法的變形、象徵天皇制的變形、日本新中央省廳的變形、日本國會的變形、選舉制度的變形、政黨制度的變形、官僚制的變形、司法制度的變形、地方自治法制的變形、政治資金規正法的變形等，成為本書與以往靜態制度論不同的地方，讓讀者較容易掌握日本政治制度的變動和發展方向。

　　現在日本的政治制度仍在持續轉變之中，如同全球化的波浪一樣，尚未告一段落。希望將來日本政治制度的改革告一段落後，還有加以補正的機會來充實內容。

許介鱗

二〇〇六年四月

目次
contents

緒論

日本政治制度的起源

　　古代的日本乃由地方豪族的家父長統率氏族的土地和人民，史上稱其為氏姓制度，直到 6 世紀末 7 世紀初，才有聖德太子的新政，確立了日本的政治制度。聖德太子幼年即聰明過人，精通內外學問，且雅好佛教與儒學。在西元 592 年，女帝推古天皇即位時，聖德太子藉勢擔任攝政並推行新政。新政深受儒教五常德目的影響，在 603 年時制訂冠位十二階制，將德、仁、禮、信、義、智各分大小，以冠的顏色分別，表示官人的地位，其目的在採用冠位授與登用人才，以抑制門閥勢力及豪族的專橫，加強官人制。冠位制就此成為日本律令制度位階制的源流。

　　接著在 604 年時，仿儒家官吏規矩制訂憲法十七條。但此憲法並非西方意味的國家根本法典，例如第一條「以和為貴」等，泰多為道德上的教化法規色彩。這是基於儒教與佛教的思想，克服豪族間的爭執，以樹立天皇為中心的國家。至於十七條的數字，也受中國陰陽思想的影響，因為根據陰陽學，陽數最高為九，陰數最高為八，陰陽數極合起來為十七。其後日本貞永式目的五十一條，就是十七條的三倍。

　　第三是派遣隋使，學習中國大陸的文化、國家制度。607 年派遣小野妹子至隋，接著派遣留學生、學問僧赴大陸，學習中國的制度與宗教、學藝。另外在 602 年有百濟的勸勒渡來（日本稱為渡來人），傳給日本太陰曆的曆法。聖德太子即採用此曆法的紀年法編纂其國史，並依中國 60 年為一甲子，辛酉年有革命的讖緯說，制定日本紀元。由於日本紀元的制定，日本從此才有國號，在此以前稱為倭、或倭國，而以前稱為王或大王的，也改為「天皇」的稱號了。620 年編纂《天皇記》、《國記》，成為日本國家意識的起源。

　　聖德太子於紀元 622 年去世，經過孝德天皇（645～654 年）的大化改新到 701（大寶元）年制定大寶律令，718 年制定養老律令，日本古代的律令體制於焉成立。其中央政府的官制如下圖所示：

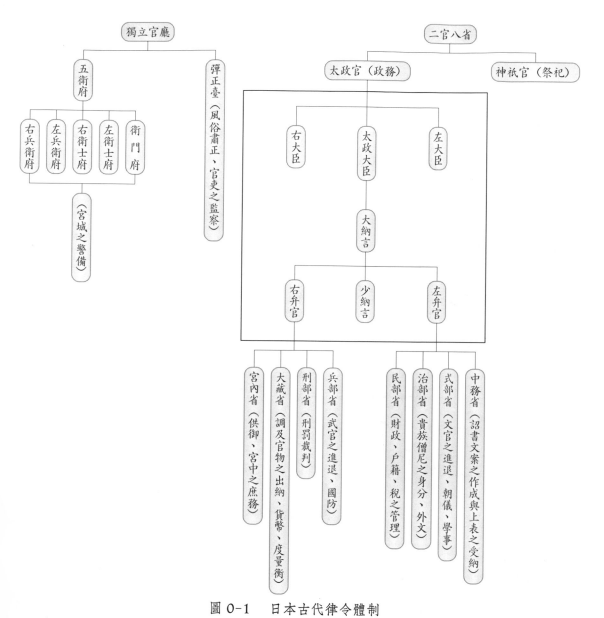

圖 0-1　日本古代律令體制

　　日本在中世以後，演變成武家（即武士階級）掌握政權的政治型態。起源於 12 世紀末創立的鎌倉幕府，經歷室町幕府、織田氏（信長）、豐臣氏（秀吉）、江戶幕府，一直到 1867 年江戶幕府的終結，約 700 年的時間皆為「武家政治」時代。這些武家政權的領袖，除了織田、豐臣二氏之外，

皆被任命為「征夷大將軍」，為幕府的主宰，同時掌握兵權與政權。織田、
豐臣雖未被任命為「征夷大將軍」，而其政權也不被稱為幕府，但本質上仍
為「武家政治」。武家政治的型態，因為軍事組織的優越，而缺乏類似中國
的家產制官僚群，其法律與制度乃依日本武家社會的現實，而沒有劃一的
性格。近世江戶幕府的政治組織，與日本古代的律令體制或中國古代的官
制相較，皆有相當大的差異。

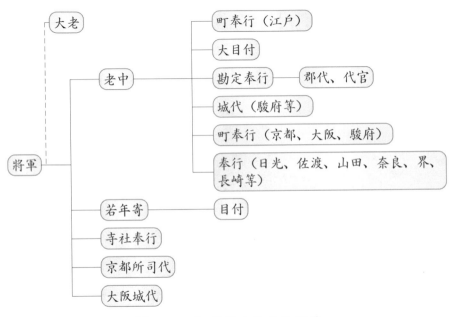

圖 0-2　江戶幕府的政治組織

　　圖 0-2 中的大老，並非常設的，但卻是最高的職位。「老中」才是常設
的最高執行機關，總轄政務，由數人交替輪番，稱為「月番」。「若年寄」
負責輔佐「老中」，統帥旗本及御家人。「大目付」在老中之下，掌管對「大
名」的監察。「目付」在「若年寄」之下，監察旗本、御家人。「町奉行」
擔任江戶的行政、司法、警察，由南北二個奉行所交替擔任。「勘定奉行」
擔任財務管理及關八州的裁判。「郡代」管轄關東、飛驒、美濃、豐後四個
廣大天領，「代官」是管轄其他的狹小天領。「城代」是守護二條城、大阪
城、駿府城、伏見城。「町奉行」設於京都、大阪、駿府等，司掌民政。「奉

行」設於佐渡、長崎、山田、日光、界等都市，司掌民政。「寺社奉行」統治寺社、寺社領以及神官、僧侶，並擔任關八州以外的訴訟。「京都所司代」擔任朝廷的警備、監視以及西國大名的監督。

總之，幕府政治組織的特色，在於一切權力集中在將軍手上。很多職位由數名構成，採用合議制、月番制以防止權力的集中，重要政務或訴訟由「評定所」合議決裁。評定所是由老中、大目付、目付、以及町奉行、勘定奉行、寺社奉行所構成，處理三奉行不能獨裁的重大事項，或管轄越境的重大訴訟，為最高司法機關。

至於幕府統治的主要對象，為各藩（地方政治）的大名。此地方首領大名與德川幕府依親近、強弱關係，又可分為親藩大名、譜代大名、外樣大名三種，幕府則發布「武家諸法度」以統治各藩的大名，這種政治型態稱為「幕藩體制」。

日本史上的第二次政治制度的改造，是在 19 世紀下半葉的明治維新，這是在 1867 年 12 月 9 日頒佈「王政復古」的大號令，在戊辰戰爭掃除舊幕府勢力後，翌（1868）年 3 月發布五箇條之誓文。其內容為：一、廣興會議，萬機決於公論；二、上下一心，盛行經綸；三、官武一途至庶民，各遂其志而不倦其心；四、破舊來之陋習，基於天地之公道；五、求智識於世界，大為振起皇基。

接著發布新政府組織的政體書，形式上採三權分立，然當初為立法權的議政官，上局（由公卿、諸侯藩士所構成的）被廢止，下局（由藩主所選出的藩士代表稱為貢士所構成的）先改為公議所、再改為集議院，逐漸失去立法的性格與權限。

官制改革的目的，在排除過去的公卿、藩主、上級士族等佔據政府官職，而改由推行維新的薩摩、長州、土佐、肥前四藩出身的下級士族壟斷新政府要職。另外海軍由舊薩摩藩、陸軍由舊長州藩出身者占上層要職，在明治中期形成以薩摩、長州為中心的藩閥政府。

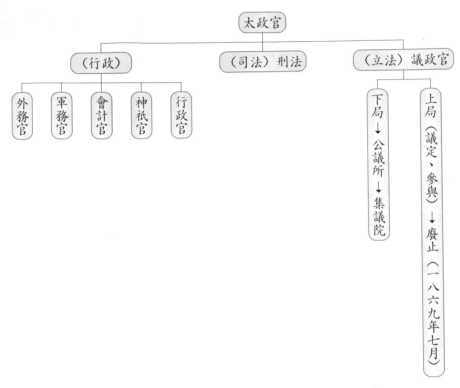

圖 0-3　政體書下的政府官制（1868，閏 4 月）

　　明治天皇在 1868 年 8 月即位，9 月改元「明治」，同時遷都江戶並改稱東京奠為首都。天皇「一世一元號」制從此成立。於是施行「版籍奉還」、「廢藩置縣」、「秩祿處分」、「徵兵令」等一連串改革，確立中央集權體制，1869 年以後的明治初年政府官制如圖 0-4。

　　版籍奉還乃因王政復古之後，擁有土地和人民的藩尚殘存於全國 270 餘處。新政府為了確立中央集權體制，第一步必須讓各藩將其版（即土地）籍（即人民）奉還。先是薩摩、長州、土佐、肥前四藩奉還版籍，而後其他諸藩亦仿效奉還。在此過渡時期，新政府即令舊藩主為「知藩事」掌管藩政。

　　雖然實現了版籍奉還，但新政府對各藩的統治體制尚不夠徹底，同年 11 月集合「知藩事」，實行廢藩置縣。於是全國設置三府七十二縣，舊「知

藩事」被移到東京。從此各府縣改由政府任命的「府知事」、「縣令」管理行政，縣令在 1886 年也改稱「縣知事」。

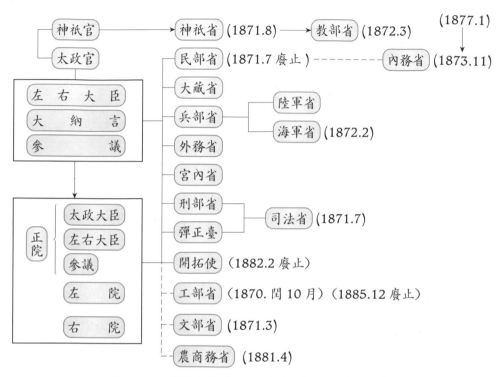

圖 0-4　明治初年的政府官制（1869 年以降）

　　兵制改革乃將過去的藩兵解體，形成直屬明治政府的軍隊。1871 年從薩摩、長州、土佐三藩的士兵徵集 10,000 人組成「御親兵」，同時在東京、大阪、鎮西、東北設置四鎮臺，以加強政府的軍事力。接著在 1872 年末發表「國民皆兵」為內容的徵兵告諭，1873 年 1 月公布徵兵令，確立六軍管區和六鎮臺約 30,000 名的近代兵制。1888 年鎮臺再改編為師團。另一方面在 1878 年設置參謀本部，軍令即從軍政的政治機關獨立，專屬天皇。

　　秩祿處分是新政府成立時給予舊公卿、武士的家祿，後來成為政府財政的一大負擔。1873 年制定「家祿奉還規則」，對希望奉還家祿者交付現金或公債證書。1875 年乾脆廢止家祿制度，而給予 1882 年以後開始償付的金祿公債證書（5 分～ 7 分利率）。

表 0-1　明治時期的兵制改革

兵制改革	
兵部省設置	1869
徵兵規則	1870
御親兵一萬徵集	1871
四鎮臺設置	1871
徵兵告諭	1872.11.28
徵兵令公布	1873.1.10
六軍管區、六鎮臺設置	
參謀本部設置	1878

　　對於藩閥政府的專制感到不滿的士族，乃興起自由民權運動，要求開設國會，制定憲法。在 1881 年（明治 14 年）的政變時，政府即發出明治 23 年（1890 年）開設國會之詔敕，並為此派遣伊藤博文等人赴歐調查憲法及起草憲法，並調整各種制度以備開設國會。1889 年以天皇賜與國民（即欽定）憲法的形式發布大日本國憲法，俗稱明治憲法。此憲法採用三權分立，載明國民的參政權、議會的權限、依法裁判等，形成日本的「法治國家」性格。但另一方面，天皇與其政府掌握強大的權力，議會和國民的權力顯得極小，因而是一部天皇主權的絕對主義政治體制。

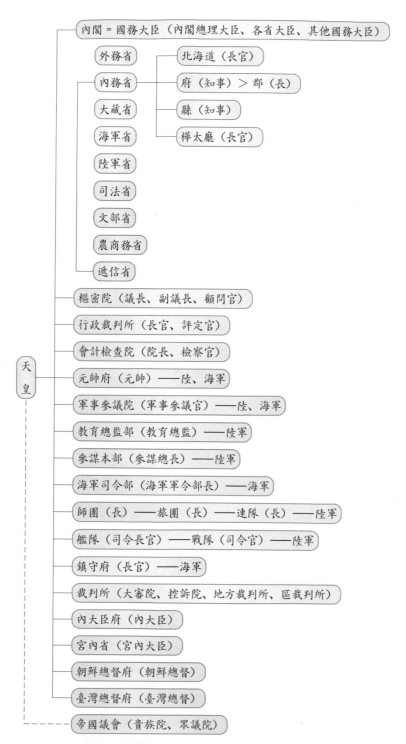

圖 0-5 明治憲法下的政治組織（明治末期）

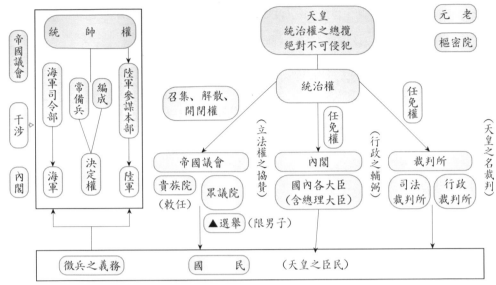

圖 0-6 明治憲法的政治結構

第一章

戰後日本的憲法體制

二次戰後，作為戰敗國的日本有非常大的轉變。由於戰敗以及兩顆原子彈的衝擊，日本民眾陷入極端的自我否定，強烈地反對任何與軍國主義有關的政策或政府活動，甚至鄙視軍人等。另一個更大的衝擊在於盟軍對日本的佔領以及對日本的民主化改造，因為這幾乎否定日本作為主權國家的地位與權利，特別是日本國憲法的相關規範竟然不是由日本國民來決定，而是由戰勝國——美國的指令與指導下才通過的。然而，國際局勢的轉變使得美國改變對日本的改造政策，日本成為美國在遠東地區的重要盟友，儘管美日同盟是一種不平等與不對稱的關係。美日同盟也改變日本政治制度的實際運作；原本限制日本軍國主義發展的憲法條文「和平條款」(pacifism) 卻成為日本經濟發展的基礎，同時亦是美日在 1980 年代出現政經摩擦的重要因素之一，更成為日本在 1990 年代想要轉向「正常國家」(normal state) 時非要克服的障礙。儘管如此，日本至今沒有改變任何的憲法「和平條款」，卻透過解釋憲法，或是通過法律條文來促成日本憲法體制的「變形」，以適應於後冷戰國際局勢的需要。

一、戰後憲法被稱為「麥克阿瑟憲法」的緣由

1945 年 8 月 15 日，日本向盟軍宣布接受波茨坦宣言，第二次世界大戰遂告結束。盟軍隨即進駐日本，而實際上是由美軍單獨佔領。盟軍佔領軍依據波茨坦宣言，對日本推行所謂「非軍事化」與「民主化」的改革，其實也就是美國在改造與扶持一個符合已身利益的日本政府體制。

佔領日本的盟國機構是「盟軍最高司令官總司令部」(General Headquarters of the Supreme Commander for the Allied Powers, GHQ；以下稱為「盟總」)，而美國為了掩飾其單獨佔領日本的事實，在 1945 年 12 月「(美英蘇) 三國外長會議」後的「莫斯科協定」，就依蘇聯和英國的要求，決定設立兩個機構，一為「遠東委員會」(Far Eastern Commission)，名義上為盟國對日佔領的最高決策機構，由十一國代表組成，對美國政府發給

盟總的指令有審查權；另一為盟國對日佔領的諮詢機構「盟國對日理事會」(Allied Council of Japan)，由中、美、英、蘇四國代表組成。這種將盟國的決策權與諮詢權分離，便是美國企圖壟斷佔領日本的策略。掌握實際執行權的盟總最高司令官麥克阿瑟 (Douglas MacArthur) 總是試圖去除這兩個機構的影響力，由美國壟斷對日的決策。在盟國對日政策的實際運作上，美國政府一方面可以運用否決權杯葛「遠東委員會」的決策，另一方面則可以對最高司令官發布「臨時指令」(interim directive) 指揮盟總，從而保障美國在日本佔領的絕對優越地位。

圖 1-1　麥克阿瑟將軍與裕仁天皇的合照，攝於 1945 年 9 月 27 日。前者在戰後日本憲法的制定過程中發揮極大的影響力。

　　戰後美國對日本的政治、經濟、社會體制進行一連串改革，涉及的範圍包括司法改革、勞動改革、官僚改革（驅逐公職）、農地改革以及經濟改革（財閥解體）。日本政府在 1946 年 11 月 3 日公布日本國憲法，且於 1947 年 5 月 3 日開始施行，此新憲法決定戰後日本的政治體制與基本法律規範，而美國在憲法制定過程中更扮演了主導的角色。

　　不過，針對修憲或制憲的問題，盟總一開始並不認為它有主導之權限，這是因為「莫斯科協定」中有以下內容：「關於日本的憲法結構或管理制度的根本變革的指令，必須得遠東委員會事前的協議及意見一致以後才能發布」。故日本憲法的變革問題，最先是以美方建議、日方提案的方式進行。直到 1946 年 2 月，盟總民政局官員提出一份研究報告，認為在遠東委員會成立以前，麥帥對日本憲法的變革問題可以有完全的行動自由，此後麥帥即緊急而祕密地命令民政局官員進行日本國憲法的起草工作，但是當時日方對盟總的動作毫不知情。

　　1945 年 10 月 4 日，麥克阿瑟召見日本內大臣近衛文麿，首次對日本提出修改憲法的要求。近衛認為，為了維持天皇制而消除天皇的大權是可以接受的修憲方向。10 月 8 日，盟總政治顧問艾傑遜 (Dean G. Acheson) 向近衛提示削減天皇立法權等十二項憲法修改要點。然而，反對大幅修憲的幣原喜重郎於 10 月 9 日組閣後，便引發日本政府 (幣原內閣) 和內府 (近衛內大臣) 爭奪修憲領導權的問題。當內府的修憲行動遭受內外輿論抨擊，且近衛又被質疑具有戰犯身分時，盟總便發表聲明否認盟總曾委由近衛修憲之事。近衛的修憲行動，最後因其內大臣一職被廢止，以及近衛本人因被視為戰犯被迫自殺而告結束，並未對後來的新憲法有任何影響，但這是日方嘗試修憲的第一次悲劇。

　　此後，即由幣原內閣積極主導修憲，而在 1946 年 2 月 1 日《每日新聞》發表與明治憲法相去不遠的「松本草案」。此案內容與先前「近衛案」獲得盟總政治顧問艾傑遜的修憲十二項指示相去甚遠，且其內容更為保守。2 月 13 日，盟總否決「松本草案」，並交付盟總以「象徵天皇制」與「放棄戰爭」為底線的「麥帥草案」。「松本草案」的提出，反成了日本嘗試主體性修憲的一大笑話。

　　以幣原為首的日本統治階層至此才體認到，如果日本要維持天皇制且護持國體，就必須斷然的「放棄戰爭」，並確立和平主義的新憲法。於是在 22 日的內閣會議，幣原內閣決定接受「麥帥草案」。新憲法的制定，從草案至國會中的審議，都須經過和盟總的協調與折衝。當然日本政府在此過程中，也私下動了些手腳加以修飾，例如在國會的審議時，社會黨的蘆田均便在憲法草案第九條戰爭放棄的第一項「日本國民誠實希望正義與秩序為基本之國際和平」之後，在第二項追加「為達到前項目的」的文字於「不保持陸海空軍及其他之戰鬥力，不承認國家之交戰權」之上，這種小技巧的修飾，使得後來日本政府要成立以「自衛隊」為名目的軍隊時，就有更寬廣的解釋空間。

二、現行憲法與明治憲法的異同

　　戰後的日本國憲法是由盟總主導制定，日本政府則處於戰敗而被迫採取較被動的角色，頂多只能利用盟總內部派系的矛盾，或刺探盟總意向的諜報活動，來謀求日本的基本「國家利益」。明治憲法則是比較自主的由當時的統治階級伊藤博文等所主宰制定。但是兩部憲法都是由上而下制定，人民皆無干預的力量。

　　當時除了主張天皇主權（國體護持）的近衛草案、松本草案之外，日本朝野各界也提出了國家主權、國民主權、甚至人民主權的許多種憲法版本，其內容依據憲法學者小林直樹的分析，可簡單畫成下圖：

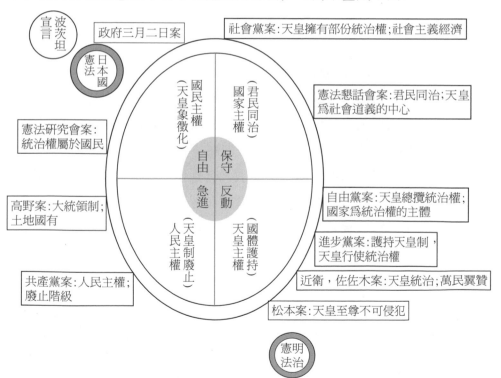

圖 1-2　戰後日本各界對憲法與政府體制之爭辯

可是在當時日本的修憲思潮中，主張「天皇主權」的草案仍佔相當多數。當時的日本政府及保守勢力認為，大日本帝國憲法（即明治憲法）並沒有什麼缺陷；戰爭的發生，只是憲法運用的差錯而已，所以對修改憲法的態度非常消極。日本政府最初提出的「松本案」修正案，其實沒有改變天皇主權的原則。

麥克阿瑟從根絕日本軍國主義的立場拒絕日本政府案，決定由盟總自行擬定草案，並指示修憲的三大原則：一、天皇制的改革、二、戰爭權的廢棄、三、封建制度的廢止。憲法草案由盟軍總部民政局擬定，經過一週的時間即完成英文草案（所謂麥克阿瑟草案）。在戰勝國的權勢下，美國擬定的草案，成為最後的日本憲法基本架構（小林直樹，1963: 57）。因此這部憲法也就有人笑稱「麥克阿瑟憲法」。

戰後日本國憲法和明治憲法最大的不同處，在於天皇地位的改變和否定日本作為主權國家的戰爭權。明治憲法第一條規定：「大日本帝國由萬世一系的天皇統治之。」基於天皇主權的原理，天皇總攬立法、司法、行政之統治權。此外，行政各部的官制、陸海軍的統帥、宣戰的公布、條約的締結等，都屬於天皇的大權。戰後新憲法則特別強調國民主權，天皇成為日本國與日本國民統合的象徵，沒有政治實權。新憲法第一條規定：「天皇是日本國的象徵，是日本國民統合之象徵，其地位乃基於擁有主權之國民的總意。」這就是象徵天皇制的依據。關於國民主權，憲法於其前文宣示：「主權存於國民」，「國政係根據國民嚴肅之信託，其權威來自於國民，其權力乃由國民之代表行使之，其福利由國民享有之。」依此，戰後新憲法否定了明治憲法之天皇主權，而確立了國民主權的原理。

以天皇的地位來說，戰前的天皇為「現人神」，擁有至高無上的權力與地位。但在戰後。為了逃避天皇的戰爭責任，便將戰爭責任推給日本全國的一億人民，並且藉由裕仁天皇十一次移樽就教拜見麥帥等運作，使盟總不再堅持天皇退位，而將天皇當成美國「間接統治」日本的一種工具。天皇為了保全自己，也樂於和盟總唱雙簧似地發表「人間宣言」，巧妙地藉各地「巡幸」等接近民眾的活動，樹立天皇在人民心目中國家統合的象

徵地位。

　　其次關於戰爭權方面，戰後新憲法專闢一章「放棄戰爭」，明文寫著「日本國民真誠希求基於正義與秩序的國際和平，永遠放棄以國權發動的戰爭、以武力威脅或以武力行使作為解決國際爭端的手段。為達到前項目的，不保持陸海空軍及其他戰爭力量，不承認國家的交戰權。」這樣在憲法中明文表示放棄戰爭的國家，世界上只有被投擲原子彈的日本一國而已，這種充滿理想色彩的日本憲法條文，當時卻是在美國警戒與防範珍珠港事變的歷史重演而刻意作成的。

　　雖然憲法第九條「放棄戰爭」這一條文，從制定後就沒再修改，但是在實際上日本保有武裝力量的情況，卻早已有很大的改變。1950 年韓戰爆發是一個重要的轉折點，美國出爾反爾的開始要求日本重新組織一定的軍事力量，1954 年 6 月日本政府公布防衛廳設置法與自衛隊法，將保安隊改組而擴大為陸、海、空三軍的方式。到了 1992 年 6 月國會通過「聯合國維持和平行動合作法」（簡稱 PKO 法案），同年 9 月正式派出自衛隊官兵所組成的軍隊，赴柬埔寨執行維持和平的任務，這使得憲法第九條的意義再度引起廣泛的討論。2001 年美國 911 事件後，日本為配合美國反恐戰爭而派兵前往伊拉克，更引發各界討論日本是否放棄和平條款，而逐步朝向「正常國家」的發展道路。

表 1-1　日本國憲法與明治憲法的比較

比較事項	明治憲法	日本國憲法
公布日期	1889（明治 22）年 2 月 11 日	1946（昭和 21）年 11 月 3 日
施行日期	1890（明治 23）年 11 月 29 日	1947（昭和 22）年 5 月 3 日
制定經過	統治階級制定	盟總（美國）主導
制定的動機	應付高漲的自由民權運動	因戰敗接受波茨坦宣言
制定者	伊藤博文（井上毅、伊東巳代治、金子堅太郎）	盟軍總司令部、日本國政府
模仿對象	普魯士（德意志）憲法	主要是美國憲法
制定的方法	祕密主義，國民未參與	形式上經國會審議
主　權	天皇主權	國民主權
天　皇	神聖不可侵犯，為統治權的總攬者	象徵天皇制，為日本國與日本國民統合的象徵
戰爭與戰力	陸海軍的統帥權為天皇所有 國民有服兵役的義務	和平主義：放棄戰爭不保持戰力、否認交戰權、不必服兵役
人　權	臣民的權利是恩惠的賜予 依據法律加以限制	基本人權為不可侵犯的永久權利，包含生存權在內，在國政上給予最大限度的尊重
國　會	天皇的協贊機關，兩院制 貴族院為特權階級的代表 沒有國政調查權	國權的最高機關，唯一的立法機關 兩院制，眾議院擁有優越權。有國政調查權
內　閣	沒有關於內閣的條文。天皇的輔弼機關，首相基於元老的推薦而被任命，對天皇負責	行政權的最高機關 議會內閣制 對國會負責
司法體制	依天皇之名行使審判 沒有違憲審查權 有特別裁判所	行使司法權 擁有違憲審查權 沒有特別裁判所 最高裁判所裁判官經國會審查
財　政	預算不通過時，前年度的預算仍可執行 依緊急處分，可以課稅、支出	國會不通過預算案時，不能有支出 非國會通過不能課稅、支出
地方自治	沒有規定 央集權色彩強烈，地方只是中央的下級機關	尊重地方自治的本旨 地方自治體的行政首長、議員經由直接選舉產生 公民投票有特別法規定
憲法的修改	天皇提議，國會議決	國會提議，由公民投票

說明：作者整理。

三、日本國憲法的體制

憲法的要素

　　日本的政治體制在戰後被改造成美國式的自由民主政治體制，其構成要素有五項，即立憲主義、權力分立、參政權的保障、複數政黨制、和言論結社自由。

1.立憲主義 (constitutionalism)

　　是一種關於人類社會應如何組織其國家及其政治生活的規範性思想，其精髓在於以憲法和法律來規範政府的建立、更替及其權力的行使，藉以防止人民的權利受到政權的侵害，並進而確保政權的行使能符合人民的利益。日本的立憲主義思想，是明治維新以後從歐美移植過來的，戰前的「大正民主」時代的普選也是立憲主義的一種體現。戰後日本憲法仿效著美國憲法制定，也同樣維持著立憲主義的原理。

2.權力分立

　　行政、立法、司法三權分立的議院內閣制是日本國憲法的重要因素，最高行政機關首長的內閣總理大臣（首相），是經國會決議從國會多數派議員中提名決定，而內閣總理大臣任命國務大臣組閣時，其半數以上須在國會議員中選任。內閣、國會、法院的權力分立原則，是在一定的限度內被規定的。日本國憲法否定了戰前天皇總攬一切統治權的制度，而把國家的行政權、立法權、司法權分屬內閣、國會、法院三個機構，並規定了三個機構間的分權與制衡關係。

　　關於行政權的歸屬，日本國憲法第六十五條規定：「行政權屬於內閣」，內閣是行使行政權的最高機關。一般來說，行政權是由行政部門來行使，內閣則居於統籌監督行政各部門、協調行政機構的地位。日本國憲法第四十一條「國會是國家唯一的立法機關」，因此國家所有的立法只能通過國會的議決才能成立，這一條明訂了立法權的歸屬。至於司法權，憲法第七十

六條規定「一切司法權屬於最高法院及由法律規定設置的下級法院」，第七十八條規定了法官的身份保障制度，以維持其獨立行使職權的能力。由於日本是一議院內閣制國家，因此國會可以決定內閣的存續與解散，且根據憲法第六十二條，國會參眾兩院擁有國政調查權，因此日本國會在實際上是行政、立法、監察權的集中機構。日本內閣與國會關係密切。內閣行使行政權需對國會負責（第六十六條），內閣總理大臣（首相）必須在國會議員中提名並經由國會決議（第六十七條），且過半數的國務大臣必須是國會兩院的議員（第六十八條），眾議院可對內閣提出不信任案（第六十九條）。

此外，最高裁判所（最高法院）擁有決定法律、命令、規則或處分是否合於憲法的違憲審查權（第八十一條），並能夠制訂法院內部規則（第七十七條），這些規定不但強調了司法權的獨立性，也表現出法院對國會的制約，而國會也能經由對法官的彈劾，對法院造成制約。至於司法權與行政權的關係，日本國憲法第七十六條第二項禁止行政機關作成終審裁判的規定，將包括行政案件在內的一切審判視為司法權而隸屬於普通法院，不特設行政法院，這種傾向英美系統的制度，也使得司法權的範圍較大，再加上憲法第七十八條禁止行政機關對法官懲戒處分的規定，更保護了司法權不受行政權的約束。相對於明治憲法中，司法權未獨立於行政權之外的體制，是對人權進一步保障的設計，也是實現三權分立的表現。

3.參政權的保障

參政權的保障是從國民主權的原理而來。由於日本國憲法中強調國民主權，而國民主權的政治即是國民參與的政治，政府施政的方向基本上是依據全體國民的多數意志而決定，參政權的保障自然是實現國民主權的基本要件，其主要內涵為普通、平等的選舉等等。

4.複數政黨制

複數政黨制也是美國式自由民主制的保障。日本的政黨制，從 1955 年社會黨統一、民主黨與自由黨結合成「自由民主黨」以後，就形成了兩大陣營對峙的「五五年體制」，其中還有維持相當席次的共產黨，以及後來成立的宗教色彩政黨公明黨。1993 年自民黨分裂並失去執政權以後，日本更

進入了多黨聯合內閣的時代,至今除了社會黨衰退改名為社會民主黨之外,還有民主黨、自由黨、保守新黨等的成立，因此日本屬於複數政黨制。

5.言論結社自由

　　保障人民的言論自由與結社自由也是自由民主體制的要素之一。民主政治即是民意的政治。民意之形成若可由政府加以任意監控、塑造，則人民的參政權就失去其實質意義。言論自由的保障，使民意得以自由抒發及傳遞，從而匯聚形成共識；結社自由的保障，則使具有相同理念的人民能自由組成團體，從而發揮更大的影響力，尋求自身最大福祉與滿足。

憲法的基本原理

　　如果要簡要的敘述日本憲法在制定當時的精神、特色或稱基本原理，可歸納為三點，即國民主權、和平主義、基本人權保障。

1.國民主權

　　主權就是決定國家理想政體的最高權力。日本國的主權已從原本在舊憲法中總攬統治權的天皇，轉移到全體國民。新憲法前言中說，「在此宣布主權屬於國民」，作為日本國民統合的象徵及日本國的象徵，天皇只是一個世襲的虛位元首。依憲法第一條，其地位完全要基於主權在民的日本國民之總意，而天皇有關國事一切之行為應經內閣之提請與同意，並由內閣負其責任（憲法第三條），天皇已不能干預國事，僅得為憲法所規定有關國事之行為（憲法第四條）。因而，國政乃依據國民嚴肅的付託，基於民主主義的原理而施行。

2.和平主義

　　日本國憲法被稱為「和平憲法」，因為它遵從徹底的和平主義。日本憲法第二章「戰爭之放棄」唯一的條文即第九條規定，「日本國民誠實希望以正義與秩序為基本之國際和平，永久放棄以國權發動戰爭與武力之威嚇及行使，為解決國際紛爭之手段。為達到前項之目的，不保持陸海空軍及其他戰鬥力，不承認國家之交戰權。」各國憲法中，規定不為侵略的戰爭，雖不無前例，但宣言不以武力解決紛爭，實以日本憲法為濫觴。

該條文第二項「為達到前項之目的」的文字，是由眾議院憲法修改特別委員會及小委員會的委員長蘆田均，在審議憲法時加入的。隨著 1950 年韓戰的爆發，美國政策的轉向，日本即以此段文字為依據，解釋自衛隊之設置何以不違憲。另外，這也使得日本在面對聯合國要求維持和平行動 (peace-keeping operations; PKO) 時，可以派遣警察部隊且又不至於違憲。

日本自 1954 年成立自衛隊後，自衛隊與憲法的關係，長久以來成為執政黨與反對黨爭執的焦點之一。日本政府認為在憲法的限制下，自衛權之行使基本上必須為自衛所必要的最小限度，其具體行使之地理範圍須依個別情況而定，未必限於日本的領土、領海和領空。但是以行使武力為目的，而派遣武裝部隊到他國領土、領海、領空的海外派兵問題，一般認為超越自衛所必要的最小限度，不為憲法所允許。而日本作為「和平國家」，除憲法第九條的原則性規定外，在反映「和平主義」的相關政策方面，還有：「武器輸出三原則」與「非核三原則」等規範。

所謂「武器輸出三原則」，最初是 1967 年佐藤榮作首相在眾議院決議委員會上表明：日本不向下列國家輸出武器，(1)共產圈國家；(2)聯合國決議禁止武器輸出國家；(3)可能出現國際紛爭的當事國。1976 年三木武夫首相又強調，站在和平國家的立場，武器輸出三原則除考量輸出對象與地區外，還應該包括：為避免助長國際紛爭等事端而謹慎決定武器輸出。

非核三原則最早也是佐藤榮作首相在 1968 年 1 月 30 日演講中提到，(1)不開發核武；(2)不引進核武；(3)不保有核武。此外，從「非核三原則」又衍生相關政策：有鑑於核武帶來的悲慘經驗，日本國民衷心期望核武被廢除與消失；但是基於現實上的不可能，日本國民積極推動核武裁減，建立國際規範來管理核武。基於和平憲法，日本國民堅持持有自主防衛能力以對抗使用傳統武器的侵略行為。但是對於國際間核武威脅，日本政府的安保政策將延續美日安保條約以及依賴美國的核武抑制力。日本全力推動核子能源的和平使用，享受核能源與全球科技進步所帶來的實益，以及提高國民的自信與日本國家的威信，強化日本的和平發言權。

然而這些基於冷戰時期日本防衛需要而建立的「和平規範」卻在後冷

戰時期逐漸被揚棄，即使日本沒有修改任何的憲法條文或文字，日本政府還是透過「解釋法律」的手段，或是配合所謂國際情勢之變遷，讓這些「和平規範」逐漸失去效力，這也顯示日本是否願意繼續持有「和平主義」的憲法條文，成為觀察日本憲法發展的一個焦點。

3.基本人權保障

日本國憲法明記，基本人權乃人類經多年努力爭取自由之成果，為不可侵犯之永久的權利，並表示全體國民皆以個人身分受尊重。有關追求生命、自由及幸福之國民權利，除違反公共福利外，於立法及其他國政上，都必予以最大之尊重。在日本國憲法第三章「國民的權利義務」中，規定了近代民主主義憲法所不可或缺的基本人權的保障，本章條文多達三十一條，幾乎佔去日本憲法全部條文的三分之一，足見其重視基本人權之程度。相對於此，明治憲法只在「法律的範圍內」保障狹隘的基本自由權，對法律範圍以外的基本人權，國家不予以保障。新憲法則從尊重個人的立場出發，在不違反「公共的福祉」的前提下，對基本自由權以及基本社會權給予國政上最大的保障與尊重，視基本人權為永久的權利，法律亦不得侵犯。

日本憲法所保障的基本人權，在參政權方面的規定為「人民有選舉及罷免公務員的權利」（第十五條第一項）。在自由權方面，除了保障宗教自由（第二十條）與集會、結社、言論、出版及其他一切表現之自由（第二十一條第一項）外，並規定思想及良心之自由不得侵犯（第十九條）以及學問的自由（第二十三條）。至於人身自由的保障，包括禁止奴隸的拘束及苦役（第十八條）、保障法定手續（第三十一條）、住居之不可侵犯權、緘默權等。

除了自由權，日本國憲法也保障社會權。社會權包括：以福利國家為目標的生存權（第二十五條），保障受教育的權利（二十六條），工作權（二十七條），勞工的團結權、團體交涉權、團體行動權，也就是指勞動基本權的保障（二十八條）。這顯示日本國憲法對於提升國民福利，保障國民基本生活的重視。20世紀的社會權的基本權主張，在自由權當中，對私人的所有及營業的自由等經濟的自由權給予某種程度的限制，用以保障社會權，

並藉著國家積極的介入來保護社會的弱者，同時承認保障所有人類生存之權利。不過關於這些規定，日本政府認為這只是國家政治、道德的方向，並不具法的約束力。例如有關生存權「國民均有健康而文化之最低限度生活之權利」的規定，就被認為不能無視於國家財政狀況，必須依照各時代發達程度來判斷。

四、日本國憲法的變形

日本國憲法的頒布實施，相當大的程度上解除了軍部的影響，防止日本軍國主義的死灰復燃，也否定了天皇專權的制度，並建立了戰後日本民主政治的基礎，保障日本國民的人權，維護了日本的和平與穩定。其中放棄戰爭的和平條款，更讓日本能大幅降低冷戰時期因軍備競賽而造成的龐大軍費支出，使政府能集中力量在公共建設並發展國家經濟，日本在戰後能一躍而成為世界經濟強國，確實與日本國憲法有密不可分的關係。

不過，由於特殊的歷史背景，使得日本國憲法中的某些規則並非完全落實，尤其是韓戰的爆發間接讓日本成立了「自衛隊」，實際上也是軍隊的一個別稱。而日本在 1990 年代出現「成為正常國家」的呼聲，更使得海外派兵逐漸成為常態。現行的制度與憲法間是否牴觸的疑問一直存在，也使得憲法解釋有混亂與模糊不清的現象。但由於日本國民多數贊同修改現行的日本國憲法，因此這一部憲法極有可能在不久的將來做出重大改變，修改的方向除了自衛隊可能變成軍隊、憲法的和平原則被刪除、皇室女性也能當天皇或是首相由全民直選等都是可能的方向。

日本是否修改「和平憲法」

日本憲法第九條規定：日本國放棄戰爭、禁止武裝軍隊，因此日本歷任政府都相當尊重此和平主義的憲法條文。對憲法的解釋，以保有「專守防衛」的自衛力來正當化自衛隊的存在，並認為行使「集團的自衛權」而派兵海外是違憲。

　　依此憲法解釋，日本尚存在：⑴非核三原則；⑵武器輸出三原則；⑶海外派兵的禁止；⑷禁止保有攻擊性武器的禁制。對於美日安保條約下的日本自衛隊發動，也限於：⑴防衛國土；⑵維持東亞的國際和平與安全；⑶日美間事前協議為前提。在以上條件的範圍內，才解釋為合憲。

　　自從韓戰之後歷任內閣都尊重這樣的憲法解釋。但是近來日本依美國的要求以「PKO協力法」派兵海外，就以「釋憲」而暗行「修憲」，即以「釋憲」達到「修憲」的目的，甚至有右派人士倡議乾脆正式提出修憲。但是依日本憲法第九十六條的憲法修改程序，必須經過參眾兩院總議員三分之二以上的贊成提案，再經過國民投票過半數以上的贊成才能成立，在這樣嚴格的條件下，加上日本派兵海外如伊拉克，而引起民間和媒體的不斷批評，正式修憲之路相當困難。因此日本的統治階層只好以「釋憲」的手段，將本來的「放棄戰爭」、「禁止武裝軍隊」等憲法精神空洞化了。

　　憲法第九條引起的爭議，更持續到了2001年9月11日恐怖主義發動對美國紐約的攻擊事件之後，由於美國希望與其盟國積極防止大規模毀滅性武器與相關生產技術與運輸方式的擴散，包括彈道飛彈、核武、生化武器等，日本政府決定延續美日兩國在1999年即已決定，共同研究與開發彈道飛彈防衛體系 (ballistic missile defense, BMD) 的技術後，再次確定雙方合作防止大規模毀滅性武器的擴散，以及與美國共同進行「反恐合作」。

　　美國與日本進行「反恐合作」，包括：⑴2001年10月29日日本國會通過「反恐對策特別措施法案」(Antiterrorism Special Measures Law)、「海上保安廳修正案」、「自衛隊法修正案」三項時效兩年的特別立法，這三項法案提供自衛隊得於暫時派兵赴海外行動的法源依據，法文明定派遣行動必須有國會的追認；⑵2003年6月日本通過「有事三法案」，分別是「武力攻擊事態法案」(The Law Concerning Measures to Ensure National Independence and Security in a Situation of Armed Attack)、「自衛隊法修正案」、「安全保障會議設置法修正案」，確立旨在應付針對日本的武力攻擊事態的基本理念與態勢，以及為確保自衛隊行動的順利進行所必要的措施等，建立「有事法制」(contingency laws) 以作為日本應對緊急事態的危

機管理機制，並且可以作為支援的法源基礎；(3)有關日本的防衛力：在冷戰時期，為防備蘇聯的威脅，自衛隊只能限定擁有「基本的」部隊與裝備，用以排除「限定的小規模」攻擊；一旦超過此一標準，日本必須仰賴美軍的防衛能力。1976 年第一份「防衛計畫大綱」基本上是以此一標準為核心。1995 年「防衛計畫大綱」基本上是為了因應後冷戰國際情勢的不確定狀態，防衛力必須有所提升。如今強調「多機能彈力的防衛力」，一方面可以參與聯合國和平維持行動 (PKO)，自衛隊派遣海外的機會增加；另一方面，為防衛日本本土，自衛隊所負擔之責任已經超過以往，相關的部隊與裝備有必要加以調整。

　　日本政府透過與美國進行反恐合作，並且配套進行修改相關法律，這一連串行動顯示出，儘管日本沒有修改任何憲法條款，可是日本透過立法程序，已經建立相當完整的國防體系與軍事指揮體系，這對於日本走向「正常國家」化其實是有一定程度的助益；相對的，這也意味著日本憲法的「和平精神」已逐漸消失。

首相直選制之分析

　　所謂首相直選，是指首相由人民直接民選產生，而不是經過國會議員選舉後由多數黨黨魁接任。在日本，最早提倡首相直選制者為中曾根康弘。中曾根康弘在 1961 年提出首相直選論的主張，其辦法如下：(1)首相由國民直接投票，獲得過半數者由天皇任命；(2)想要成為首相直選的候選者，必須由國會議員三十人至五十人推薦，選民五十萬人以上的連署推薦；(3)首相的任期四年，可連任一次；(4)首相對於國會通過的預算案與法案擁有否決權。

　　中曾根康弘認為，日本政治有幾個重大的缺點，例如派閥政治強大的影響力，無論是政黨或是政府決策、首相或大臣的職務任命，都是取決於派閥政治的左右。其次，日本國會經常出現激烈的政爭，政黨陷入極端的政爭，導致日本無法成為世界一流國家，也無法表現政黨應有的責任政治。第三，內閣壽命不長導致政權不安定，平均每一年即進行一次內閣改組，

大臣與政務次官的平均任期只有七個月。因此，中曾根康弘認為，為解決上述這些問題，日本政治體制應該確立三權分立制度，首相改由國民直接選舉產生。事實上，中曾根康弘提出這樣的主張是基於他領導的派系是自民黨內的最小派閥，而他之所以在 1980 年代可以出任首相，最主要因素是自民黨內最大派閥田中派的支持；為了擺脫田中派的牽制，中曾根康弘不斷地提出首相直選論，但是卻因為田中派不願意支持，最後則是無疾而終。

1993 年自民黨內年輕議員，以山崎拓、加藤紘一、小泉純一郎為首的 YKK 集團，成立「首相公選制的國會議員之會」，山崎拓擔任會長職務，明白主張首相應該改採直選制。1999 年自民黨的齋藤斗志二眾議員則提出憲法修改以引進首相直選制，並出版《檢正首相民選》一書，主張在眾議院選舉後到眾議院進行首相任命選舉的過程中，舉行公民投票，公民投票產生首相提名人，再由眾議院信任投票任命之。2000 年 1 月，小淵惠三首相私人的有識者懇談會提出「21 世紀日本之構想」最終報告書，書中也指出，首相直選制將是日本中長期的課題之一，目前該是討論首相直選制優缺點的時機。同月日本國會參眾兩院分別設置憲法調查會，是否修改憲法來引進首相直選制也成為討論的議題之一。

自民黨參議員山本一太與民主黨參議員淺尾慶一郎在 2001 年 1 月份《中央公論》雜誌發表他們對首相直選制的主張。他們認為從 1999 年 4 月東京都知事石原慎太郎、2000 年 10 月長野縣知事田中康夫、2000 年 11 月櫪木縣知事福田昭夫等人就職或是選舉勝利以來，日本出現了以地方為政治中心的新氣象。這種新政治氣象最主要表現在：⑴由於世紀末日本政治發展的不明確，日本民眾對既有政黨的不信任，最明顯的證明是上述三人皆以無黨籍身分當選知事，擊敗由政黨推薦的候選人；⑵為了迅速且果敢地做出政治判斷與實踐，政治人物應該具備足夠能力來適應環境需求，作為日本最重要的掌舵者——首相，更應該要符合這樣的條件。有鑑於首相權限的強化，以及民眾應該對首相人選有一定程度的信任與支持，再觀察到石原慎太郎、田中康夫、福田昭夫等人發揮領導力，快速地帶動當地

市政改革，淺尾慶一郎、山本一太等人認為，有必要引進首相直選制。

　　淺尾慶一郎、山本一太主張的首相直選制的選舉辦法如下：⑴候選人必須獲得國會議員 70 人與選民 100 萬人的連署推薦；⑵首相任期四年；眾議院解散時，首相任期也將提早結束；⑶眾議院三分之二以上通過不信任案時，將促使內閣總辭。

　　首相直選制，其實就是引進美國總統選舉制度，然而首相直選後就可以解決所有的問題嗎？日本贊成首相直選制之學者專家所提出的理由在於：⑴首相直接獲得人民的信任，可以發揮強力的領導權；⑵透過首相直選制將可以提高國民參與國政的意識；⑶透過首相直選產生的首相將可以擺脫政黨與選區的特定利益。然而，也有反對首相直選制的政治家或學者，小澤一郎可以說是近十年來日本主張加強首相領導權的代表人士之一，但他卻反對首相直選制。小澤一郎認為，日本天皇是最高的國家元首，首相直選制將導致日本由內閣制成為總統制，天皇反而成為沒必要設立，小澤一郎因此而強力反對。小澤一郎並以英國首相柴契爾夫人為例，在兩大政黨競爭制下，內閣首相仍然可以發揮領導力，想要引進總統制來促進政治活性化的論點並不充分。

　　現實上，日本若引進首相直選制，日本憲法勢必要進行修改，日本憲法修法程序是眾參兩院議員三分之二以上贊成，交由日本公民過半數以上贊成才可以通過，這在實際的政治運作過程中有其困難度。

　　歸納上述之分析，日本現階段討論「和平條款」以及「首相直選制」的過程與結果，顯示日本憲政主義在後冷戰時期的發展已經出現相當大的變化，特別是作為政府首長的內閣總理及其權限有了相當大的轉變，正如政治學比較政府理論所提到「首相權力總統化」的趨勢，日本亦是如此。儘管日本天皇還是繼續存在，但是日本強化首相與內閣的領導權，其實已經讓日本憲法體制有關「和平條款」出現「變形」，日本已經逐漸走出二次大戰戰敗國的陰影，而尋求成為「正常國家」。

話題　**日本成為正常國家？**

二次戰後，作為戰敗國的日本出現相當嚴重的國家認同 (national identity) 危機。由於戰敗與兩顆原子彈的衝擊，日本民眾陷入極端的自我否定，亦強烈地反對任何與軍國主義有關的政策或政府活動，甚至鄙視軍人等。另一個更大的衝擊在於盟軍對日本的軍事佔領，進而改造日本，盟軍的作為幾乎否定日本作為主權國家的地位與權利，尤其是日本憲法的相關規範竟然不是由日本國民決定，而是在戰勝國──美國的指令與指導下才通過的。美國歷史學家 John Dower 在 1999 年出版的著作《陷入戰敗》(*Embracing Defeat: Japan in the Wake of World War II.*) 有相當深刻的觀察、分析與批判。

美國指導下所通過的日本國憲法，除強調國民主權、基本人權保障等民主憲政之基本原理外，還凸顯出日本憲法具有的「和平精神」，也就是憲法第二章第九條的規定：「日本國民誠實地希求以正義與秩序為基調之國際和平，永久放棄以國權發動之戰爭，以及以武力威嚇或行使武力，以為解決國際紛爭之手段。為達成前項目的，不保持陸海空軍與其他戰力，不承認國家之交戰權。」戰後日本政治的演變，與憲法第九條條文息息相關。首先，由於日本憲法第九條的規定，戰爭期間的內務省、海軍省、陸軍省皆被裁撤，日本不得保有武裝力量，只有維持治安的保安力量。然而，1950 年韓戰爆發後卻改變美國的態度，美國一方面與日本協商美日安保條約，讓美軍可以駐紮日本本土，另一方面美國要求日本重新組織軍事力量，1954 年 6 月日本政府公布防衛廳設置法與自衛隊法，保安力量改組為自衛隊。不過，根據美日安保條約而衍生的駐日美軍及其提供的核保護傘，才是日本在冷戰期間的防衛力量。此外，由於憲法第九條的規定，日本政府進一步提出「武器輸出三原則」、「非核三原則」、「國防預算不超過 GNP 的 1% 之上限」、「自衛隊僅能防衛日本本土」等規範。儘管這些衍生自憲法第九條「和平條款」的規範 (norms) 在實際上沒有形成法律條文，然而，

這些受到外來壓力，進而自我設限之「和平條款」及其相關規範反而使得日本一直到冷戰結束仍無法成為一個「正常國家」(normal state)。

對日本而言，最近幾年想要成為「正常國家」的企圖與具體行為愈來愈明顯，例如 1992 年 6 月，日本國會通過「聯合國維持和平行動合作法」(PKO 法案)，同年 9 月正式派出自衛隊前往柬埔寨執行聯合國維持和平任務。2001 年美國 911 事件後，小泉純一郎首相為配合美國反恐戰爭，決定派兵前往中東地區。這些決策皆被視為日本邁向「正常國家」的重要事件。又例如，2000 年 1 月 20 日，日本參議院與眾議院正式設立憲法調查會，預定花費五年的時間內邀請學者專家出席會議，發表他們對日本憲法與憲政發展的意見，並與國會議員一起討論，尋求日本各界對憲法應否修正與修正內容的共識。日本長期以來持續討論的修憲問題正式納入國會議事的日程。

日本討論修憲的核心議題在於憲法第九條的規定。尤其是 2003 年 11 月 2 日小泉首相公開且明確地表示，「自衛隊就是軍隊，這是常識」，以及「為避免自衛隊違反憲法，就要修改憲法第九條」。由此可見修憲問題已經成為小泉政府積極實現的重大政策之一，並隱含相當特殊的戰略意涵，亦即，日本希望邁向「正常國家」。問題是，日本政治運作自二次大戰以來一直受到美國的限制，日本憲法第九條是其中一個重要的限制，另一個限制在於美國透過美日安保條約為基礎，進而塑造之美日同盟關係，及其對日本未來走向之限制。

第二章

穩定政局的新天皇制

　　日本的政治體制，從戰前明治憲法的「天皇主權」，轉變到戰後新憲法的「國民主權」政體，並將天皇的角色轉為「象徵天皇制」，其間涉及美國佔領軍的設計、日本保守勢力的權謀運用等過程，最後形成了目前的日本憲法體制。近五十年來，日本憲法雖未曾有所修改，但是在實際政治運作上，卻未必如當年制憲者的設想。尤其是政治意識、政治文化，並不是由制度所能塑造的，也不是短時間內能改變的，而是來自於悠久的歷史傳承。

一、從天皇主權制到象徵天皇制

　　明治憲法規定天皇為國家元首，神聖不可侵犯，掌握所有國家權力，並被尊為「現人神」，這種結合了德意志君主至上思想及日本道統尊君理念的憲法，支配日本五十餘年，並將日本帶往戰爭的道路。明治憲法支配下的日本社會可以說是由支配階層（包括軍部、官僚制的上層指導者，以及政治經濟方面的菁英如財閥、政黨的領導者等），以天皇的神聖威權為後盾，使下部階層貫徹其命令與決定。而一般社會則以家父長制為基本，將「家族倫理」極大化，使民眾對天皇產生如同對父親一般的忠誠與孝心，形成堅實的支配基礎。

圖 2-1　　明治天皇 (1852-1919)。名睦仁，宮號祐宮。1867 年即位，在位期間帶領日本邁向強國之林。

　　在這種獨裁體制下，天皇在各方面都擁有極大的權限。具體而言，以軍隊的指揮權為例，明治憲法第十一條規定「統帥權的獨立」，亦即軍隊的指揮命令權專屬天皇，不受其他國家機關的任何約束。對日本軍國主義的侵略戰爭而言，最重要的就是軍隊的統帥權，它完全屬於天皇控制而置於民眾監督之外。即使在實際政治運作上，天皇的「御內意」及國家元老就重大問題的「內奏」，仍有相當大的影響力，甚至可以迫使意見不同的大臣

乃至總理大臣辭職。天皇甚至可以用「聖斷」來左右政策。這使得日本國政，在形式上與實際上，都是在天皇的運籌帷幄之下。

擁有如此巨大權力的天皇，又如何逃過戰後對戰爭責任的追究？波茨坦宣言並未直接論及天皇制的問題，只模糊的說：「依日本國民自由表示的意志，成立一傾向和平及負責的政府。」自盟軍總部開始依照波茨坦宣言的規定，追訴戰犯後，與天皇關係極其密切的東久邇宮首相，就努力爭取由日本人自己審判日本戰犯，以免天皇被盟軍以戰犯罪名傳喚到庭，但此項努力終遭失敗。於是宮內省積極策劃天皇拜見麥帥，認為這樣必可扭轉局勢，轉變盟軍總司令部對天皇的觀感，以「護持國體」保存天皇制。

天皇制之所以得以保存下來，一方面是日本用「接受永久放棄戰爭的和平主義」（憲法第九條）換取「象徵天皇制」的續存，另一方面，日本利用日本女性的「慰安措施」隨時探知佔領軍情報，利用天皇拜見麥克阿瑟以爭取其認同，並且發表「人間宣言」，積極「巡幸」各地改變形象，而透過美國抵擋國際上如蘇聯徹底廢除天皇制的要求，這是日本成功達成「國體護持」目標的重要原因。

二、象徵天皇制的「正當性」

天皇制與新憲法所揭示的國民主權原理能否「調和」，一直是制憲後憲法學界討論的焦點。政府的憲法調查會在「應審議的問題點綱要」中，對於天皇制也提出「天皇制可否與國民主權調和？」的問題。就問題提出的背景而言，不在於天皇到底是實際統治者抑或只是統合的表徵，而是在於以往代表專制威權的天皇，在被納入民主憲法所規定的國家政治機構時，是否有違背國民主權的原理？

關於這問題，當時有許多擁護天皇制者以英國、比利時等國為例，主張民主主義與君主制的並行不會產生矛盾，而為維持天皇制辯護，然而在學理上來說，日本天皇制得以保留，並不表示它符合學理，只可說是一種政治妥協。日本的象徵天皇制，是基於何種必要條件而產生，說法不一，

從盟總與日本的支配階層不想「革命」的立場來說，天皇制的維持是「絕對必要」的，而站在希望徹底實現民眾主權的左派立場來說，天皇制是「不必要」而有害的殘存制度。另一方面，妥協的「必要前提」在於，確定在該政治社會條件中，君主制無害於民主主義；而且在確定民主主義原理優先原則後，絕不會因為君主制的保留而扭曲這原則。就在日本的實踐而言，前者是憲法第一條的問題，後者是天皇制的社會基礎與政治機能的問題。

依據憲法第一條「天皇是日本國的象徵，是日本國民統一的象徵，其地位以主權所在的全體日本國民的意志為依據。」學界的通說認為第一條的表達重點在於，主權在民的統治原理更甚於天皇的法律地位，亦即憲法所認定的象徵天皇制的根據在於「日本國民的總意」。憲法確定國民主權優位原則，天皇的象徵地位是主權者國民所賦予的，天皇僅是從屬的機構而已。明治憲法下被要求服從、翼贊的「臣民」在戰後成為主權者，而基於神授掌握絕對權力的天皇，在戰後轉變成基於國民的總意而存在的「象徵」了。戰前美濃部達吉主張的天皇機關說其實符合的是戰後的天皇制；戰前的情形反倒近似天皇主權說。換言之，戰後象徵天皇制的天皇原則上與政治毫無交集，其正當性的基礎在於民意，這也是「君主制」與國民主權得以並存的原因。

戰前明治憲法下天皇的地位，被天孫降臨的神話所強化，在民眾心中建立了「天皇歸一」、「一君萬民」的意識。這種意識的興起絕不僅是現代版民族神話的奏效，而是從古代氏族制的理念、家族主義國家觀的長久累積而衍生出重疊性的「國體」理念。天皇支配的正當性基礎，建立在天孫降臨等古代神話的強化作用（神授的正當性），以及由此而生「萬世一系、神聖不可侵犯」的皇統（傳統的正當性）上，從而形成一個帶有神話色彩的價值體系。因此，宗教、血統、道統、神授等元素，而非民主，才是天皇制價值體系的正當性基礎。

戰敗的事實對舊天皇制的宗教基礎而言，是一個很大的打擊。加上盟總的政教分離政策，以及對天皇神格性的否認等，破壞了以往天皇支配正當性的基礎。新憲法中象徵天皇制的根據在於「國民的總意」，打破了現人

神的天皇主權正當性，而天皇制必須獲得主權者「國民」的同意才得以保留。實際上，國民從未有機會對天皇制表示贊同與否，目前所謂「國民的同意」其實是日本民眾對「尊貴血統」以及「萬世一系道統」信仰的表現。也就是說，天皇制的「正當性」存在於信仰此種意識的社會架構中。

有些學者將日本社會的基本架構比喻為所謂「二重構造」：上層是屬於高度資本主義的近代部分，下層則是封建家族主義的前近代部分。上層的發展是靠強大的中央集權官僚與軍隊，進行帝國主義的擴張；下層架構則以道統家族主義、神敕主權為中心，強化天皇一人的統治，並進行國家機關以國家整體生存發展為目的的有效動員。換言之，明治以來的絕對天皇制及其統治架構，是以封建下的共同社會與家族主義意識為基礎，並藉著中央集權式官僚制與軍事力的結合，來發展資本主義與近代帝國主義。就此角度看來，在二重構造下天皇制與日本資本主義社會是可並行不悖的。

而二次大戰結束初制憲時的社會架構基本上仍維持了戰前的二層構造，作為下層架構象徵的天皇，在巡幸各地的過程中，顯示出其重要的社會功能，為防止共黨勢力興起與避免社會解體，天皇制因而得以象徵性的保留下來。目前維持象徵天皇制存在的社會機制，一方面可說是由政府的教育、文化政策所建立；另一方面，就民眾的角度而言，則是因為天皇在民眾心中，實際上已成為日本道統文化與歷史情感的中心，天皇的存在價值因此能夠源源不斷的獲得支持。

三、天皇的法律地位與實際作用

天皇的法律地位，規定在日本國憲法第一章八個條文中，從憲法頒布以來，憲法條文本身並沒有任何修改，日本憲法規定天皇是日本國的象徵，是日本國民統一的象徵，其地位以主權所在的全體日本國民的意志為依據。但觀諸事實，並非如此。

憲法中關於天皇國事行為的規定有以下幾項：天皇關於國事的一切行為，必須有內閣的建議和承認，由內閣負其責任（第三條）。天皇只能行使

本憲法所規定的關於國事的行為，沒有關於國政的權能。天皇可根據法律規定，委託其關於國事的行為（第四條）。根據皇室典範的規定設置攝政時，攝政以天皇的名義行使其關於國事的行為，在此場合準用前條第一項之規定（第五條）。天皇根據內閣的建議與承認，為國民行使下列關於國事的行為：(1)公布憲法的修改、法律、政令及條約；(2)召集國會；(3)解散眾議院；(4)公告舉行國會議員的總選舉；(5)認證國務大臣和法律規定的其他官吏的任免和全權證書以及大使、公使的國書；(6)認證大赦、特赦、減刑、免除執行刑罰以及恢復權利；(7)授予榮典；(8)認證批准書以及法律規定的其他外交文書；(9)接受外國大使及公使；(10)舉行儀式。（第七條）

　　天皇的國事行為，必須依據內閣的建議與承認，可以說不具有決定性的影響力，但是事實上，天皇的威權卻不因憲法限制而減弱。天皇的國事行為包括：國會的召集、眾議院的解散、內閣總理大臣、最高裁判所所長的任命（認證之格式）、條約與法律的公布、勛章等榮典的授與、恩赦的認證（決定權原在內閣）等，其中存在不少值得深思的問題。

　　就恩赦來說，基本上而言，憲法規定恩赦之決定權在內閣，天皇只有認證的作用，但至今九次恩赦中，就有三次與皇室有直接關係，分別是1952年皇室立太子時、1959年皇太子結婚、1989年昭和天皇死時。如此以皇室的慶弔大事為恩赦的時機，容易造成民眾視恩赦為天皇所賜恩惠的觀感，從而加強天皇的地位。

　　再就認證相關文書的格式及用語而言，以內閣對任命檢察官的助言與承認文書為例，其基本格式為：

　　○○　檢察官　任命
　　右謹　認證　仰裁可

　　其中「仰裁可」在日文文言體中，是一種下級對上級的典型尊敬語，意味著天皇處於高於內閣的地位。相對於此，天皇的任命文書格式為：

氏名
〇〇〇任命 　。
　年　　月　　日
　　　　　　內閣　　官印
御名御璽

　　由於文書中沒有「認證」字眼，因此單就文書看來，天皇彷彿就是有權任命者；另外，在天皇簽章前的提示詞，不用「天皇印」這種不含敬意的一般用語，而使用與明治天皇時代相同的「御名御璽」，給人一種天皇特別尊貴的印象。

　　就最高行政、司法長官的任命而言，內閣總理大臣、最高裁判長，各大臣之任命都必須有天皇之認證，認證典禮在天皇皇宮之正殿「松の間」舉行，組閣後一定要經認證典禮才照團契照，然後透過各種媒體發送新聞，呈現在全國民眾的眼前。這種儀式與明治憲法時代相同，易產生「內閣向天皇宣示效忠」之觀感。

　　在外交事務上，發送對外國的全權委任狀與大使、公使信任狀的權限本屬一國元首之所有，在明治憲法時屬天皇，現行憲法規定天皇只有認證權，發行權在內閣，但其文書格式卻易使不明日本憲法的人誤以天皇為發行者，從而以天皇為當然元首。其文書格式如下：

日本國天皇明仁
〇〇國大統領〇〇閣下
（內文）

平成　年　月　日
御名御璽
內閣總理大臣　氏名　官印
外務大臣　氏名　官印

　　天皇在憲法所列舉國事行為以外，尚有許多公行為，包括：在每年國

會開會式、國民體育大會開幕式、以及 8 月 15 日的「戰歿者追悼會」上，
天皇都有致詞儀式，即所謂「御言葉」；另外，出席植樹祭並親手植樹、出
席萬國博覽會開幕式、在春秋之際舉辦宮廷園遊會、國內地方巡幸等等，
都屬於天皇的公行為。從新憲法公布後，天皇的公行為卻有逐漸增加的趨
勢。從 1952 年開始，內閣閣員形成了就一般所管事項向天皇報告的慣例。
另外，首相或外相結束海外訪問返國後、眾參兩院議長在國會會期結束後、
自治大臣在選舉結束後、東京市長（都知事）與警視總監在年終、自衛隊
幹部在年初、重大事件發生時的相關大臣，都必須當面向天皇報告（宮內
廳稱為「拜謁」）。

　　以上這些已經成為天皇行事慣例的「公行為」，究竟是否違憲，是日本
憲法學上爭議的重點之一，學者間尚未取得一致共識。儘管如此，1985 年
眾議院議長福永，在排演國會開會式接受天皇「御言葉」時，因當時健康
狀態不佳在下臺階時差點跌倒，此一事件加上後來自民黨政爭，使得他因
此而被迫辭職。1987 年眾議院議長在臨時國會開會式接受天皇「御言葉」
時，因過度緊張而以單手接天皇的「御言葉」，結果引起自民黨內「對天皇
失禮」的責難，甚至認為議長應道歉以平息這個事件。這些事例顯示出實
際上天皇擁有高於國家立法與行政機關最高長官的威權性。

　　就天皇與最高行政長官的首相之關係而言，天皇的健康狀況對於首相
及各大臣的行事也產生重大影響。1989 年當昭和天皇病況惡化時，首相竹
下登立刻終止演講計畫，各大臣也取消出國訪問。1990 年初，由於要舉辦
昭和天皇「一週年祭」，海部俊樹首相的出國計畫因而受阻。

　　日本天皇的元號，是模仿中國皇帝的「年號」而來，元號制定或更改
的時機，最先是因慶典、災異而改元、代始改元、革年改元，自明治維新
以後才確定天皇一代一元號的「一世一元制」。天皇的獨尊地位，透過元號
的使用、以「日之丸」為國旗、「君之代」為國歌的教育等等手段，在民眾
的心中扎根深化。這樣民眾無意識中就確認了天皇的統治。明治時代制定
元號所根據的「皇室典範」在戰後被廢止了，新憲法與新皇室典範中並未
規定元號的制定，直到 1979 年國會才通過了元號法。元號法並未強制規

定民眾使用元號，但由現實我們仍可以說天皇支配了全國國民的時間意識。「日之丸」、「君之代」是大日本帝國的象徵。「日之丸」作為日本的國旗，在戰前乃至戰後的今日，尚未有法律基礎。「日之丸」的紅太陽象徵著「天照大神」，正是日本發動侵略戰爭意識形態動員基礎——「神道教」的崇拜物。而「君之代」歌詞的內容，則在於歌頌天皇統治的偉大與神聖，雖然戰後盟總並未禁唱這首歌，但是其意義與新憲法「國民主權」的精神可說是相違背的。然而，「君之代」並未隨著時間的推移被人遺忘，相反的，它在許多國際活動中（如奧運會等），越來越廣泛地被當作國歌使用。文部省以及各地方議會也積極推展各級學校以「日之丸」為國旗、「君之代」為國歌。

1999 年 8 月 13 日，日本政府公布「國旗國歌法」，為多年來關於「日之丸」、「君之代」的爭議推進了一大步，日本各級學校在此法頒布後都必須起立升旗並唱國歌，而未照辦的學校教職員則會受到政府的懲罰。該法實施後，以石原慎太郎擔任知事的東京都執行最為嚴厲，東京都的教育委員會多次懲戒未遵守國旗國歌法的教職員。這個象徵天皇的國旗國歌，被日本右翼政治人物當成思想的強制教育，不過日本天皇本人卻反倒對這樣的強制教育感到質疑，罕見的發表意見認為政府目前的作法失當。

四、象徵天皇制的變形

「象徵天皇制」與「國民主權」的並存，在憲法體制上，或許可以設計出看似相互調和的條文，然而，當擁有主權的國民，決定保留天皇的心理基礎，仍停留在帝制時代視天皇具有「萬世一系」尊貴血統的信仰時，那麼「國民主權」的憲法精神，在實際政治運作中，逐漸被扭曲乃至蔑視，恐怕就不是一件令人意外的事了。

從日本天皇現下的行為及實質影響力來看，有以下幾點值得檢討之處：

1.天皇不應具有高於首相、國會議長的實質影響力

天皇雖然任命首相，但必須有國會的建議與承認，雖然可宣布解散眾

議院與恩赦，但必須有內閣的建議與承認，換言之，權力的來源在於代表全國民眾的國會與內閣，既然如此，在權力位階上，天皇理當處於次於國會與內閣的地位。

天皇的病危與週年祭，卻足以中止內閣成員的出國計畫，而在國會開幕式天皇「御言葉」時，表現失常竟足以成為要求議長辭職的論據，如此的事實，顯示天皇具有高於首相、國會的相當影響力，有違「國民主權」的憲法精神。

2.公文書的格式應明確表現天皇象徵性的附屬地位

天皇依據憲法規定的認證事項，行使國事行為，在公文書中自然應該明確顯示相關單位的權力關係，不得有曖昧模糊之處。現下公文書中的用語與格式，相當多直接沿用明治時期的習慣，這樣一方面使政府官員不易跳脫天皇主權的陰影，另一方面也易使其他國家誤以天皇為當然主權者，不利於落實「象徵天皇制」的設計原意。

3.應改革教育，徹底根除帝國時期遺留下來的天皇文化

教育的內容決定民眾的心靈意識，從 1958 年開始，文部省所頒布具有法律拘束力的「學習指導要領」，就持續有計畫的推行學校的「天皇敬愛教育」，近來更配合以「日之丸」為國旗、「君之代」為國歌，強制教育學生，另一方面也透過教科書的審查，消除對天皇不利的言論，這可說是侵害了民眾的言論及信仰自由，是對「國民主權」的一大諷刺。不可否認的，「天皇文化」也因此得以延續下去。

若將大和民族的優越意識比喻為一條河，那麼新憲法中「國民主權」的設計，就是防止其泛濫成災的重要堤防，如今這條堤防已經出現了許多缺漏，「天皇神聖」的思想透過許多皇家儀式、文化符號、教育政策等，正腐蝕著脆弱的「國民主權」意識。這條河流再度泛濫成災，或許並非不可想像之事。

最近日本皇太子的「人格否定」發言，也引起象徵天皇制的重大改變。2004 年 5 月，皇太子德仁為出訪歐洲參加西班牙王子婚典，竭盡全力爭取妻子雅子的同行，但最終未能說服固執己見的宮內廳，忍無可忍的德仁在

訪歐前的記者招待會上，公開批評宮內廳否定雅子的人格和事業，此「人格否定」宣言，在日本朝野引起軒然大波。在記者招待會之後的幾天，有700多通電子郵件傳到宮內廳，大多是同情皇太子夫妻而批判宮內廳的內容。6月8日，德仁從西班牙王子婚典回國後，又發表文章再次懇求人們為雅子減壓，多給她一點自由。

宮內廳在 701 年大寶律令官制時稱為「宮內省」，第二次大戰後改稱「宮內府」，1949 年才改為「宮內廳」，成為總理府的外局。編制為：特別職的宮內廳長官、侍從長、東宮大夫、式部長官等 53 人，一般職員 1,042人，總共約有 1,100 左右。宮內廳掌管皇室關係的國家事務，天皇在憲法所列舉國事行為，例如安排接受外國大使公使等儀式，以及保管「御璽」、「國璽」。但因過分保守而成為眾矢之的。

日本國會的喜好也會影響宮廷費的預算。有關宮內廳的預算，可以大別為「皇室費」和「宮內廳費」。皇室費分為內廷費、宮廷費、皇族費三種。依 2003 年度預算，「內廷費」總額 3 億 2,400 萬圓，支付天皇以及在內廷的皇族包括皇后、皇太子一家等的日常生活費。「宮廷費」63 億 6,193 萬圓，這是為儀式、國賓、公賓等的接待，天皇皇后的巡幸、外出、外國訪問等公活動所需的經費。「皇族費」總額 2 億 9,768 萬圓，為保持皇族的品位，依各宮的家族結構決定數目。宮內廳能掌握在手上經理的公金，就是63 億「宮廷費」。

另外，皇太子妃雅子沒生男孩，為皇位繼承問題也壓力重重。1999 年，雅子經歷了最深的創痛，她懷孕了，卻因承受不了媒體圍堵的壓力而不幸流產。2001 年，雅子生下了女兒愛子，宮內廳長官公開向她施壓說：「國民們都期待著太子妃能生第二個孩子。」依「皇室典範」第一條，皇位繼承的資格如下：「皇位由屬皇統之男系男子繼承之」，其順序依次為，一皇長子、二皇長孫、三其他皇長子之子孫、四皇次子及其子孫、五其他皇子孫、六皇兄弟及其子孫、七皇伯叔父及其子孫。皇太子妃沒生男子，日本是否修改「皇室典範」讓皇統的女子繼承，也是個時代的變化。

話題　日本皇室的「凡人化」已成為不可逆轉的趨勢

日本保守勢力在二次大戰後，為避免天皇被追究戰爭責任而提出「象徵天皇制」以及發表「人間宣言」，進而維持天皇制度的存續。不過，日本皇室日後走向「凡人化」也成為一個不可逆轉的趨勢。例如，明仁天皇還是皇太子時娶了日清麵粉公司老闆的女兒美智子，美智子成為第一位非皇族出身的太子妃與皇后；現在的皇太子德仁的雅子妃也不是皇族的後代，而是外務省資深外交官的後代，雅子在婚前也曾經在外交領域有過傑出的工作表現；德仁的妹妹紀宮則是嫁給東京都廳的政府官員——黑田慶樹，婚後更將脫離皇籍，成為一般的平民。

圖 2-2　皇太子德仁、太子妃雅子、公主愛子。2005 年 8 月 10 日德仁與其家人一同出遊。

日本皇室走向「凡人化」的趨勢也表現在日本媒體對皇室的報導內容及相關的反應。1961 年《中央公論》雜誌刊登一篇想像的小說，內容涉及皇太子夫婦在一場革命事件中被殺，當時中央公論社社長的家便遭到右翼分子的攻擊。又例如朝日新聞社及其所屬分社也曾多次因為刊登關於天皇的負面報導而遭到襲擊。1990 年長崎市長因為說了一句「昭和天皇對過去那場戰爭負有責任」，旋即遭到右翼人士的槍擊，險些喪命。然而，最近幾年有關德仁皇太子與雅子妃之間的生兒育女、身心健康等話題，不僅成為新聞媒體、甚至八卦雜誌報導的內

容，或是加以誇張的揣測，顯示出日本一般民眾已經願意以「凡人化」的角度來看待皇室。

日本皇室走向「凡人化」的趨勢，最明顯的討論表現在皇室繼承問題，以及「是否有可能出現女天皇」？

當前日本皇室出現繼承問題，主要是因為德仁皇太子與雅子妃只有一女愛子，雅子妃又「可能」因為壓力、不安等症狀而出現「適應（皇室生活）障礙」，德仁太子為了愛護妻女，不惜對上了宮內廳（專門負責皇室行政、生活等一切事務之機構）的保守官員，甚至與其弟弟出現齟齬。而日本多數民眾則認為，既然日本憲法規定男女平等，雅子妃有必要承擔如此的壓力嗎？女兒真的不能繼承皇位嗎？更何況日本歷史上曾經出現過女天皇，為何當前的皇室典範等規定卻只能由屬於皇統的男系男子才能繼承呢？

雅子妃作為一位傑出的女性外交官，嫁給德仁皇太子，其經歷的確有助於日本或皇室在國內外建立一定的形象與聲望，日本一般民眾大多肯定雅子妃在這些工作的貢獻。更重要的是，雅子妃在外交事務上的成就，多多少少也展現日本社會具有男女平等的形象，也鼓勵了許多結婚後的日本婦女可以繼續在職場上有所表現，用不著為了婚姻而犧牲工作成就感。

雅子妃給日本社會帶來一種進步的轉變。問題是，宮內廳認為，皇室繼承問題才是雅子妃重大的責任。如此一來，日本皇室的「凡人化」特質將因為繼承問題而出現疑問，日本皇室還是被蒙上了神聖而又神祕的面紗。

日本首相小泉純一郎為解決此一問題，已經邀請學者專家討論皇室繼承問題，儘管這些學者專家仍無普遍的共識，但可以想見的是，如何化解當前皇室的繼承問題，除影響日本皇室未來的形象與地位外，也將對日本社會帶來一定程度的衝擊。

第三章

內閣制度

　　戰後日本國憲法規定之內閣制度是「議會內閣制」，內閣向議會負責；並且裁併具有軍國主義色彩的行政組織，例如內務省、海軍省與陸軍省皆被廢除。但是，戰後日本內閣制度卻因為國家集中資源全力發展經濟，而成為具有「發展型國家」(developmental state) 特色的行政組織，基本上仍然維持戰爭動員體系的「行政指導」原則，內閣擁有的權限在實際的政治運作過程中，經常超越憲法所規定的範圍。

　　日本內閣制度與行政組織對戰後日本經濟發展的確具有相當大的助益，但是隨著國際局勢逐漸轉向以自由化、解除管制化為主要特質的全球化政經秩序，以及日本泡沫經濟在 1990 年代的瓦解，而日本政府卻無法有效解決後續問題，使得日本內閣制度與行政組織逐漸產生「變形」，亦即「制度上的疲倦」，而有必要進行行政組織的結構改革。1996 年橋本龍太郎首相推動的行政改革（橋本行革），讓戰後實行了半個世紀的日本內閣組織，在原有的架構下出現了大規模的整編，其目的就在於讓日本內閣制度與行政組織能夠適應全球化政經秩序，以及解決當前日本面臨的政經問題。

一、戰後六十年日本的內閣組織

內閣組成

　　戰後日本憲法規定日本的政治體制為議會內閣制：

　　⑴總理大臣的人選及產生方式：日本內閣總理大臣必須是國會議員，必須經過國會兩院提名及議決的程序。

　　⑵在閣員組成方面：日本規定只要半數以上是國會議員即可。日本歷任內閣不乏由民間人士出任閣員的記錄。內閣組成依憲法第六十六條授權以法律規定由內閣總理大臣及其他國務大臣組成。內閣成員的人數，依據內閣法規定除總理大臣外，國務大臣至多可有二十一位。2001 年以後則為十五位。國務大臣可分為有負責分擔特定省廳管理行政事務的「主管大臣」（如領導大藏省的大藏大臣），以及未分擔管理行政事務的一般國務大臣（內

閣府特命擔當大臣)。

　　內閣總理大臣的產生過程，是先在國會議員中由國會指名議決後，再經天皇儀式性的任命。日本憲法規定國會對總理大臣提名選舉案的處理，必須優先於任何其他法案。此外，參眾兩院關於總理大臣的指名決議並無先議後議之分，只須在決議後通知另一院即可。若兩院指名人選不同，依據憲法第六十七條第二項規定，在以下兩條件之一成立的情形下，以眾議院的決議為國會的決議（這就是所謂「眾議院優越權」），其一為眾參兩院依據法律規定召開兩院協議會，卻無法獲得共識；其二為除休會期間外，參議院在眾議院決議後十天之內未做決議時。

　　總理大臣為內閣之首長，其在任命國務大臣時受到兩項限制：(1)半數以上的國務大臣須從國會議員中選任；(2)擔任國務大臣者必須是文官。總理大臣對內必須維持內閣決議的一致性，對外則代表全體內閣。從法律面來看，總理大臣在不違反上述限制的情形下，有權自由任命國務大臣並分配職位。但實際上，自民黨單獨執政時期的內閣組成，根本上卻是反映自民黨內部派閥勢力的「派閥聯合政權」，閣僚職位的分配具有（派閥）論功行賞的意味，各派閥所獲得的職位數目及其重要性，往往依據派閥實力的強弱來決定，而派閥內部對於職位分配的基準則依據國會議員的資歷，一般而言，連任五屆以上的國會議員才有機會進入內閣。

　　現階段在內閣組織的建構上，內閣及其所屬的機構可大致分成內閣府及所屬外局、內閣輔助機構、十二個行政省廳。

內閣府

　　內閣府，原本稱為總理府，1949 年依據總理府設置法由總理廳改制而成。2001 年中央省廳大改革時，為強化總理大臣的決策能力，總理府與經濟企劃廳、沖繩開發廳等單位合併為「內閣府」。內閣府是由總理大臣親自擔任首長的行政機關，也是負責統一政府各部門政策的行政中樞。

　　內閣官房是重要的內閣輔助機構，直屬於總理大臣。其設內閣官房長官 1 人、官房副長官 2 人，內閣官房長官由國務大臣擔任，副長官則協助

內閣官房長官進行工作。在官房長官之下有內閣參事官、內閣審議官、內閣調查官、內閣事務官及其他必要的職員。內閣參事官受命負責內閣會議事項的整理和內閣的日常工作。內閣審議官受命負責綜合調整內閣會議的重要事項和保持各行政部門的政策統一。內閣調查室是日本在 1952 年設立的情報機關，相當於美國的中央情報局 (CIA)。其長官由警察系統出身的官員來擔任，次官由外務省出身的官員來擔任，其下分設有若干調查部，負責調查和分析來自國內外的各種情報，提供內閣制定對內和對外政策時的參考。

由於內閣官房負責的是內閣會議事項的整理、內閣的日常工作，並且負責安排內閣會議的議程和保持各行政部門的政策統一，亦掌管蒐集、調查內閣制定重要政策的情報工作。所以對內閣的議事安排、法案審理有著非常大的影響力，故歷來內閣官房長官必由總理大臣之親信出任。

除內閣官房外，內閣法制局也在輔佐內閣上扮演重要的角色，其為日本政府的法律顧問機關，名義上主要負責審查各省廳提交內閣會議的法律、政令和條約案，是否符合憲法精神以及是否與其他法令相牴觸，但實際上法制局常和內閣官房藉審查時先行調和內閣內部之歧見。此外，內閣法制局並得就有關法律問題，向內閣總理大臣和各省大臣申述意見。內閣法制局長官由內閣總理大臣任命，和內閣官房長官相同，法制局與內閣運作有相當大的關連、並在內閣審查法案前扮演守門員的角色，因此法制局長官與內閣官房長官一樣，通常由總理大臣的親信來擔任。

1956 年，日本內閣為審議與國防有關的重要事項，依據防衛廳設置法而設置國防會議；到了 1986 年，中曾根康弘首相為加強內閣之機能，故設立功能更為多元化的「安全保障會議」取代「國防會議」。「安全保障會議」負責的業務並不限於重大國防事項的討論與決策，還包括對政治上、經濟上、文化上「重大緊急事態」的因應與防治。安全保障會議之成員包括擔任議長的總理大臣、副總理大臣、外務大臣、大藏大臣、內閣官房長官、防衛廳長官、經濟企畫廳長官、國家公安委員會委員長❶。安全保障

---

❶　佐佐木毅等編，戰後史大事典（東京：三省堂出版，1991 年 3 月），頁 292、

會議的成立使得內閣多了一個調和個別部會利益的機會；但是，由於「重大緊急事態」之不易界定，使得內閣對國家事務有更多干涉介入的機會。

　　人事院的職責是協助內閣管理人事行政事務。人事院雖然位於內閣管轄之下，實際上並不適用國家行政法組織法；在預算方面也享有獨立性；人事院採用合議制，是具有準司法權與準立法權的機構。人事院主管國家公務員任用考試、奉給、任免等事項，由於依法公務員沒有關於工作條件的團體交涉權以及爭議權，因此人事院有義務依情況需要向內閣提出改定勸告，以作為彌補。此外，人事院每年必須向國會及內閣就公務員薪資是否合理一事提出至少一次的報告。

十二個行政省廳

法務省　法務省是實行法制國家法務程序的重要機關。內設有 7 個部局，其中最有名的為負責司法偵察的檢察廳。日本法律明文保障檢察廳的獨立地位，但由於官僚體系的層層約制、檢察官本身派系的對立等因素，使得日本的司法調查無法完全避免來自政治面的干預。

外務省　外務省是日本外交政策的中心機關，並負責蒐集各國情報。近年來由於與經濟事務相關的外交活動快速增加，使得通產省、大藏省在外交事務上逐漸扮演重要的專業角色，外務省在國際事務所扮演的角色變成以提供翻譯、辦理外交儀典為主。

大藏省　大藏省管轄事務可分為兩類，一是以大藏省主計局為中心的預算編列活動，是大藏省支配各官廳的根源。由於行政權的擴張，以及行政事務之分工專業化與細部化，日本國會雖然有政府預算的最後批准權，但是，預算的編列乃至消化卻實際掌握在大藏省主計局。正因為大藏省掌握了如此龐大的權力，一般人都稱大藏省為「官廳中的官廳」。二是金融政策，包含對民間企業、日本銀行等諸多金融機關的協調合作，不少財界的首腦人物是由退休後的大藏省高級文官出任，這使得各利益團體更容易干預政府的金融政策，有人更乾脆給大藏省冠上「野村證券霞關分店」的綽號。

546。

文部省 文部省是負責教育、學術、文化、運動之振興與普及的機關。文部省長期給人一種沈悶保守的感覺,連國會中的文部族都一直被自民黨議員所把持,文部省的預算分配便由文部族國會議員和文教團體來協商,地方文教團體也由於能影響國會議員的連任而得以干預文教政策。

厚生省 厚生省管轄事務分為衛生保健、社會福利、社會保障三部分,其中最受矚目的是增進高齡者福利保險的十年計畫。此外,垃圾處理以及愛滋病防治工作也是厚生省的重要課題。醫療保健是十分專門的學科,因此厚生省的行政長官多出身於醫學專長,和其他官廳充斥「東大族」的情形大為不同,但和其他內閣部門一樣,多次爆發因為不負責任的傲慢態度而衍生的行政醜聞事件。

農林水產省 確保日本全國糧食供給之穩定與增進農林水產業者之福利,是農林水產省的職責。長久以來自民黨一直靠著調高農產品收購價格來換得農業等利益團體的支持,當然從中獲利的是地方利益團體和政治人物。1980 年代起,一方面因為美國與世界各國要求日本擴大農產品的進口,二方面也因為農村人口老化,不合時宜的農產品管制抬高了農產品價格,以及該省廳管轄的農漁金融機關發生嚴重的呆帳問題,農林水產省的改革遂成為行政改革的一個重要課題。

通商產業省 通商產業省的職權在於協助與促進日本的產業發展,通產省的前身是商工省,從明治時代的殖產興業政策開始便在日本的產業發展上扮演著重要的角色。長久以來通產省有「日本股份有限公司」(Japan Inc.)之稱號,受到世人正反兩面評價,有人欣賞其助成日本高度經濟成長的功勞,亦有人惡評其干預自由貿易。由於通產省的組織與權力過於巨大,和大藏省一樣,在近來的行政改革中,一直有要求分割通產省的主張。

運輸省 運輸省負責一切有關交通運輸事務之管理、計畫與政策之執行。運輸省在日本的行政省廳中是很容易發生瀆職事件的官廳,這是因為運輸省的管轄事項中,有許多都是許可權或認可權的規制,任何規制的變動皆涉及交通運輸業者的重大利害得失。

郵政省 早年郵政省主管的是儲金、保險,常被譏諷為三等部會,但隨著

資訊社會的來臨，電訊通信顯得益發重要，郵政省的權限也相對的獲得增長。此外，郵政省由於主管各地方郵局，三十多萬的郵局員工使其成為日本擁有最多職員的內閣部會。自民黨一黨執政時期，特別是在選舉過程中，這些郵局員工經常成為自民黨候選人現成的助選部隊與地方樁腳。

勞動省　勞動省負責勞動管理，其主要職責是調整勞資關係、負責工會組織、改善勞動條件、制定失業對策、提供職業訓練等。

建設省　建設省是負責管理國家基本建設的官廳。其主要職責是調查與制定有關國土修建和地方建設計畫，審查城市建設、河流疏浚、港口興建、鐵公路之建設規劃，並對民營鐵公路等建設事項進行監督。建設省也是極易發生弊案的部會，日本公共建設在國家整體預算中比例極高，有相當大的一部分就是由建設省包辦。長年以來建設族議員和官僚勾結轉包工程事件層出不窮，在日本現今欲加強公共建設改善生活品質的今日，建設省確實需要大力改革，以擺脫日本被民眾譏為「土木建設國家」的污名。

自治省　自治省負責監督地方之行政，分配中央給地方的經費（地方交付稅），調解地方自治體之間的糾紛以及管理消防事務。自治省是個迷你官廳，扣除所管轄的消防人員後，僅有六百餘人，但它卻是和大藏省一樣極熱門的部會，其原因便是自治省握有極大的權力，其有權決定分配給地方政府的財政補助，並可透過指導地方自治之名而行干預地方行政之實；歷年來有許多自治省幹部被派往地方政府擔任要職，甚至在退休後被政黨吸納，經由地方選舉成為地方首長，自治省地位之重要由此可見。

圖 3-1　內閣組織圖

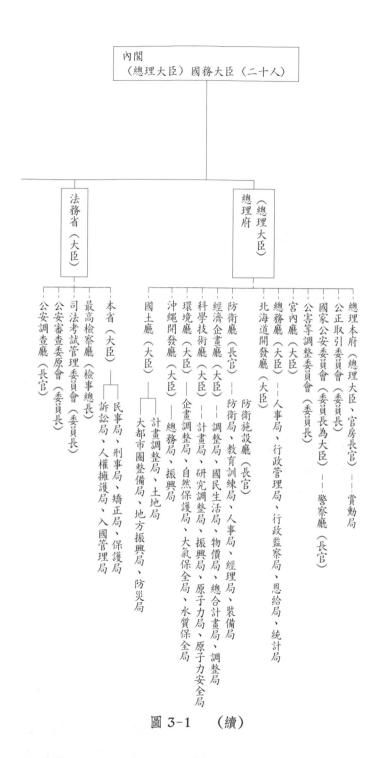

圖 3-1 （續）

二、內閣的權限

日本行政權之行使，可從首相與內閣兩方面來看。從日本首相的權限來看，可依其作用對象而分點列述如下：

⑴代表內閣向國會提出議案，就一般國務及外交關係向國會提出報告，並有權指揮監督各行政部門。

⑵任免國務大臣，簽署法律與政令，主持內閣會議，裁定大臣間的權限爭議。

⑶從國務大臣中任命各省大臣，指揮監督各行政部門，並有權中止各行政部門的處分、命令，等待內閣處理。

⑷若無首相之同意，在職國務大臣可不受公訴。對法院停止執行行政處分之判決可提出異議。

⑸首相為安全保障會議的議長。

⑹首相有自衛隊的最高指揮監督權，得下令出動防衛與維持治安。

⑺首相有權宣布緊急狀態，緊急狀態時首相有警察統制權。

內閣所擁有的權限是由內閣會議（閣議）行使，內閣會議是內閣意志的正式決定機關，內閣行使職權必須召開內閣會議討論。會議由總理大臣主持，參與閣議的人員，除了閣員之外，還有內閣法制局長與官房副長官（兩名）。內閣會議可分成以下三種：

⑴定期的內閣會議。內閣每週固定集會兩次；國會休會時，每星期二、五在首相官邸的二樓召開。國會開議期間則改於國會議事堂內的閣議室召開，歷時約三十分鐘。

⑵臨時的內閣會議。內閣的任何決定都必須經內閣會議的決定，若有緊急事件，且無法等待下一次定期的內閣會議時，首相及各大臣可以召開臨時的內閣會議。

⑶傳遞式的內閣會議。對於沒有討論的必要性，但須迅速處理的事件，一般都由內閣官房的行政職員將內閣決議書傳交由每位閣僚大臣簽名即

可。

官房長官由於負責內閣會議的祕書工作，往往成為內閣會議的靈魂人物。在閣議審議之前，法律案或政策案先由內閣法制局長提出說明，其他的議題則由官房副長官負責說明。

閣議的決定方式並無法律規定，但是，日本內閣是合議制，而不是首長制的組織，內閣的政策必須全體一致決定，閣員必須對政策負集體責任。不過，首相權限大小往往也視首相個人的政治實力而定，例如吉田茂首相在閣議中就有絕對的否決權；至於海部俊樹首相，由於他是自民黨內部派閥協議產生的首相，便不會是一個強勢的總理大臣；1993 年，細川護熙首相組成的聯合內閣就更要重視各閣員的意見。

就內閣與其他國家機關間的關係而言，內閣有以下權限：

⑴內閣與天皇的關係。天皇關於國事之行為必須要有內閣的助言與承認，其決定權基本上屬於內閣。

⑵內閣與國會的關係。憲法規定，國會之召集是天皇的國事行為。可是，日本憲法並未規定國會召集之實質決定權。由憲法第五十三條召集臨時會之決定權屬內閣的規定，以及前述內閣與天皇關係的論點來看，國會召集之實質決定權應屬內閣所有。

關於眾議院的解散權，憲法並未明確規定誰擁有解散的決定權，也未規定在何種情形下得解散眾議院，只將其列舉為天皇的國事行為之一，基本上多數憲法學者仍認為內閣擁有國會的無限制解散權（野中俊彥等，1992：167）。

對參議院，內閣有要求緊急集會之權。當眾議院被解散而參議院又值閉會時，或是在總選舉結束、新的眾議院尚未召開前，會有一段國會機能停止運作期，在此時期憲法賦予內閣緊急召集參議院之權，同時參議院得代行國會所有權能。

日本內閣的實質權限往往超過憲法條文的規範，特別是日本行政體系擁有預算決定權與法案制定權，國會與內閣之間的制衡關係 (check and balance) 其實是傾向於內閣，國會對於內閣、甚至對行政體系的監督經常

使不上力，或者流於形式。1996 年，日本首相橋本龍太郎在輿論壓力下提出了行政改革方案，一方面強化內閣的政治官員對行政體系與行政官僚的領導權力，另一方面亦強化首相對內閣的統馭能力。然而，政治官員在政治改革過程中仍能保持優勢，行政權的力量恐怕會越發坐大吧！曾有學者說美軍佔領日本時期的民主改革是「未完成的改革」，1996 年的行政改革不知是對日本政治結構的徹底翻修？還是大開民主體制的倒車？

三、行政改革後的中央省廳新制

歷年來日本的行政改革主要有三次，分別是 1962 年第一次臨時行政調查會（第一次臨調），1981 年第二次臨時行政調查會（土光臨調），以及 1996 年最大幅度的行政改革，又稱為「橋本行革」。

1990 年前後，日本政壇發生多起政商醜聞案，1992 年日本經濟出現零成長，再加上自民黨最大派閥竹下派的內訌與分裂，終於導致自民黨在 1993 年失去執政權。嚴峻的政經狀況使得愈來愈多的日本國民感到不改革就沒有出路，在輿論壓力下，無論是自民黨失去政權後繼任的執政者，或是自民黨重新執政後的歷代首

圖 3-2　前任首相橋本龍太郎。在任期內推動行政改革，整編行政部門。

相也都試圖改革。橋本內閣上臺後提出以「變革與創造」為理念的行政改革方案，並揭示「六大改革」來著手經濟社會系統的整體改革。在進行了多次反覆的討論與研議下，日本在 1999 年 7 月通過「中央省廳等改革關連法」，在 2001 年 1 月正式啟動了中央省廳新制。新的中央省廳基本上是

以「政治主導」、「小政府」、「地方分權」、「高行政效率」、「特殊公團法人獨立化」等原則為改革方向。而小泉純一郎在 2001 年就任總理大臣後又增加「官轉民」的行政改革理念。

　　橋本首相此次推動行政改革的目的，在於將日漸僵化的行政體系予以根本的改革，以適應新的國內外社會經濟情勢，積極達成國際社會一分子之角色功能，並且透過：強化內閣機能、中央行政組織的精簡與重整、促進地方分權與創設獨立行政法人制度等，建立一個能達成國家重要機能、確保行政的統合性、機動性且有效率的政府。

　　此一階段日本行政革新比較有具體的成就，除了重新架構中央省廳之外，還包括擴大了首相的決策權力，最明顯的個案是 1996 年 6 月橋本龍太郎首相提出內閣法修正案。其中，日本政府為確保首相在經濟、安全保障事務的危機處理，設置首相輔佐官。亦即，日本首相的辦公室，除了配置首相（機要）祕書官、內閣官房長官（相當於內閣祕書長）、官房副長官（內閣副祕書長）外，首相可以任命三名民間人士來擔任輔佐官，另外，首相設立內政審議室、外交審議室、安全保障危機管理室、情報調查室，亦即，日本採取類似美國總統的國家安全會議、國家經濟會議等單位的幕僚機構。

　　其次是副大臣的設置以及政府委員制的廢除。1998 年 11 月 19 日，小淵惠三首相與自由黨黨魁小澤一郎達成合組聯合政府的協議時，小澤一郎提出政治、行政改革、安全保障等建議，其中小澤建議設置副大臣，並且廢除在國會的政府委員制度。所謂政府委員制是各省廳「行政官僚」在國會代替內閣大臣回答質詢，甚至取代內閣大臣回答國會議員的質詢。1998 年日本的例行國會會期中，共有 276 名政府委員回答了 15,000 多次國會議員的質詢，政府委員制或多或少地反映出日本國會政治竟然是以行政官僚為核心的議事運作，因此日本政治人物為了凸顯國會議事政治應該以政務官與國會議員為核心，故認為有必要設置副大臣，並且將原有的政務次官改以政務官之任用，強化政務官在政策的企劃與立案的主導功能。原本日本內閣的政務次官只有 24 個，目前設立的副大臣與政務官則分別

有 22 個與 26 個，人數至少提高一倍。

　　副大臣的設立，除了參與省廳的決策外，最主要的目的就在於透過副大臣會議來進行省廳之間的政策協調，取代過去的事務次官會議的功能與協商機制；政務官則是參與特定政策的企劃與立案，協助省廳大臣進行決策，而且也可以作為年輕議員的訓練場合，透過政務官參與國會對策委員會的朝野折衝，以及參與執政黨內部的政策協調，可以協助年輕議員取得相當豐富的政治經驗。更重要的是，副大臣與政務官的設立，將可以發揮所謂政治主導行政的理想性目標，一方面由大臣與副大臣在國會接受議員的質詢與政策辯論，由政務官參與國會對策委員會的協商，將可切斷族議員與官僚之間因為密切關係的存在而出現的弊端；另一方面，副大臣與政務官在各省廳協助內閣大臣進行決策，副大臣也可以在大臣出國時代理相關業務，副大臣與政務官的設立將使得首相更可以發揮政治主導的領導權。

　　以下我們將介紹新制度下各中央省廳所負責的行政業務及其可能出現的爭議。

1.內閣府

　　內閣府是將過去的總理府擴編而成的。內閣府的成立是橋本行革中「政治主導」的體現，也就是強化內閣機能，破除過去由事務層次的次官與次官會議來主導政策的模式，亦防止內閣成為中央省廳官僚們的橡皮圖章，進而確立了「政治主導」的原則。「政治主導」等於是讓內閣總理大臣主導國政，促使內閣能夠真正達成實質性的政策討論，並擔任由上而下行政策的規劃者。

　　在內閣府的機構中，除了「經濟財政諮詢會議」掌管的預算編成權限

之外，還設有多個常設機構，例如「總合科學技術會議」、「產業新生會議」、「IT（資訊技術）戰略會議」這幾個與國家未來發展息息相關的諮詢機構。內閣府另有「特命擔當大臣」的設計，特命擔當大臣是對於跨部會之複雜議案，由該大臣代替內閣發揮促進共識形成與發揮協調之機能，並能因應現實狀況所需，由內閣總理大臣機動性任命。

內閣府藉由常設機構而可以直接控制大部分的行政省廳，例如總合科學技術會議與科學技術擔當大臣對文部科學省；或是，經濟財政諮詢會議與經濟財政政策擔當大臣對財務省。這種制度上的設計，其目的是為了防止各省廳的官僚彼此不協調，會反過來控制內閣總理大臣的決定，甚至造成整個內閣效率低下。不過，由於特命擔當大臣並沒有固定省廳可以管轄，而且日本官僚機構間的割據性與族議員的影響力，有時並非一個擔當大臣就能處理妥當，因此各擔當大臣的權力或影響力也不盡相同。

另外，在內閣府官房長官之下，有一個神祕的機構，被稱為「內閣情報調查室」，這個單位也被稱為「日本的中央情報局」(JCIA)。該單位在 1952 年 8 月 30 日吉田茂擔任首相時建立，當時稱為「內閣調查室」，第一任室長由警察廳警備部副部長村井順擔任，以後便形成慣例，內閣調查室首長均由警察廳人員擔任。成立時人員僅 7 位，預算 700 萬日圓，規模極小，據說美國曾提供 M 資金（美國佔領日本期間，在日不法積蓄的祕密資金）二億日圓支援，使內閣調查室漸上軌道。直至 1986 年 7 月，中曾根康弘內閣為因應國際化的進展以及社會的高度複雜化，將它調整機能改編為「內閣情報調查室」（以下簡稱「內調」）。「內調」原則上是以美國的 CIA 為範本，其組織型態與工作手冊也多抄自美國。組織業務為聯絡、調整各行政機構進行蒐集、分析及調查與內閣重要政策有關的情報事務。由於內調在日本放棄戰爭的背景下，編制與預算比起世界主要國家的情治機構來說顯得相當的小。內調在 1977 年其本身的一份刊物創刊號《明日的課題》稱：「內調職員才一百來人，扣除人事費預算僅十四億日圓不到，美國 CIA 的職員則達到 15,000 名，7 億美元的預算，日本與美國的比例為 1:150。」為了彌補內調先天的不足與掩人耳目，內調的情治活動罕見的以「委外」方

式為主，即將情報工作交由政府出資成立的法人機構或公司來進行，例如共同通信社、時事通信社、海外放送社、世界政經調查會、國際情勢研究會、東南亞政經調查會、國民出版協會等單位。這些受委託的團體、單位，其負責人及核心幾乎都是情治退休人員或是公營機構職員，因此在統御管理上也不會產生問題。內調最常用的，除以旅遊方式派遣外，其他如以商社駐外人員、記者特派員、混在訪問團成員內或以留學生等身分從事情蒐工作。

2.財務省

財務省的前身就是大藏省。在橋本行革中，最先遭到批評並受到最大改造的行政機構，其實就是大藏省。大藏省的權力被奪，主要是因為日本經濟的泡沫化後，大藏省被當成罪魁禍首。財務省的金融行政權在「財政與金融分離」的原則下由金融廳接管，拔除了大藏省過去對金融業的行政指導與控制。財務省被內閣府奪走的「預算編成權」則由內閣府的「經濟財政諮詢會議」主導。

由於金融行政與財政分離的原則，再加上「經濟財政諮詢會議」的設立，這些制度上的大轉變，使得新的財務省在權力被削弱的情況下，過去被人詬病的問題也可望不再發生。從這點來看，大藏省的改革也算是頗有成就的。

3.總務省

總務省是將過去的自治省、郵政省、總務廳合併而成，最大特色就是職員的人數極其龐大。超過 30 萬人以上的行政職員，有 29 萬人為郵局職員，顯示此省廳具有濃厚的舊郵政省的色彩；而以郵政系統的龐大人數，自然形成一股不可忽視的選票壓力，同時也是一種阻礙改革的既得利益。

1997 年 9 月 3 日發表行政改革期中報告後，有關總務省的改革規劃，是將總務廳與自治省合併為總務省，並將舊郵政省的電波通信與廣播行政（廣播、電視執照許可）等權限，轉移到新的經濟產業省，而郵政省本身則因為郵政事業民營化的規劃而解體，但這種影響郵政族與郵政省利益的決定，當然會被龐大的選票壓力與利益所捍衛住。當時支撐郵政族最有力

之自民黨幹事長野中廣務在行政改革期中報告發表前的 5 月 20 日，向「全國特定郵便局長會」成員表示「會全力守住郵政省，並將郵政三事業繼續維持公營」。由於郵政族的反抗，使得同年 12 月 3 日發表的行革會議期終報告內容中，出現了總務省這個龐大省廳。

　　總務省的另一前身——舊自治省，職員僅約五百人，比起舊郵政省實在是天壤之別。舊自治省的主要功能是統籌分配相關款項給地方政府（都道府縣、市町村），並加以監督，以預算作為控制各地方政府的武器與手段。曾在自治省任職的行政官僚，後來也大多轉至各地方政府擔任「副知事」。自治省控制地方政府的權力來源是在中央集權政府的思維下才存在的，但在「地方分權」之改革大原則下，自治省成為被裁撤的對象，但是地方財源不足的問題卻沒有得到妥善解決，也對橋本首相之後繼者造成相當大的問題。小泉純一郎首相所進行的「三位一體改革」，就是在處理中央與地方的財政問題，希望透過稅源移讓、地方交付稅與中央政府補助金額等三種財稅的分配與規劃來取代過去的自治省模式，卻未有妥善的解決方式，因此，舊自治省雖併入總務省，對於地方行政、地方財政、地方稅政與地方選舉等業務仍有管轄權力，總務省的成立只是表面的改變，其餘的行政機能仍併入總務省繼續運作。

4.國土交通省

　　國土交通省合併舊運輸省、建設省、國土廳、北海道開發廳等四省廳，掌握了日本公共建設預算的八成，主要行政業務是國土綜合開發與利用，並以此目標整合社會資本與推動交通政策。國土交通省管轄業務包含住宅、土地、水利、鐵公路、海港、機場、海上保安、氣象、觀光等範圍，使得該省廳牽涉到的政商利益也最大。

　　行政改革期中報告曾經顯示，橋本龍太郎首相傾向將舊建設省的業務劃分到新設的「國土保全省」與「開發省」；但是，行政改革期中報告公開後，舊建設省所管轄的河川行政與道路、都市行政「即將分離」的想法，由於衝擊到既有的龐大建設利益，受到「建設族」國會議員與建設省的強烈反對，因此行政改革期終報告決定將國土保全省與開發省的問題交由橋

本龍太郎首相進行「政治判斷」。然而，無法平息抵抗勢力的橋本首相最後妥協，新成立的國土交通省依舊擁有龐大的行政編制與權力。

5.農林水產省

橋本行革的最初構想之一，是將過去被認為缺乏政策統一性與協調性的農林水產省予以解體，其管轄之糧食廳、水產廳、畜產局、農產園藝局，加上建設省的河川局、國土廳的水資源部，合併成為「國土保全省」，至於農林水產省原有的林野廳則轉移到環境省。但由於國土交通省的出現，使得先前的規劃必須重新調整，農林水產省因而才被維持下來，環境省則因為缺乏新併入的行政機構，直接由環境廳升格為環境省。

作為行政機構的農林水產省雖然可以延續下去，但是其行政機能卻有大幅度的轉變。過去的農林水產省一直表現出「產業行政」的特色，以保護農林水產為其主要政策，橋本行革後的農林水產省則以消費者的立場為其政策制定的目標來制定政策。

此外，原本規劃廢除農林水產省的原因之一是「新食糧管理法」❷的實施，大幅度削減農林水產省的行政業務與機能。但是在「農林族」國會議員強烈的反彈下而失敗。再加上以林野廳、環境廳官僚為主而推動之環境保護構想，意圖成立農水環境省，幾經波折卻妥協成農林水產省與環境省，這是因為自民黨，乃至於大部分地方議員的選票仍以農村地區為主，保護農村地區的利益成為這些議員的「使命」，使得農林水產省也成為中央省廳重編時，因為族議員的壓力與影響而改變改革初衷的例子之一。也正因為農林水產省並未經過結構上的整編，其行政機能與權限仍維持舊觀，但是在面對全球貿易自由化的衝擊，農林水產省是否將會逐漸改變其角色與政策定位，成為農林水產省是否成為下一波被改革對象的重要觀察指標。

---

❷　舊的食糧管理法，是以「一粒米都不需要進口」為原則，用國家機器強力干預米的買賣、流通，全國所有的米都由農水省收購，因此等於是由政府控制米價，而忽視市場機制。但因日本民眾飲食習慣改變，米的需求大量降低，國家儲存米的成本激增。「新食管法」的設立就是為解決此一問題，不再管制米的進出口，政府也不會無限制的收購米糧。

6.環境省

在橋本行政改革的討論過程中，環境省的成立是基於「近年來開始出現環境保護、地球溫暖化等問題，為了對此類問題盡速的找出對策以解決問題，決定把環境廳升格成環境省」。橋本行革的主要方針之一在於推動「小而美」的行政組織，行政機關的裁減與合併是主要的作為，但是在整個小政府化的方針中，新設的環境省卻是個例外。

環境省的前身是環境廳，1971 年因為日益嚴重的公害問題而設立的行政機構，可說是日本中央省廳中「資歷」最淺的省廳。環境廳的職權是協調通產省、厚生省、農水省等省廳之公害部門；但是實際上的政策執行權限卻很小，甚至可說是沒有實權的行政機關。環境廳升格為環境省後，其窘境依舊如此，主要的業務，例如減少二氧化碳排放的技術發展、防止溫室效應的地區支援工作、中小學校的能源環境教育等，都必須與其他省廳進行密切的合作才能達成。由於環境省的權限相對較小，環境省的成立可說是一個理想性很高、權力卻很小的行政部門。

7.經濟產業省

經濟產業省其實就是過去的通商產業省，再加上科學技術廳的核能安全部門。根據中央省廳改革基本法的規定，經濟產業省的任務是「推動經濟結構改革」，因此，經濟產業省的主要業務在於保護與扶植經濟產業，確保能源供應的穩定。

經濟產業省最主要的改革是其所扮演的行政機能與角色，在面對全球貿易自由化的潮流下，經濟產業省放棄過去振興個別產業的政策，而強調尊重市場運作的原理。舊通產省在戰後領導日本業界向外擴張，強力保護國內產業，極力排拒對外開放市場，造成日本與其他國家經常發生貿易摩擦事件。在美國的壓力下，舊通產省的政策無法再維持下去。

橋本行革的討論過程中，舊通產省原本是想改名為「產業省」，但是舊通產省的行政官僚卻以「產業省只能掌管日本產業界」為由而表示強烈的反對意見，因此，產業省再加上「經濟」，以期該省能管理與治理日本的總體經濟後才平息糾紛。換句話說，經濟產業省的成立只是更改「名稱」而

已。而且，直屬於首相的內閣府又設立了「經濟財政諮詢會議」，讓首相有機會主導日本整體經濟發展的基本方針，更意圖取代過去通產省所執掌的行政範圍。

8.厚生勞動省

厚生省與勞動省，原本是戰時舊內務省下的行政機關，二次大戰後因為內務省的解散而成為獨立的行政機構，如今在橋本行革過程中又合併在一起。厚生勞動省的主要行政業務在於確保雇用、管理勞工條件，以及社會保障、社會福利、增進公共衛生。基本上，厚生勞動省的成立是為了因應高齡化、少子化的日本社會發展趨勢，並且以實現社會安全體系為目標的行政機構。因此，厚生勞動省的行政業務大多是與國民生活息息相關之就業、醫療與衛生政策，特別是攸關日本全民的國民年金制度改革問題，由於日本高齡化社會的快速發展，再加上新生兒出生率年年下滑，國民年金制度將面臨嚴重的虧損，國民年金問題也成為政壇爭議的一個焦點。

9.文部科學省

文部科學省是由文部省與科學技術廳結合而成，該省是掌管教育的最高機關，執掌業務為培養人才、發展學術文化、提升科學技術。

作為日本最重要的教育行政組織，文部科學省卻深受文教族與文部省舊官僚的影響，特別是那些持有特定意識形態的教育團體，往往透過文教族國會議員或是退休後的文部省行政官僚來發揮影響力，這些文教族、文教團體與文教官僚除了以維持日本國民的愛國教育為己任之外，並不會因為行政改革而有實質的改變。飽受中國、南韓等國抨擊的扭曲「中學歷史教科書」在文部科學省的審核下依舊通過，就是最明顯的證明。

橋本行革對教育政策的一個重大改革計畫在於「國立大學獨立行政法人化」，國立大學將自行籌措教育經費、自行負責盈虧等問題，包括東京大學等國立大學當然反對，強力與政府交涉。2004 年 4 月 1 日，日本的國立大學開始進行「行政法人化」的改革，國立大學除了政府支援的研究費用與補助金以外將不會有任何預算補助，其他經費都必須自給自足，對一些資金無法獨立的學校來說是一個嚴酷的挑戰，因此有許多大學皆以大量地

招收留學生為主，甚至出現外國學生比日本本國學生還要多的特殊景象。

　　日本教育面對的另一個問題是，日本新生兒的出生率持續降低，未來十八歲的人口會從 1992 年的 205 萬人減少到 2010 年的 121 萬人，這也意味著當前日本的教育設施或學校數量出現嚴重的過剩現象，有許多學校或教育設施在未來將被廢除或合併，獨立行政法人化的國立大學所面對的經費問題就更加麻煩了。

10.防衛廳

　　防衛廳是此次中央省廳重組中變化較少的行政機構，雖然該廳的規模足以升格成防衛省。二次大戰以來，日本的「自衛隊」一直是一個很敏感的話題，儘管「防衛族」國會議員大力鼓吹防衛廳升格，但是在橋本行革的討論過程中，一方面是橋本首相本身對防衛廳升格問題持反對意見，其次則是防衛廳升格問題涉及到日本和鄰近的亞洲國家可能出現的外交摩擦問題，因此，防衛廳升格問題仍然暫時擱置，橋本行革只強化了內閣首相對防衛廳與自衛隊可以直接指揮與下令的權限。

　　新體制的防衛廳廢除舊制的裝備局，舊裝備局負責的業務是管理自衛隊的武器、船艦、飛機、被服、糧食等業務，這些裝備品很多都是沒有「市場價格」的，很容易產生經費浮濫、官商勾結等事情。為了解決這個問題，防衛廳新設立「改革調度制度會議」，引進「原價計算制度」，並且為了防止虛偽資料浮報預算，契約中還加入一旦發生此類事情要加付違約金的條款。此外，防衛廳也決定分隔負責管理自衛隊裝備的契約部門與會計部門，在防衛廳外成立獨立的「防衛設施廳」來避免類似的弊案重演。

　　防衛廳的另一個問題是不斷成長的駐留美軍預算。根據美日安保條約，日本政府要負擔駐留美軍的人事費、訓練轉移費、餐飲冷暖氣雜費，這些費用從 1979 年的 140 億日圓，一直增加到 2000 年的 1,500 億日圓。而這筆被日本稱為「體貼美軍」的經費，對財政赤字日愈龐大的日本政府來說，已成為不容忽視的負擔。問題是，美日兩國多次交涉後仍然無法達成協議；即使是近年來美日同盟關係更趨緊密，日本政府仍然會要求駐日美軍對預算「節省使用」。

　　日本的防衛體系從未爆發過任何弊案或醜聞，且戰後憲法對自衛隊有許多限制，導致在其他國家可能出現之龐大負擔的國防政策領域，在日本卻沒有出現類似的現象。不過，日本政府為了培植國內企業的國防技術，大多數防衛廳的採購訂單向來都以日本少數大企業為主要對象，市場競爭的壓力本來就不存在，這也是沒有企業試圖走後門的原因之一。防衛族向來被認為是影響力不大的族議員，但是防衛族與文教族皆屬於重視意識形態的族議員，因此，除非防衛廳升格為防衛省，或是日本自衛隊在憲法修改後而正式成為軍隊，否則防衛族將一直繼續維持目前的狀況。

11.法務省

　　2001 年中央省廳重編後的法務省，與外務省一樣，皆屬於沒有經過任何的改編、重組或合併而存續下來的行政機關。唯一的改變只是將原本處理對國家訴訟的「訟務局」合併入法務省大臣官房，並且設立「訟務總括官」。其餘的民事、刑事、矯正、保護、人權維護、入國管理等六局以及外局公安調查廳都沒有改變。

　　附屬於法務省的公安調查廳是個富有神祕色彩的單位，與內閣調查室一樣，公安調查廳也是日本的情治機構。公安調查廳的總部坐落於東京皇宮附近的霞關，主要調查部門分為兩部，第一部負責調查左翼團體，第二部負責調查右翼及國外的相關團體，另外在日本各地分置八個「公安調查局」，然後在各道府縣設立 43 個「公安調查事務所」。1990 年代以來，因為法律門檻甚高，公安調查廳企圖把激進團體列為破防法的對象遂成為比較困難的事情，朝野政黨原本有意透過橋本行革的名義而予以廢止，公安調查廳儘管仍得以續存，但其業務與人員則被合併或裁減，目前規劃裁撤人員將分別改調內閣調查室、外務省或是調回法務省等單位，各地方之公安調查事務所將由 43 所縮減為 14 所。

12.外務省

　　外務省與法務省一樣，並沒有在橋本行革過程中受到大幅度的改革，只有部分局處為因應新的行政業務而改名，例如原本的亞洲局改為「亞洲大洋洲局」，歐亞局改為「歐洲局」，中近東非洲局改為「中東非洲局」，整

體的外務省功能與業務並沒有改變。根據中央省廳改革基本法規定，外務省的行政機能包括安保政策、對外經濟政策、經濟合作政策、國際交流政策等外交政策，因此外務省在對外關係的相關領域上必須經常與經濟產業省、農林水產省、財務省、總務省進行協調。

　　2004 年 8 月 1 日，外務省推動「遲來的」行政改革。由於在 2001 年 1 月間曾經爆發外交機密預算被挪用等事件，多位外務省高級行政官僚遭到懲處，各界要求外務省改革的呼聲愈來愈高漲，外務省因而進行了組織內改革。2003 年 3 月，外務省推出「機構改革最終報告」，提出保護日本國民與加強危機管理、加強情報蒐集分析能力、強化外交戰略策定機能、構築新的國際環境、維護和平等五大目標。依照這些目標，而將原有的「領事移住部」升格為「領事局」、「條約局」升格為「國際法局」、國際情報局則改編為「數位國際情報統括官」來統括負責。

　　自冷戰結束後，外務省情報調查局的情報蒐集能力一直受到批評，尤其是 2004 年 11 月日本人質在伊拉克被殺事件發生後，日本因為無法掌握消息而導致上下一片混亂，更凸顯出外務省對國外情報蒐集方面能力的欠缺，目前外務省打算借調情治機構「公安調查廳」的人員來彌補這個不足。

　　歸納上述之分析，日本的行政改革是一個未曾停歇的改革過程，儘管中央省廳新制度在 2001 年正式上路，但仍然有許多細部的行政改革正在討論與進行之中。行政改革也是一個既得利益與改革勢力的對抗過程，改革的目標總是無法達成最理想的境界。在瞬息萬變的現代社會，日本行政機構正如同企業組織一樣，必須不斷的改革才能因應新時代的來臨。

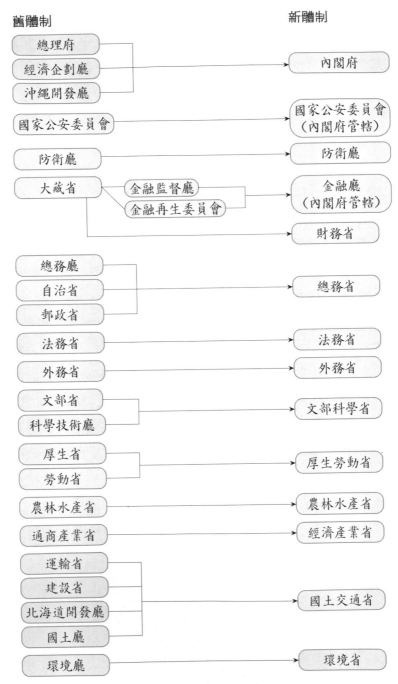

圖 3-3　中央省廳改制

四、新中央省廳的變形

橋本行政改革的考量，基本上是為了簡化行政流程，以提升行政效率。原本的內閣組織將「一府二十一省廳制」整編為「一府十二省廳制」，內閣閣員的數目也減少到 15 名以內，圖謀行政機構的瘦身化；至於被精簡的行政機關，有部份事務移轉給行政法人或非營利機構的「第三部門」，落實「官轉民」的改革理念。但在另一方面，由於新設「內閣府」的權力明顯高於其他省廳，並且負責輔佐首相處理重要政策，或者協調各部門的意見，以及擔任重要政策的企劃立案與協商，由此可知，這種改革是日本政府基於議院內閣制的限制，卻又企圖效仿美國總統制來強化首相的領導能力，這才是橋本行革真正的目標，也造成日本新中央省廳的變形。

其次，國土交通省成立後，「巨大省廳」所衍生的問題成為檢驗「橋本行革」的一個重要指標。事實上，巨大省廳的誕生並非一無可取，畢竟中央省廳新制中的一個主要考量是「提升行政效率」，相關業務的權力集中可防止公文旅行與多頭馬車的弊端；而且為了抑制國土交通省的權力過大，特別設立了被稱作「地方優先機關」的單位，這也是為了因應行政改革中「地方分權」的另一個基本原則，因此將道路與河川的管理盡可能移交給地方政府。國土交通省將舊地方建設局與地方港灣建設局，整合成被稱為「地方整備局」的「地方優先機關」，設置在全國八個地方（東北、關東、北陸、中部、近畿、中國、四國、九州）。地方整備局的權限很大，凡是涉及地方的預算、事業計畫、執照許可等，地方整備局可以進行獨立判斷或優先決定，不受國土交通省的干涉。

但是，巨大省廳也有很多亟待解決的問題。例如汽車稅的問題，舊建設省是以「汽車重量稅」作為道路特定財源，但舊運輸省卻希望廢止重量稅，而改以燃料費為基準的「綠化稅」，當這兩省合併後，國土交通省一方面要對原有各省廳的觀點加以重新考量，另一方面又要解決稅源的問題，新成立的行政省廳反而無法解決類似這些「省廳不協調」的問題，造成許

多民眾質疑為何要成立新的行政省廳？

　　國土交通省成立後的首要處理問題在於謀求政策的一致性，這是巨大省廳成立後最值得觀察的面向。四大省廳所合併成的國土交通省，不能只是合併而已，必須具備國家整體政策的全盤考量與規劃，才不致重蹈過去的覆轍。過去，建設省被稱作「土建屋（土木建築）官廳」，運輸省被稱作「許認可（執照審核）官廳」，其實是譏諷這兩個省廳沒有政策前瞻性，只是處理瑣碎雜事的官僚機器。

　　國土交通省管轄的「道路四公團」，是道路族議員、地方政府、地方議員競食的建設大餅。後冷戰時期的日本由於泡沫經濟的崩潰，歷任執政的聯合政府為了解決經濟景氣不振，透過增加政府舉債與擴大內需的手段，先後七次決定推動金額龐大、經費浮濫的公共建設方案，相關的高速公路、地方公路、橋樑涵洞等道路建設是主要的項目。事實上，公共基礎建設在經濟成長時期就已經趨於飽和的情況下，道路建設反而成為建設族與運輸族注意的焦點，這是因為道路建設能讓周圍土地價格上漲、帶動該地區經濟活絡、增加就業機會，相關的建築業者、營造業者，甚至地主、財團皆能由此獲取龐大利益，國會議員與地方議員的政治資金自然有著落，地方居民基於「主要幹道經過我家」的需要滿足，更願意支持這些議員，使得日本道路建設極為浮濫。

　　理論上，國土交通省合併後宜朝向「政策官廳」的轉型，公共建設計畫不能只停留在減少失業率，或者只是為了拯救營造業、建築業、房地業者的思維，而必須站在福國民生的角度，國家與民眾真正有需要的公共建設才是國土交通省應該努力的方向，並且藉此有效降低政府的財政負擔，為經濟泡沫化後的日本創造重生的機會。

　　第三，此次橋本行革的討論過程中多次出現類似郵政省與通產省之間的「省益戰爭」。過去通產省為了擴大業務管轄範圍，例如電器事業通信法，曾與郵政省起過衝突。而此次橋本行革討論過程中，通產與郵政兩省依舊在情報通信產業上出現紛爭，通產省基於產業管理一元化的原則，希望郵政省將情報通信等方面的業務移交給通產省。然而，此次爭論的結果，郵

政族還是壓倒了商工族的意圖。經濟產業省對應的「族議員」是被稱為「御三家」的商工族，商工族的茁壯，主要是依靠舊通產省領導日本業界成長並保護國內產業的權力，所以通產省被稱為「日本株式會社」的掌舵者，擁有君臨產業界的影響力。商工族為各產業代言，爭取利益，影響通產省政策，所獲得的政治資本是無可限量的；此外，通產省官僚為了維持組織與其權限，也需要商工族議員的支持，產業政策的政治化傾向也日益明顯。經濟產業省的成立，在自由化與國際化的潮流下，是否真的能順應這個潮流走下去，讓經濟產業省不再是為了保護與發展國內產業的行政機構，並跳脫出商工族的影響，與「產業行政」訣別，這個問題還值得長時間觀察。

　　橋本龍太郎與自民黨推動行政改革的努力，不因為橋本龍太郎的辭職下臺而中止，小淵惠三、森喜朗以及現任首相小泉純一郎雖然強調經濟復甦的重要性，但仍持續推動行政改革。然而歷經多任首相的努力，尤其是企圖達成所謂的政治領導行政的政治領導權，是否可以順利完成，其實仍有許多討論的空間。

　　整體而言，以政治領導行政官僚在理論上雖然可以說得過去，甚至可以討好民眾，然而在實際上，政治與行政之間的關係卻是相當複雜。豬口孝教授認為，從歷史的發展過程來分析，日本政黨與官僚的互動關係，顯然是一個從官僚主導走向政黨主導的發展過程，亦即日本決策過程是所謂的「黨高官低」的政治現象，這種政治現象是在自民黨長期一黨執政的中後期所形成的，並且已經融入日本具體政策形成過程與政策決定體系，這種關係並沒有隨著自民黨結束一黨執政而消失，相反的，它還繼續影響日本的政策決定，也繼續影響日本的政治和社會生活。不過，豬口孝教授也認為，日本人所說的領導，通常是指官僚體系的領導，日本人比較不認同政治家能夠發揮較強大的領導力。

　　在現實上，日本官僚透過對政策規劃與行政指導模式，有效地推動社會各個領域的發展，同時也對社會各個領域進行滲透，官僚與社會各領域的特定利益結成密切關係，部分官廳甚至成為特定社會利益的代表。例如農林省成為農民利益的代表、通產省的中小企業廳成為中小企業的代表。

在特定省廳逐漸成為保護或代表特定利益之趨勢下，官僚體系內部、不同省廳之間、同一省廳的不同部門之間，形成對立與衝突，通產省與郵政省、郵政省和大藏省之間被稱為百年戰爭的對立，也證明日本官僚體系與利益結合的特殊現象。

官僚體系出現衝突與對立，也促使省廳之間為了求得自身利益的實現，必須尋求在制度上處於官僚體系之上的執政黨或國會議員來解決，從而使得執政的自民黨成為官僚體系不同利益的實現者與利益協調者，進一步提高政黨的地位與權威。然而政黨地位與權威的提高，並不意味著政黨可以不需要官僚體系的協助，相反的，政黨更需要官僚的知識與資源來作為執政的基礎，例如非自民黨聯合政府成立後，官僚體系依舊扮演重要的角色，尤其在財政等具有專業知識的決策領域上，聯合政府也是需要官僚的協助與建議。

如果再從國會議員為延續政治生命的角度來觀察，國會議員重視的是競選連任與選區服務等問題，行政官僚重視的則是政策是否可以有效解決問題，兩者之間對政策的主張有相當大的落差。國會議員為了要尋求連任，必須實現地方利益，尤其是滿足後援會重要成員的利益需求，以及實現國會議員為地方服務的績效，因此國會議員往往也會要求行政官僚加以配合，扭曲政策的原意。

例如，在聯合政府時期，為了刺激經濟景氣，日本政府多次推出經濟景氣對策，並且加強公共建設的投資，擴大需要以刺激景氣發展。然而，這些公共建設的投資卻因國會議員，尤其是特定的族議員，例如建設族、農林族等，為了爭取個別選區的地方公共建設，而造成投資的浪費，許多公共建設往往只是地方的中小型公園、社區活動中心等，這些公共建設根本不具備有刺激景氣的作用，反而導致日本政府公共債務的高漲，影響到日本政府的債務信譽。

此外，自民黨為了抑制官僚專斷進而主導官僚的作法，主要是加強黨的政策研究及推動能力，也就是強化政策形成的能力。把政黨的政策化為國家的政策，進而主導整個國家資源分配，也就是國家的管理責任政黨化，

這種現象其實也就是族議員的權力愈來愈大的重要因素。

這種政黨與官僚的相互依賴卻又相互牽制的關係，也就形成「族議員政治」。族議員政治是以族議員為中心，族議員則指以省廳為基本單位的各政策領域內，經常行使強大影響力的重要議員集團。過去在自民黨一黨執政時期，族議員形成的基礎是自民黨的政務調查會及其所屬的部會、調查會與特別委員會，以及這些組織與官僚體系內相對應省廳所形成的穩定的協調、交流與合作關係。在聯合政府時期，族議員形成的基礎則以國會的常任委員會、特別委員會與相對應省廳所形成的協調、交流與合作關係。

族議員的最基本特質就是對特定政策領域具有很強的影響力，而且是由在黨內、官僚、財界都有比較強的影響力的有力議員構成。有些族議員還有在相關省廳的任職經歷，對於相關行政程序、政策方向和行政組織內的各種人際關係都比較熟悉與了解，因此這些族議員也比較能打通各方利益與需要，進一步強化族議員在政策領域的權威與影響力。

橋本龍太郎的行政改革強調發揮政治領導力，反而更強化族議員的權威，再加上橋本龍太郎在推動行政革新時，雖然一度透過 1996 年眾議院選舉而取得多數民意支持，但也因為橋本龍太郎在處理經濟議題上的不當，導致橋本龍太郎的民意支持度在 1997 年之後逐漸下滑，反而使得族議員有機會阻撓行政革新的落實。例如，橋本龍太郎積極主張郵政業務改為民營化，郵政民營化成為橋本龍太郎落實行政革新的重要指標，然而郵政民營化問題卻在族議員與利益集團的共同施壓下，最後不了了之。又例如橋本龍太郎以及繼任首相的小淵惠三皆曾積極想要改革大藏省，改變大藏省因作為「護送船團行政」的特徵而衍生的結構瀆職事件，分割大藏省的財政與金融部門，並且設立金融再生委員會來促進金融行政一元化。素有「官廳中的官廳」、「官僚機構的頂點」之稱的大藏省也在大藏族議員的運作下，繼續維持大藏省的權力。

換句話說，橋本龍太郎想要發揮政治領導，或者是想要藉由行政革新來強化首相權力，並且壓制族議員的權力，卻受到族議員的強力反彈，最後反而屈服在族議員的壓力下，尤其是在省廳再編方面，新的中央行政體

系雖然進行縮編，卻出現所謂的「巨大省廳」，原本就是族議員與利益團體進行利益型政治運作對象的建設省、運輸省、國土廳、北海道開發廳，合併成為國土交通省，掌握高達十兆日圓的公共工程事業預算，全日本超過百分之八十以上的公共工程計畫皆由國土交通廳來主導，加深族議員與利益團體的運作空間。因此，這樣的行政革新不但沒有耳目一新的感覺，更讓橋本龍太郎的形象受到相當大的影響。日本的行政改革顯然在族議員政治的運作下面臨強力的阻撓力量，再加上公務員勞動組合的強力反對，最後導致橋本龍太郎與行政改革無法順利地達到當初召開行政改革會議的最終理念與主張。

　　日本政治家在最近幾年內經常提出「政治領導」的口號，並且以政治領導作為行政改革的合理化理由，然而，政治領導不僅沒有改變官僚體系的各種弊端與乖張行為，反而更強化政界與官僚之間利益關係的複雜化與糾葛化，如此也可以想像日本行政改革將受到政界與官僚如何建構新的互動關係而有所不同的成果。

表 3-1　　日本主要的行政法人

日本道路公團	地方競馬全國協會
本州四國聯絡橋公團	農林漁業團體職員共濟組合
都市基盤整備公團	簡易保險福祉事業團
綠資源公團	日本船舶振興會
石油公團	帝都高速度交通營團
農畜產業振興事業團	國際觀光振興會
水資源開發公團	日本貿易振興會
年金福祉事業團	新能源・產業技術綜合開發機構
地域振興整備公團	雇用・能力開發機構
日本政策投資銀行	住宅金融公庫
日本鐵道建設公團	國民生活金融公庫
日本體育・學校健康中心	日本核能研究所
日本中央競馬會	核燃料回收開發機構

資料來源：瀧澤中，2001，政治のニュース，東京：中經出版。頁 186。

話題　**小泉首相是怪人嗎?**

日本歷任的首相大致可以區分為兩種,「實力國王」與「假面國王」。

　　所謂「實力國王」是指,該首相具有強力的指導力,他具有「拍板敲定」的最後力量。被歸類為「實力派」首相,大致上具有下列三種特質之其中一種。一是具有強勢而不妥協的個性,例如吉田茂。二是勇於提出具有明確方向的政策而為人所信服的首相,例如曾經提出「所得倍增計畫」的池田勇人。三是擔任一個強而有力的派閥領袖,田中角榮、竹下登是最好的例子。日本政壇對於後者,又提出一種說法,亦即,「政治是力量的表現,力量的表現在於數字」。「數字」就是派閥內部擁有國會議員的數量。

　　所謂「假面國王」是指,該首相雖然掌握憲法上所規定之首相職務與權力,但他往往是由另一個真正具有政治實力者所支持而作為首相,因此,真正掌權者是背後的「闇將軍」(shadow shogun)、「造王者」(king-maker),而不是檯面上的首相。

　　問題是,為何闇將軍不願意走上臺前呢? 當然是有原因的! 因為「闇將軍」涉及政商醜聞而不得不放棄「正式」的權力,於是支持特定的人選擔任首相;而這些人選當然會回報這些「造王者」,最好的回饋方式就是讓「造王者」先決定與分配所有的政策利益,假面國王依據「造王者」的意志來進行決策與分配利益。例如,田中角榮首相因涉及洛克希德回扣醜聞案而黯然下臺,他領導的田中派還是自民黨內最大派閥,田中派擁有國會議員之多,號稱「田中綜合醫院」,專門接受各種各樣的請願、協商與施壓。田中後任的首相,例如大平正芳、鈴木善幸、中曾根康弘等人,皆因田中角榮的支持而擔任首相的,田中角榮及其領導的田中派成為這些首相最有力的支撐者。

日本現任的小泉純一郎首相是屬於哪一種類型呢?

1998 年小泉純一郎曾經與小淵惠三、梶山靜六一起競選首相，前首相田中角榮的女兒真紀子因為從小「見慣」了政治人物，一度表示這三人分別是怪人、凡人與軍人，暗指這三位人士並非最佳選擇。的確，作為自民黨最大派閥領袖的小淵惠三後來當選首相，掌握大權的他，行事作風真得很平凡。為了遊說某位國會議員支持法案，小淵首相親自打電話再三拜託。到了星期假日，身為首相的小淵惠三依舊回到家

圖 3-4　日本首相小泉純一郎。田中真紀子將他評為「怪人」。

鄉選區進行選民服務，接見家鄉父老。最後，小淵惠三因為內政外交諸多繁事，事事躬親的結果，不幸中風彌留。

小泉純一郎後來在 2001 年選上了首相，除了特殊的服裝儀容（例如夏天拒絕搭配領帶；除非有必要，否則不穿西裝外套；一頭灰色的獅子頭）外，小泉還創下許多日本政壇的先例。例如，無論是屬於實力國王派或是假面國王派，日本歷任首相在組閣時往往會考慮到自民黨內派閥實力均衡原則，因此，日本首相或是邀請派閥領袖一起協商，或是邀請派閥領袖推薦人選，或是依據派閥實力來分配職務。然而，小泉組閣時卻排除派閥領袖的參與，也拒絕派閥的推薦，更拒絕所謂的派閥實力均衡原則。自民黨內的大老，特別是與小泉有深厚情感的森喜朗屢次規勸小泉注意黨內各種意見，小泉往往回以「我是總理大臣」。

小泉首相之怪，還表現在 2005 年 8 月，因為「郵政民營化」相關法案在參議院受挫之故，小泉首相毫不猶豫地宣布解散眾議院，進行大選，並且公開表示將不會提名反對郵政民營化的自民黨籍眾議員。

由於眾議院大選投票日為 9 月 11 日，有人戲稱此為小泉首相「911 自殺事件」。然而，從日本國會改選的結果來觀察，此次改選絕非小泉莽撞之舉，而是非常細膩的政治操作。

按照日本憲法之規定，當參、眾兩院出現不同決議時，眾議院可要求舉行兩院協調會議來化解衝突，或者眾議院以三分之二多數贊成而「否決」參議院之決議。然而，由於日本眾議院只以五票之多通過「郵政民營化」相關法案，小泉首相如果要求眾議院再次針對「郵政民營化」相關法案舉行二次投票，則自民黨內反對郵政民營化的人數，將使得小泉陣營難以取得「否決（參議院決議）門檻」。因此，小泉首相及其幕僚早已祕密安排眾議院提早改選的相關策略，最主要的策略在於「迎合重要選民的想法」以及「塑造多數選民的意志」。

就「迎合重要選民的想法」之部分，小泉及其幕僚堅持「郵政民營化」，並且多次清楚地強調郵政民營化將開啟「從官方（領導）轉型民間（主導）」的結構改革路線，這些主張符合日本財經界以及美國政經人士的期待，也奠定小泉在此次改選的勝選基礎。相對的，在野的民主黨原本就被人詬病其欠缺一定的政策理念與主張，此次對於郵政民營化的立場又是曖昧不清，陷入自我矛盾的窘境。

就「塑造多數選民的意志」之部分，小泉及其幕僚安排所謂「刺客」等具有高知名度或專業知識背景的人士，一方面藉由刺客與保守勢力的對立而拉高選舉的聲勢，另一方面則藉此吸收都會地區的游離選票與婦女選票。民主黨的「改革」形象與聲勢也因為刺客策略而被邊緣化，過去支持「改革形象──民主黨」的都會地區選民也改變投票的意志。

原本大家預期小泉將因為黨內分裂而敗選，但選舉結果，小泉首相領導的自民黨竟然取得過半數的席次（296 席），這是自民黨自從 1993 年以來第一次取得過半數席次；更重要的是，自民黨與聯合政府夥伴──公明黨聯手取得三分之二的席次，日本政治第一次出現擁有「超過三分之二眾議員」之巨大執政黨。小泉之怪，莫過於此。

表 3-2　日本內閣解散國會，提早舉行大選之事由

解散日 （年月日）	投票日 （年月日）	內閣首相	解散國會之議題
1945.12.18	1946.4.10	幣原喜重郎	實現女性參政權
1947.3.31	1947.4.25	吉田茂	新憲法通過後首次大選
1948.12.23	1949.1.23	吉田茂	國會通過內閣不信任案
1952.8.28	1952.10.1	吉田茂	自由黨分裂
1953.3.14	1953.4.29	吉田茂	吉田茂對國會議員罵「混帳」
1955.1.24	1955.2.27	鳩山一郎	天之聲解散
1958.4.25	1958.5.22	岸信介	協商解散
1960.10.24	1960.11.20	池田勇人	安保問題
1963.10.23	1963.11.21	池田勇人	提高所得稅
1966.12.27	1967.1.29	佐藤榮作	黑霧事件
1969.12.2	1969.12.27	佐藤榮作	沖繩問題
1972.11.13	1972.12.10	田中角榮	日本與中國關係
1976 任期屆滿	1976.12.5	三木武夫	洛克希德案件
1979.9.7	1979.10.7	大平正芳	增稅之爭議
1980.5.19	1980.6.22	大平正芳	自民黨內爭
1983.11.28	1983.12.18	中曾根康弘	田中角榮首相判決
1986.6.2	1986.7.6	中曾根康弘	中曾根企圖尋求三連任
1990.1.24	1990.2.18	海部俊樹	消費稅之爭議
1993.6.18	1993.7.18	宮澤喜一	政治改革
1996.9.27	1996.10.20	橋本龍太郎	首次適用新選舉制度
2000.6.2	2000.6.25	森喜朗	森喜朗發表「神之國」等言論
2003.10.10	2003.11.9	小泉純一郎	政權公約 (Manifesto) 解散
2005.8.8	2005.9.11	小泉純一郎	郵政民營化解散

資料來源：
1. 五十嵐仁，2004，現代日本政治，東京：八朔社。頁 65。
2. 朝日新聞，「現憲法下での眾院解散・總選舉」。2005 年 8 月 5 日。
http://www.asahi.com/senkyo2005.rnavi/050808_01.html

第四章

國會制度

　　日本國會是日本政治制度的核心運作機制，由於憲法規定「議會內閣制」，日本選民選舉國會議員，也決定了日本執政權的歸屬。然而，實際的日本政治運作卻是一種「利益誘導型政治」，行政官僚、國會議員與利益團體之間形成穩定的結構性關係，這也使得日本國會出現「變形」，族議員政治取代正常的朝野政黨在國會的競爭與監督關係，日本國會原有的憲法機能幾乎喪失。1990 年代日本國會改革的一個目標，就在於恢復國會應有的監督功能，以及國會應作為政策辯論的場域，而不是利益協調的場域。

一、 日本國會的特色

　　日本政府在美國的壓力下所通過的新憲法，有關國會地位的規範實與舊法有很大的差異。戰前的明治憲法明白表示日本天皇獨攬大權，是國家至高無上的統治者。帝國議會的主要任務只是「協贊」天皇行使立法權，舉凡議會的召集、開會、閉會、停會、解散、會期延長等都是天皇的權力。明治憲法不僅賦予天皇廣泛的直接立法權，帝國議會議決的法律案也須經天皇裁可公布才生效。天皇可否決帝國議會通過的任何議案，而議會沒有任何反制的方法。總之，在天皇主權的憲政體制下，整個日本帝國都是天皇一人的所有物，行政、立法、司法三權都掌握在天皇手中，帝國議會只不過是一個為天皇主權妝扮門面的立法工具。

　　二次戰後在美軍佔領下制訂日本國憲法，此與戰前明治憲法最根本的不同，就是國家主體由天皇主權轉為國民主權；天皇虛位化，由實際的統治者變成「國家的象徵」，天皇不再有任何的實權。主權者由天皇變成日本全體國民。日本國憲法規定，國家權力由國民的代表行使，天皇不再擁有左右政治的權力。憲法中更明白表示國會是「國家權力的最高機關，國家唯一的立法機關」。

　　起初，在日本政府自行提出的憲法改正案，上議院仍不是完全民選的機關，而當時實際統治日本的盟軍總司令部 (GHQ) 卻要求新國會採取一院制，且反對以間接選舉模式產生代議機關。日本當時的各政黨也有不同主

張；右派政黨希望新成立的參議院能由較具學識經驗者擔任參議員，左派政黨如社會黨則強調參議院組成應有團體代表的性質。在日本政府與GHQ、國內各勢力的折衝協調下，終於確定參議員由直接選舉產生，而在避免與眾議院性質雷同方面，只能附帶決議要求日本政府「慎重考慮、努力使社會上各團體部門有智識經驗者易於成為議員」。

日本國會的特色

1.兩院制

國會依各國歷史與社會條件的不同，有一院制或兩院制。新興國家多採用一院制。一般而言，兩院中，由國民依人口比例直接選舉產生的議員所組成的是第一院（下議院）；而反映各國歷史、傳統或社會條件而組成的為第二院（上議院）。第二院形成的原因，分別是：由早期的貴族院演化而成；或是聯邦國家為表示各地方在憲法的平等地位，而成立各邦代表人數相等的第二院。至於日本的第二院純粹只是扮演一個制衡的角色，和眾議院的差別僅在於選區劃分、任期及選舉模式。

事實上，日本從帝國議會時期開始就採行兩院制。帝國議會由貴族院和眾議院兩院所構成。貴族院的成員產生混合了世襲、任命、間接選舉等三種遴選模式，十分複雜。眾議員則由有限選舉產生。兩院的職權除眾院有預算先議權外，其餘完全相等。但由於天皇統治的政治架構設計，使得眾議院其實在國家政策的制定上影響十分有限。

新憲法制定時，正如前述 GHQ 方面質疑保存兩院制的意義，進而主張戰後日本國會採取一院制。這個看法受到許多日本人士的反對。贊成兩院制的學者認為，兩院制可以使法案有更多深思熟慮的機會，可避免倉促立法，也可緩和單一國會可能出現的多數專制，並非只有君主國和聯邦國才可採用兩院制。戰後日本國會最後仍保留兩院制的設計，上院由貴族世襲、間接選舉變成普選制，而且不再只是扮演保護貴族等既得利益者的角色。

戰後初期，參議院中存在不少無黨籍、學識經驗豐富者的勢力，有扮演制衡眾議院橫暴行為之角色的可能性。然而 1955 年因社會黨統一及保

守派聯合成立自民黨，確立了後來近四十年的政黨體制，自此參議院快速政黨化；在參院選舉制改為比例代表制後，政黨化的情勢更加明顯，形成兩院均被政黨政治支配的情形。如此，參院和眾院的差別更加縮小，只有求立法審慎之功用而已。

2.眾院優越權 (superiority of the House of Representatives)

在施行責任內閣制的國家中，憲法通常只賦予下議院倒閣權及預算優先權，內閣也只能解散下議院。除了在強調各地方地位平等的聯邦制國家之上議院有較大的權力外，一般兩院制國家的上議院都只扮演制衡與緩和下議院的角色，這也就是所謂「眾院優越權」。在兩院地位不平等情形下，有人戲稱日本的兩院制為「跛腳的兩院制」，眾議院有相當強的優越權，例如在審查一般法案時，如果參議院在六十天內不做議決，則視為被參議院否決；若眾議院通過而參議院做不同議決時，日本憲法規定此時得召開兩院協議會，但眾議院如有出席議員人數三分之二以上再次通過原法案時，即可成為法律案。又例如在審查預算、條約、內閣總理大臣之提名案時，若兩院做出不同議決，除召開協調會、眾院以三分之二多數再行通過外，如果參議院無法在十日內對推選首相及三十日內對預算、條約審查做出決議時，則以眾議院意思為國會的最後意思。而且參議院沒有不信任案的決議權。在內閣制國家中，不信任決議案是國會牽制內閣、要求內閣負政治責任的利器。參議院沒有這項權限，只能提出不具約束力，純粹追究責任等政治意味的「問責決議案」。

在這種眾議院明顯優越性下，參議院能有多少制衡機能本來就令人質疑。但在自民黨長期執政期間，兩院甚少出現決議不一致的情形，直到1989年參議院改選中自民黨失去在參議院優勢後，在社會黨主導下，參議院開始否決眾議院所通過的法案，但由於憲法規定的眾院優越性，最後自民黨仍能通過本身所屬意的法案。這時才完全顯露了參議院在兩院制中的「從屬性」。

3.委員會中心制

現代化國家的社會、政治、經濟情勢日新月異，國家每天所要面臨的

政治課題數目龐大，內容複雜。如果每件法案都要全體國會議員一起開會審理，充分討論幾乎是不可能的。所以，多數的國會除了全體議員參加的全院院會外，還設有不同的專門委員會來審理法案。因為國會常任委員會 (standing committee) 的設立與運作，立法過程便可依常任委員會的地位和權限，進而區分為院會中心制與委員會中心制。兩者的差別在於真正審議法案的是院會或常任委員會。像英國國會是採行院會中心制，是全院院會而不是常任委員會決定法案的通過及內容。至於美國國會是採用委員會中心制，常任委員會有相當大的權力決定法案的通過或內容，常任委員會的審查範圍擁有固定的權限；議員也通常固定待在同一常任委員會，國會議員專門化的程度比較高。全院院會只是對常任委員會的審查結果，進行形式上的承認而已。

　　日本國會在戰前採用院會中心制；戰後受到美國影響改用委員會中心制。日本國會委員會專業分工極細，可分為常任委員會與特別委員會。目前，參議院有十七個常任委員會，眾議院則有二十個常任委員會。眾議院的常任委員會中，有十六個委員會在政府各省廳和自民黨政務調查會中有相對應的機關組織，被稱為「第一種委員會」。另有預算、決算、議院營運、懲罰四個未與政府省廳職能相對應的常任委員會，被稱為「第二種委員會」。

　　眾參兩院的議員，除了已經擔任議長、首相、閣員、政務次官者之外，其他議員必須至少參加一個常任委員會。第一種委員會中的議員，尤其是自民黨員，多長期屬於同一個常任委員會，並與相關省廳建立密切的關係，行政與立法間形成共生關係，這些委員會的議員被稱為「族議員」。例如，大藏委員會的議員稱「大藏族」，「大藏族」的議員通常和相關利益團體（財團、銀行業者、證券業者等）、行政部門（大藏省或財務省）過往密切，對於財經法案有絕對的影響力。近年來，族議員在決策過程中所扮演的角色越形重要，故有所謂「族政治抬頭」的說法。對於不屬於任何常任委員會所管理範圍內的案件，如果各院認為有特別的必要性，可設特別委員會。特別委員會設立的原因大致可分為三類，受到廣泛重視的特定法案或條約的審查；基於國政調查權所要調查的事件或問題；確立牽涉到兩個以上省

廳的政策討論。

　　無論常任委員會或特別委員會，各委員會有一名委員會主席、五到九名理事、成員則大致有二十至五十名。各委員會的主席由議長指名，而理事依規則由成員互選產生，不過實際上多由各黨派協商產生。在以往自民黨獨大的時代，常是自民黨囊括熱門委員會的主席和多數理事，然後再禮遇共產黨之外各在野黨之部分委員會理事席位。委員會審議議案的順序、質詢的時間、日程等有關營運事項，均由委員會主席與理事協商決定。各委員會主席的權力與議長的權力相似，表決正反票數相同時，委員會主席可決定結果，故委員會主席及各理事對於法案之審查及會議之進行有著舉足輕重的地位。

> ### 話題　為何不廢參議院？
>
> 　　日本憲法採取國會兩院制，分別是眾議院與參議院。雖然眾議員與參議員同樣都是國會議員，但日本憲法規定，包括首相人選與預算審查等，眾議院的決議具有優於參議院決議的權力，凸顯眾議院作為日本政治的重要場域，再加上多數內閣官員是由眾議員擔任，參議院與參議員其實只有尊崇的地位而已。
>
> 　　不過，參議院的權限在最近幾年有升高之勢。由於日本憲法規定，眾議院與參議院針對一般法案若出現對立決議時，眾議院可以三分之二多數來加以否決。但是從 1980 年代後期起，執政的自民黨、自民黨與其他政黨合組聯合政府或是非自民黨的聯合政權都無法在眾議院掌握三分之二的席次，因此我們注意到，1993 年參議院曾經否決細川護熙聯合政府提出的政治改革法案，間接促使細川護熙聯合政府的垮臺。1998 年參議院改選結果，自民黨失去參議院多數席次後，橋本龍太郎首相下臺，新上任的小淵惠三首相雖然在眾議院的支持下得以擔任首相職務，但小淵首相仍需接納在野黨——民主黨對金融改革政策的意見，日本金融改革 (big band) 因此而順利進行。2005 年小泉純一郎首相主張的郵政民營化法案也被參議院否決，小泉為擺脫參議院以

及自民黨內部特定力量的牽制，進而宣布解散眾議院，直接訴諸日本民意對郵政民營化的看法。

參議院可以牽制眾議院，顯示日本參議院扮演「良識之府」的功能。也就是說，眾議院由於涉及到各個政經勢力的合縱連橫，任何決策可能都是各方利益角力後的妥協產品。參議院若能針對這些妥協性決策加以「客觀地」討論與考量，排除黨派、政經或地方等特殊利益，也許可以得到更好的解決方案。

參議院可以扮演「良識之府」的原因在於參議院得以牽制眾議院，而為了讓參議員可以發揮良知或有勇氣來否決眾議院「錯誤的」、「不適當」的決策，日本參議員選舉制度採取 6 年一任，任期之內沒有解散、提早改選的制度設計（見表 4-1）。

然而，1990 年代以來日本參議院的表現卻非如此，反而是更嚴重的黨派或政經利益之爭。就以 2005 年郵政民營化法案的討論過程為例，聯合執政的自民黨與公明黨其實掌握眾議院與參議院的多數，可是自民黨內部長期以來依賴郵政團體的派閥與政治人士卻不斷地阻礙郵政民營化法案的通過，他們的理由主要有三個：

首先是，郵政民營化之後，由於民營郵政公司著重利潤的考量，勢必關閉那些不具有經營績效的偏遠地區郵政支部，如此一來，偏遠地區的民眾將無法獲得郵政服務。而偏遠地區的民眾又大多數是年紀偏大、行動不便的老人家，他們將如何解決郵政上的需求呢？日本政府怎能忽視這些弱勢的人呢？

事實上，這些人士沒有想到，這年頭大多數人已經使用 e-mail 或傳真，信件數量有下滑之趨勢。至於那些不懂得使用電腦的人，他們還是可以享受郵政服務的，因為許多民營化郵政公司為追求利潤，往往有到府服務的功能，民營化郵政公司的服務績效未必不如公營的郵局。

其次，郵政民營化之後，龐大的郵政儲金將成為政府打銷呆帳之用。可是，郵政儲金大多是鄉下老伯伯、老婆婆辛苦工作了一輩子，

省吃節用的結果，政府拿走他們的錢財，豈不是讓他們失去了依靠？

　　事實上，這些人士沒有想到，郵政儲金若能帶動日本金融改革，改革後的效應也許可以為這些老伯伯、老婆婆帶來更多的生活保障。

　　第三，郵政民營化後，原有的郵政工作人員可能會失去工作，這些郵政人員往往是「世襲制」，在地方上具有一定的社會地位與人脈關係。因此，許多國會議員其實是透過郵政人員所組成及其衍生之利益團體而當選的，一旦郵政民營化之後，這些團體將失去社會地位與政經力量，那些靠郵政團體而選上國會議員者有可能失去勝選的機會。許多參議員的當選就是藉由郵政團體的力量，尤其是參議院選舉制度（見表 4-1）在政黨比例投票制度上是採取開放性名單制，更強化特定利益團體介入參議院選舉的空間。這個理由才是此次參議院否決郵政民營化的重要因素。

　　參議院沒有發揮「良識之府」的功能，甚至涉入各種黨派或利益之爭，參議院存在的目的與功能受到了相當大的挑戰。日本參議院本身也正在思考這樣的問題。

表 4-1　日本眾議院與參議院之比較

	眾議院	參議院
議員人數	480 人	242 人
任期	4 年（內閣擁有解散權，可以提早舉行大選）	6 年（每 3 年改選半數議員）
解散	內閣擁有對眾議院的解散權	內閣沒有對參議院的解散權
被選舉權	25 歲以上	30 歲以上
選舉制度	小選舉區 300，比例代表 180 比例代表制度採取封閉性名單	選舉區 146，比例代表 96 比例代表制度採取開放式名單

資料來源：作者整理。

二、國會的權限、待遇、會期

日本國會的權限

日本新憲法明定日本國會有制定法律、承認與外國締結之條約、提議修憲、提名選舉首相、監督財政、提出不信任案及設置彈劾裁判所等權。

1.制定法律

國會是日本唯一的立法機關，法案除非憲法特別規定者外，經兩院通過者即成法律。如果參議院否決眾議院通過之法案，憲法規定除召開兩院協議會 (Joint Committee of Houses) 外，若眾議院以三分之二的多數再次通過原法案，此法案即可成為法律，這是眾議院在審查法案上的優越權。

2.承認條約

日本憲法賦予內閣締結條約的權力，但必須在事前，或根據情況於事後取得國會的承認，國會的承認為條約生效之必要條件。因此，即使內閣已批准某項條約，國會如不承認，此條約亦無任何效力。兩院對條約承認權的權限是有所不同的，這就是所謂「眾議院優越權」。眾議院不但有先議權，而且兩院若有不同決議經兩院協議會協議無效，或眾議院將條約案送交參議院後三十日內，參議院未達成決議，則以眾議院之決議為國會之決議，日本國憲法第六十條稱為「條約的自然承認」。

3.提出修憲案

日本國憲法九十六條規定只有日本國會有憲法修正案的提案權。憲法的修訂，必須經過兩院全體議員三分之二以上的同意後，由國會向日本國民提出修憲提案，經日本國民舉行公民複決後，方能決定修憲案是否通過。此種公民複決案，須在特別公民投票或國會規定之選舉時進行的投票中，取得過半數以上的贊成票。憲法修訂在經過前項公民複決後，天皇應以國民之名義公布其成為憲法的一部分。日本憲法的修訂一定要經國會的發議，公民複決的贊同才能生效，規定及程序均十分嚴格。

4.提名首相人選

日本首相由國會提名與投票通過，不過在名義上，首相的任命權屬於天皇。日本憲法對於國會提出的首相人選加以限制，除了必須是現任國會議員外，還須是文職人員（六十六條）。兩院提名首相人選不同時，得召開兩院協議會，如仍無法獲得共識，或眾議院提出提名決議後 10 日內，參議院未作出決議，則視眾議院的決議為國會決議（六十七條）。1989 年選舉日本首相時，自民黨掌握席次過半之眾議院推選自民黨籍的海部俊樹，但是由社會黨主導的參議院則推選社會黨黨魁土井多賀子，基於上述憲法規定，最後眾議院指名的人選海部俊樹成為日本首相。

5.決定預算

日本政府每一會計年度都必須向國會提出預算法案，這些國家的歲出入預算及租稅規定都必須經國會審議通過後才能施行。除此之外，國會還有審查決算之權力，以確保預算實際施行的合法及適當。眾議院在預算問題上的優越性與條約承認權相同，故有所謂的「預算的自然成立」。

6.內閣不信任案的決議權

日本憲法給予國會許多監督、制衡行政機關的權力。國會議員可以向行政機關提出口頭質詢或書面質詢。國會的條約承認權、預算決定權都能對內閣產生監督的功能。不過，內閣不信任案的決議權比上述權力更能達到牽制內閣的效果。這項權力專屬於眾議院，如果眾議院通過首相（或內閣）不信任案，或者內閣提出的信任案被國會否決，內閣必須在 10 日內解散眾議院或內閣總辭。

日本憲法賦予國會極大的權力，但近年來法案的專業程度不斷增加，加上自民黨長期掌控國會，造成政黨地位高國會地位低的所謂「黨高國低」的現象，以及大財團、自民黨及政府官員長期的「協調合作」，這使得日本國會通過的法案多半為行政機關提出，日本國會更因此博得「立法局」的稱號。

國會議員的特權與優遇

　　日本除和許多民主國家一樣規定在國會會期中不得逮捕議員之外，對於在會期前被逮捕之國會議員，國會尚可要求其於會期中被釋放。

　　在身分保障方面，議員只有在任期屆滿、眾議院被解散、議員資格訴訟經法院裁判、被議會決議除名、喪失被選舉資格及被司法機關判決當選無效這些情形下才失去議席。國會議員還享有「免責特權」，國會議員雖由特定選區選出，但是並不被視為特定地方或階級的代表，而是以全體國民的代表行使職權，因此其言論及表決對院外不負任何責任。

日本國會召開的情形

例行國會　每年固定召開一次，憲法明定會期為 150 日。過去常會均在每年 12 月召集，而接著就是日本的新年假期，故開會式後常立即休會，常會延到 1 月中旬或下旬才舉行會議。

特別國會　眾議院解散後 40 天內須舉行眾議院選舉，選舉後 30 日內依憲法規定必須召開特別會。如果碰上常會召開的時期，例行國會與特別國會可以合併召開。這種情形曾在 1969、1972、1983 年出現，特別國會召開時，首先內閣必須總辭，並依憲法第六十七條規定提名下屆首相人選。之後再由兩院協商議決會期。

臨時集會　例行國會的休會期間，內閣認為有緊急事件之發生而需要臨時召開國會時，或經兩院中任何一院全院四分之一議員的要求，內閣必須召開臨時會議。理論上，若是兩院無法在開會第一天就會期長短達成共識，則此次臨時會議就等同於「取消」，必須重新召集，惟實際上未曾發生過此種情形。

　　由於每年的例行國會召開時便面臨連續假期的問題，歷年來在參眾兩院各黨協商有關議會制度修正問題的過程中，例行國會召集日期的修改一直是眾所注目的焦點。在眾議院方面，自民黨一向贊成修改召集日期，主張修正國會法改為 2 月召集。不過，在野黨卻認為自然休會使審議時間大

為減少，政府、執政黨為追加日程，較易在預算案等方面予以讓步。故在野各黨不願修改召集時間，協商一直沒有進展。然而，參議院方面除了召集日期的問題，尚牽涉到參議院院會需等眾議院通過法案後才能審理，12月召集所形成的自然休會期，使參議院審議法案的時間比眾院更覺得受限，故不分朝野，所有參院議員都大為不滿。1990 年代起，社會黨內部也開始出現反省的聲音，認為 12 月召集例行國會的制度可能浪費了納稅人的金錢。1991 年，國會法終於獲得修正，例行國會改為每年 1 月召集。自連續假期結束後才開始 150 天的例行會期。

從召集到閉會

召集 國會開會必須經過召集的儀式。「召集」的用詞在二次大戰前含有強權的意味，在過去帝國議會時代，國會須待天皇召集，會期才算開始，議員方能行使職權。然而新憲法已將國會召集與解散變成憲法第七條中的天皇國事行為，行為的前提是按新憲法第七條的規定「根據內閣的建議與承認，為國民而行使」，僅是一種儀式或程序。形式上經由天皇發布詔書通知開會的時間與地點。例行國會須在 20 日前通知，臨時國會與特別國會則無此規定。

開會式 會期開始當日，國會舉行開會式，即在國會議事堂迎接天皇的儀式，帝國議會時代稱為「開院式」。天皇於儀式中命令議會開會後，會期才能開始。現下國會開會式的主持人，並不是天皇而是眾議院議長，天皇只是來賓。眾議院議長首先代表兩院發表致詞，接著由天皇親臨致辭，稱為「御言葉」，大約 5～6 分鐘便結束。「御言葉」在帝國議會時代，是代表天皇命令國會集會，是威權的象徵；目前只有儀式的性質。

閉會 國會會期結束、議員任期屆滿或眾議院被解散時，國會進入「閉會」狀態。國會在閉會期間沒有活動能力，議員也沒有不被逮捕的特權。依照規定兩院須同時閉會；除非在眾議院被解散，有急需國會議決的事項時，內閣得要求參議院召開緊急會議。但是，憲法也規定緊急會議所採取的措施只是臨時性的，若未能於下屆國會開會後 10 天內取得眾院同意即失效，

這也是眾院優越權的一個明例。

休會 除了閉會之外，會期中間國會可經議決而暫時性停止開會，是為「休會」。國會休會天數仍算入例行國會、特別國會與臨時國會的會期中，進而影響會期的長短。兩院可同時休會（國會休會），也可單獨休會（議院休會）。國會休會須兩院一致議決，眾議院對此並無優越權。除了決議性的休會外，還有一種「自然休會」，即議院在會期中不經議決就呈停止開會的狀態。一般自然休會的情形有兩種：

(1)在特定假期或重要時期。1991 年之前由於例行國會在 12 月召集，國會每年年初均有 1 個月左右的自然休會期。另外，每逢 4 年 1 次的全國地方選舉時，為使各議員能返鄉助選，國會也都會進入自然休會狀態。

(2)當一院中所有的案件都已通過或處理完畢，正等待他院的審議；或政府的草案、他院送交審議的法案被延誤，議院無法案可審，國會事實上是進入休會狀態。此時議員往往會協商同意 1 週至 10 天左右不召開大會，此亦為自然休會。

會期長短

國會的會期可經由兩院的一致議決而延長。會期的延長權直至戰後才自行政部門轉移至國會。對於會期得延長的次數與時間長短，在起初並未設限，故執政黨時常強行延長會期，甚至在戰後初期的片山內閣第一次特別國會出現 1 次會期延長達 5 次，共 154 日的紀錄。為此，在野黨常為此展開激烈抗爭，因此在「五五年體制」確立後，1957 年朝野協商修改國會法，明定例行國會僅得延長一次，而特別國會與臨時國會則可延長兩次，延長時間由國會內各黨派協商決定。

例行國會的會期雖長達 150 天，但僅預算案的審議和自然休會（年終休假、5 月初連假）就佔了三分之二的時間。一般來說，戰後國會每年開會時間平均為 220 天左右。

三、國會的立法過程

　　現代民主國家的立法過程，可分為三個階段。第一階段為提出法案，即有提案權者將草案提交立法機關審議。第二階段為審議法案，立法機關成員經由一定審議程序，就法案進行探討、辯論或修正。每一法案若順利通過審議過程而未被否決，則進入第三階段，送往行政機關經必要程序後公布施行。

日本立法過程的特徵

提案　日本議員與內閣都有法案提出權。議員提案的情形，一般法案須眾議員 20 名以上，或須參議員 10 名以上之連署才可提出。與預算有關的法案則須眾議員 50 名，或須參議員 20 名以上之連署才可提出。再加上每一個法案須一個提案人，每一黨必須在眾議院佔有 21 席以上才能提一般法案，51 席才能提與預算有關之法案，這對許多小黨而言是非常困難的。加上行政機關在專業上、或與自民黨長期之互利互動的優勢，實際上國會甚少有議員以個人身分提出的法案，國會多半審理的是由首相代表內閣向國會提出的法案。

審議　法案原則上可向任一院提出，但內閣提出的法案通常交由眾議院先審，先審議院的議長在形式上的一讀程序後，將法案交付適當的常任委員會予以審理。在常任委員會中首先由相關省廳的大臣說明提案的理由、法案的目的與內容，接著進行議員質詢與官員答辯。有時各省廳的局長、部長、課長也以政府委員的身分輔佐內閣大臣進行答辯。常任委員會亦可召開公聽會，邀請各界人士蒞臨常任委員會或公聽會中提供意見，各黨派此時便可提出自己的看法並加以討論及修正法案，最後加以表決，通過後提報院會進行三讀程序。

　　在國會的常任委員會中，輔佐大臣答辯的「政府委員制」是日本內閣制的一大特色。這裡引起爭議的是，質詢時向國會負責的究竟是應負政治

責任的內閣官員（大臣或次官），還是應負行政責任的常務文官？這種源自戰前帝國議會的制度，是行政權獨大的一種象徵，而且有違議會內閣制之責任政治的精神。戰後盟總 (GHQ) 對這點雖曾反對但未徹底改革，結果使得這種在民主國家獨一無二的「政府委員代打」制度持續存在。自細川護熙之後的日本內閣，雖對出席國會的政府委員有所限制，但和其他民主國家只有政務官員接受質詢與答辯的現象相比較，日本國會的質詢制度仍有一段差距。

進入院會三讀程序後，首先由常任委員會主席向全院院會報告審議經過與常任委員會之決議。接著，經過全院院會的質詢、修正與討論後，進行表決。表決的方式有：(1)無異議表決。全院議員大致意見相同的法案，議長直接詢問有無異議，若有異議再採其他表決方式；(2)起立表決。對於贊成人數比較明確的法案，議長可要求贊成者起立以計算人數；(3)投票記名表決。議長認為有必要，或經五分之一以上議員的要求，可以採行記名表決。一般而言，半數以上議員投票贊成時則通過法案；若遇贊成與反對同票時，則議長有權決定議案成立與否。

法案經兩院審議通過後，送交內閣副署，再由天皇公布施行。然而這都只是形式上的程序，內閣與天皇都無能力修正或否決法案。其次，儘管法規如此的規範，在族議員與內閣、行政官僚、利益團體的配合下，一個法案從制定到經院會三讀通過，內閣，或說是行政部門，一直有極大的影響力。

日本立法過程中的朝野協商與對決

日本國會審議法案時有兩個基本原則，這兩個原則對朝野政黨間的競爭攻防產生重大影響。

1.會期不繼續原則

國會法有規定，會期中未表決通過的案件，不可以延至下個會期繼續審理。法案若在本會期未完成審議則變成「廢案」，下個會期必須重新審議。但是懲罰動議案或院會決議交由常任委員會的特別委託案，在閉會期間乃

至下個會期都可以繼續審查，不必重新審議。

2.一事不再議原則

議會對同一個議案作成決議之後，同一會期中不可再度審理。對此明治憲法有明文規定。當今日本國憲法雖未規定之，不過，一般認為這是採用會期制度後的必然邏輯，國會與各地方議會都採行。

由於上述原則，有限的會期就成為朝野政黨角力的「土俵」（日本相撲的範圍界線），法案被擠出會期之外就無法通過。因此，在野黨往往採取拖延戰術，抵制重要法案的議程，讓重要的法案來不及在會期中通過而流產。對在野黨而言，會期延長等於拓寬競技場的範圍，不但使在野黨不易將法案拖延到會期之後，同時也失去與政府（執政黨）談判的籌碼，是其最不樂見之事。故每當國會決議延長會期，在野黨常會批評執政黨「擴大土俵範圍」、「任意踐踏議會民主制的規則」等。

另一方面，日本執政黨方面為了讓法案多能過關，希望會期越長越好。田中角榮在其首相任內曾提出「通年國會論」的看法，希望藉打破朝野間的「土俵」——會期制度，使在野黨的抵制戰術失去著力點。在野黨方面自然強烈反對，自民黨內部亦有人不以為然。因為這樣下去，政府官員全年都必須參與國會審議，行政工作可能會停滯。田中角榮的提議因而不了了之。

日本國會對於法案的審查不只在議場內進行，也常移師到場外進行朝野協商，即所謂「國對政治」。國對政治常以密室政治的型態來進行，朝野各政黨常在密室協商時，對待審或審查中的法案進行意見溝通，以求議事順利進行。但最引人非議的也正是這種議場外的密室協商，因為這種行為規避了民意的監督，除了一直拒絕接受密室協商的共產黨外，各在野政黨在協商中多半是和執政黨妥協。由此看來，國對政治固然有促進議事順利運作的正面功能，但同時也不利於國會內部的政黨運作。儘管日本無論內閣、行政體系、財界皆充斥著密室協商的機制，但畢竟國會才應該是政黨政治運作協調的處所。在日本國會政黨多元化的今日，想要靠事先的協商來「異中求同」恐怕更不容易了。

　　在議場內在野黨用來對抗執政黨的模式是提出許多法案，使政府的重要法案被擠到日程表的後面，不能交付委員會加以審理，行政部門比較希望通過的法案因而無法在會期前完成審議過程。這些在野黨用來排擠政府重要法案的法案，日本人稱為「枕法案」，而用「懸在空中」來形容重要法案不能付委的狀態。針對在野黨的這種策略，執政黨即提議將委員會審議中的法案送交院會審議，並動用委員會主席的權力，使法案直接進入委員會階段的表決，即所謂的「強行表決」。

　　在委員會強行表決通過後，在野黨經常利用「人事法案優先審議」的慣例，提出各種不信任案，要求解除有關委員長、議長、閣員甚至首相的職務。等到這些不信任案一一被否決，而進行法案表決時，在野黨則可能會採取「牛步戰術」以拖延法案的進行。所謂「牛步戰術」只能用在全院院會的記名表決，記名表決的方法是要求投票者一定要顯示出投票的意向，表決時不能坐在位子上不動，必須有前往投票箱前進的動作，否則會被判定為放棄投票權。然而並沒有任何有關投票速度的規定，於是反對黨針對此設計出「牛步戰術」，以極慢速度往投票箱前進，一方面拖延表決的速度，一方面引起國人的注目。1992 年 6 月，日本國會審議「聯合國維持和平行動法」時，在野的社會黨便曾使用這樣的拖延戰術。

　　在野黨這些戰術其實有些不見得是真正地表示反對態度。在國對政治過程中，朝野政黨經常達成默契，所以我們有時可以把它們當作是一種向選民的宣示，讓各政黨清楚地表達其立場，好對選民有所交代。在達成協議後，各政黨對於議案的結果經常了然於心，有時真正的政治過程，不在表面所見的形式或程序，而是在不為人所了解的黑暗「密室」。

　　日本的國會，其實在經過戰後的轉換後，也許更加民主化，但它本身卻有著制度上的矛盾。亦即，日本的政黨黨紀極強，尤其在黨政協商後通常大勢已定。但是，日本國憲法卻仍然學習美國，採用個人主義、高度專業化的委員會審查制，而委員會中心制是產生「族議員」的溫床，也使得法案更難脫離行政官僚、利益團體的干預。戰後日本國會由於重新制憲，在形式上成為國家最高的權力機關，但在實際的政治運作上，戰前遺留下

的法律並未完全廢棄，如國會法中的政府委員制成為內閣政務官逃避國會監督的方便之門。最重要的是，不論是程序上的審議過程、或暗中進行的密室政治，其實皆扭曲了民意的真正意圖。甚至連日本人口口聲聲說能避免一院專斷的兩院制，其實不見得完全是由這個面向出發，日本不接受盟總 (GHQ) 提出的一院制，恐怕是希望盡可能保留明治憲法的原貌吧！戰前與戰後，統治日本的上層架構並沒有太大的改變，儘管透過更謹慎設計的國會制度都無法制衡行政內閣，自戰後日本國會中不斷出現的強行表決及眾所皆知的強勢內閣、金權政治正是最好的寫照。

四、日本國會的變形

所謂國會是「國家權力的最高機關」，自新憲法制定之初，其意涵便引起日本各界廣泛的議論，「主權」和「國權」有何不同？「主權」既已在民，那麼國會又怎會是「國家權力的最高機關」呢？

依一般學說，主權固然屬於國民，但國民全體無法直接行使權力，必須將權力委託給不同的國家機關代為行使。於是將立法權委託給國會，行政權委託給內閣，司法權委託給最高裁判所。三者當中，國會由主權主體的國民直接選舉產生，有與其直接聯繫的關係，地位較其他兩者為高。故謂國會是國家權力的最高機關。

日本國憲法前文開頭就說,「日本國民決議透過正常選出國會代表者之行動」，就是表示由國民的代表者所構成的國會，居於國家權力的中心。國會在英國稱為議會，所謂「議會民主主義」就是由國民自己選出的代表組織議會，成為國家意思的最高決定機關。因此國會的功能大致可以分為四個部分，分別是國民代表的功能；立法功能；對行政權及司法權的監督功能；以及討論議題和對國民說明的功能。

過去自民黨的長期執政，是建立在掌握國會的多數，甚至被一般國民理解為派閥聯合的執政權，因此，不管國民或輿論如何批判，自民黨常以「派閥交替」來取代「政權交替」而欺騙國民的耳目。自民黨執政的法則，

在於維持政權而保持執政黨的地位為首要，至於政策或主義、主張可以隨便改變。至於人事安排或政策利益分配則盡量滿足當事者（或派閥）的要求。不管日本國民喜歡不喜歡，自民黨總裁（也就是內閣總理大臣）經常出現更換的事情，甚至讓不配作為一國最高領導的人士就任首相。這是一種忽視國民的意見，只依自民黨的派閥平衡、或國會議員當選次數，而不是考量政治人事的適才適所，進而決定政治權位或經濟利益的政治運作模式。

　　然而自從 1990 年代冷戰結束與日本經濟泡沫化之後，日本國民逐漸有嚴厲批判政治的傾向。對於執政黨把持既得權益的情形，日本國民已經無法再忍耐，因此，日本國民以國會議員的選票來牽制執政黨，甚至對政府的人事案都可以發言批評了。自民黨要讓誰當總裁或內閣首相，或是任用何人入閣為大臣，從前是透過自民黨內部的派閥政治來決定的，現在則必須意識到國民批判的眼光了。

　　其次，在 1990 年代以後，由於自民黨失去了一黨獨大的政治地位，有時候甚至無法取得過半數的國會議員席次，自民黨因此必須在國會裡加強與其他政黨的協商與合作。更重要的是，此一階段日本進行大幅度的政治改革，包括選舉制度改革與行政改革，而過去所謂「國會無用論」也是改革的對象之一。1999 年日本國會通過「國會審議活性化法」，引進「黨首討論」制度，帶動日本在野黨監督執政黨的新模式。

1. 黨首討論 (question time)

　　從 2000 年開始的例行國會會期中，日本朝野政黨對政策理念攻防戰的最大焦點在於「黨首討論」。這種制度類似英國國會裡，朝野政黨領袖，往往就是執政黨的黨魁兼首相，以及在野黨的黨魁兼影子內閣首相，彼此之間進行的政策大辯論。

　　日本制度是這樣的設計：參眾兩院分別設立「國家基本政策委員會」，並且進一步共同召開「合同審查會」，由首相與在野黨領袖進行「一對一」、「即席式」「你來我往」的政策辯論，而且只有首相與政黨領袖可以發言，其他內閣閣員與國會議員皆不能發言，但是可以發出各種聲音與動作來支

援或反駁。

　　對於執政的首相而言，他不僅必須清楚地了解各種政策，而且也要能夠詮釋、說理、闡明各種政策，更重要的是，對手提出的批判，首相必須適時、且使用適當的言詞來加以反駁；而對手提出的政策理念，首相也必須能夠加以批判，並且說出更具有理想性、更具有可行性的政策理念。反之亦然，在野黨領袖也必須具備政策攻防的能力。

　　由於有「黨首討論」的制度設計，日本朝野政黨可以清楚地辯論政策理念，選民也可以透過辯論的過程來了解朝野政黨的政策理念，強化兩大政黨的對抗結構，並且也帶動新的政治革新氣氛，亦即，日本政黨領袖應該具備政策理念，而不是幕後的「利益協調者」或是「首相影武者」。

2. 政策審議會

　　自民黨一黨執政時期，自民黨透過「政務調查會」的設計，邀集行政部門相關官員、國會議員共同協商政策法案，也成為自民黨影響政策決定的重要機制。進入 1990 年代聯合政府時期，其他政黨紛紛效法自民黨而成立各自政策研究機關，通稱「政策審議會」，成為各政黨國會議員與行政部門相關官員一起協商的機制。其中，現階段日本最大的在野黨——民主黨更是以「影子內閣」的運作模式，藉此凸顯民主黨有效監督政策的宣傳效果。

3. 候選人的政見辯論 (election promises)

　　1994 年日本引進新的選舉制度「小選舉區比例代表並立制」，取代過去採行多年的「複數席次單記不可讓渡投票制」(SNTV)。由於小選舉區比較容易造成政黨（候選人）之間的「政策政見」對決，對於在野黨而言，小選舉區候選人的政見主張也成為在野黨批判與監督執政黨的方式之一。自民黨過去依賴派閥力量與地方政商利益結合體而取得勝選的候選人，由於無法清楚地提出或說明政策政見，也沒有批判對手之政策政見之能力，有時候因而輸了選戰。相對的，在野黨候選人如果可以清楚地表達政策理念，即使是政壇新人，也有可能在初次選舉中擊敗對手而當選國會議員。

　　我們以最近兩次日本全國性大選結果為例，國民年金制度、日本支援

美國打擊恐怖主義而派兵海外、經濟改革議題、修憲議題等已經成為朝野政黨候選人必須清楚交代的政策議題，許多年輕的民主黨議員可以在小選舉區獲勝之主要因素，就在於他們清楚地表達政策理念，並且批判自民黨政策之失當。

更值得注意觀察的一個發展趨勢在於，許多年輕的國會議員曾經在參政前或參政初期接受各種政策研習營的訓練，例如松下政經塾等機構的實務講習，導致日本國會議員不僅出現世代交替的現象，而且還出現「政治專業化」的趨勢，表現在這些國會議員對涉及國家整體發展之相關政策的了解與精闢的見解。

4. 政黨選舉的政策綱領 (manifesto)

由於小選舉區制的引進，除候選人對於政策政見的主張、說明與辯護能力愈來愈重要外，政黨及其政策綱領亦逐漸成為左右選戰結果的重要因素。日本選民非常期待朝野政黨提出眾議院大選的「政策綱領」，讓選民可以更清楚地比較與分析朝野政黨不同的政策政見。2003 年眾議院改選以及 2004 年參議院選舉時，日本朝野政黨開始提出競選的政策綱領，一方面代表政黨對選民的承諾，另一方面則作為選民檢證政黨執政或監督績效的參考資料。

此外，我們也可以觀察到，日本都會地區多數選民比較願意支持民主黨籍候選人，即使是一位沒有經驗的民主黨籍候選人，這種趨勢反映出都會地區選民願意以政黨的競選政綱作為投票的判斷標準。同樣地，愈來愈多年輕選民也比較傾向於以「政黨本位」或是「政策本位」的判斷標準來支持心目中理想的候選人。從 2003 年眾議院選舉一直到 2004 年的參議院改選，這種「政黨本位」或是「政策本位」的選舉模式是相當清楚的。

整體而言，1990 年代以後日本在野黨監督執政黨的作為，愈來愈強調「政策政見」的重要性，這是因為日本政治逐漸形成兩大政黨的政策對決，而且也反映日本選民愈來愈重視政治人物對政策政見的見解、說明與批判的能力。這將會影響日本國會未來的發展與運作。

話題 **誰來擔任國會議員?**

日本上自國會議員，下至各級地方議會議員，包括縣市知事、市町村長，約有 65,000 人，這些人士通稱「政治家」，如果再加上準備從政之新人，或是尋求政治第二春者，大致有 20 萬人從事政治活動。而從事政治活動的最高目標，當然是成為眾議員或參議員，這是畢生的榮耀。那麼，誰來擔任國會議員呢？

從表 4-2 可知，日本國會議員的出身主要有三個部分，第一種是從地方議會出發，漸次尋求成為國會議員。這些地方議會出身的國會議員，渾身上下充滿了地方味道，有時候在國會議堂上提出質詢時，還有地方的特殊腔調。不過，這些地方議會出身的國會議員非常厲害，一流的選舉技術是無庸置疑的，更重要的是，為了爭取那些涉及地方利益的政策或是公共建設，他們經常奮不顧身，積極爭取。

表 4-2　日本國會議員的出身（2003 年資料）

	眾議院	比例(%)	參議院	比例(%)	合計	比例(%)
二世議員	131	30.5	25	12.1	156	24.6
中央官廳	81	18.9	38	18.4	119	18.7
地方議會	120	28.0	58	28.2	178	28.0
地方自治體	31	7.2	17	8.3	48	7.6
勞動團體	16	3.7	26	12.6	42	6.6
新聞媒體	30	7.0	10	4.9	40	6.3
法　界	20	4.7	11	5.3	31	4.9
運動‧藝能	5	1.2	8	3.9	13	2.0
醫　療	13	3.0	16	7.8	29	4.6
其　他	113	26.3	22	10.7	135	21.3

資料來源：五十嵐仁，2004，現代日本政治，東京：八朔社。頁 123。

第二種是出身行政官僚，進而被政黨「挖角」，投入政治活動者。這些人原本在行政體系任職，他們願意放棄公務員的優渥待遇與終生

的保障，尋求高風險性的政治生涯，除了機運之外，也反映日本政治另一種特殊生態。

這些行政人員也許有機會與內閣大臣等政務官一起工作，任勞任怨，積極處事，深受政務官的喜愛；這些政務官看在眼裡，若有機會則向政黨推薦這些人士；而這些行政人員如果又遇到升遷障礙時，就趕緊轉換跑道。由於日本的政務官往往就是政黨或派閥的重要領導階層，有了政務官的推薦，當然也會增加這些人士轉換跑道後的勝選機會。其次，有些行政人員長期處在特定的行政機構，他們熟悉行政機構的運作模式，或是行政機關進行「行政指導」的利益分配模式。如此一來，他們反而比國會議員更懂得行政機構的門路或訣竅，政黨吸收這些行政人員來轉換跑道，一旦他們當選之後，反而協助政黨或國會議員來投石問路。

當然，從政黨的角度來分析，政黨可以利用這些行政官僚的形象，增加政黨清新形象，也對外顯示政黨新陳代謝的速度。兩者共生共利，行政官僚轉換跑道的模式也成為日本國會議員的來源管道之一。

地方議員升格為國會議員以及行政人員轉換跑道，這兩種模式進一步促使日本政黨內部形成「黨人派」與「官僚派」的區分。一般而言，黨人派充滿選舉細胞，但大多拙於政策表達的能力或是欠缺政策理念的形象；官僚派恰好相反，他們善長表達政策，具有理念，但大多不習慣與多數選民「攪和」。兩派人士彼此看不慣，可是為了自民黨「執政」的春秋大業，這兩派人士又必須你儂我儂，和在一起。當年田中角榮領導的「田中派」，以及由福田赳夫領導的「福田派」，分別是「黨人派」、「官僚派」的代表派閥，兩者經常上演「黨人派」vs.「官僚派」的競爭與合作，一直到現在的小泉純一郎首相。有人說，曾經擔任福田（赳夫）首相機要祕書的小泉，他痛恨派閥，不甩派閥，其實只是為了「獵殺橋本派」，因為橋本派是田中派的嫡傳。

除了黨人派與官僚派，國會議員的出身還有一個管道，也就是所謂的「二世議員」，或稱「三世議員」。理論上，民主選舉制度產生的

國會議員，往往可以排除，或是降低世襲制的可能性。但是在日本政治實務上，「家有一老」曾任國會議員，「如有一寶」恩澤子弟繼續擔任國會議員。小泉純一郎首相就是「三世議員」，他的祖父、父親皆曾任國會議員，到了小泉純一郎是第三代，還是國會議員。

　　透過民主選舉，產生世襲效應的二世議員，其實也反映日本社會價值觀深刻地影響政壇新陳代謝的特殊生態。選區內的國會議員有如家族或是社會體系的長輩，他們具有一言九鼎的力量，更重要的是，他們必須照顧選區的子民，為他們爭取最大的福祉。而這些選民為了感謝國會議員的照料，往往也會投射到國會議員的後代，或是足以代表國會議員的人選。一旦選區內國會議員退休，國會議員指定的繼承人，也許是國會議員的另一半、兄弟姐妹、子女晚輩，或是國會議員的祕書等，因而替代國會議員出馬競選，選區內選民大多繼續支持這些人選，成為具有世襲效應的二世議員，甚至三世議員。

　　相對於世襲的國會議員，前松下電器創辦人松下幸之助在 1979 年設立「松下政經塾」，培養「專業化」的政治人士，逐漸成為另一種成為國會議員的管道。松下政經塾吸收新聞媒體記者、國會議員助理、地方議員，甚至大學畢業生，讓這些不是出身政治家庭，或沒有足夠選舉資源者，可以透過專業化的訓練，例如辯論技巧、文宣設計、法案撰寫等方式，或是前往美國華府國會山莊，擔任美國國會議員助理、民間智庫研究員、政治公關公司見習等，在未來某一天成為日本的國會議員。現階段日本最大在野黨——民主黨有多位重要的領導人士，就是松下政經塾培養的專業政治人士。

話題　日本女性的政治參與

　　前文曾經提到，由於男女平等觀念逐漸普及化，日本皇室在未來也許有機會由女性來繼承皇位。至於一般女性的政治參與程度呢？我們從下表得知，現階段日本女性的政治參與程度是偏低的，這也顯示

了日本社會男女不平等的現實。這有矛盾嗎？

　　日本社會對於男女扮演的角色或功能，有一個特定的刻板印象 (stereotype)，亦即「男主外，女主內」。男人就應該在外面擴展事業，擴展人際關係，或者積極爭取升遷的機會，因此，日本社會要求一個男人「必須很晚才能回家」，他必須努力工作，即使利用各種交際場合的機會，男人也要努力工作，如此一來才能顯示這個男人的價值。相對的，女人的價值在於「相夫教子」，家裡的大大小小事情，大到繳交房貸、年金、理財規劃，小到水電費用的支出、小孩子的教育問題、各種才藝的訓練等等，都是母親的責任。即使是有工作的職業婦女，她的社會價值依舊是她對家中大小事情的妥善安排。日本社會對於男女的角色期待，當然限制了日本女性參與政治的程度。

　　這樣的情形在最近幾年出現變化，最大的改變可能是 2005 年 9 月 11 日眾議院改選結果。

　　現任的小泉純一郎首相由於郵政民營化相關法案無法取得參議院多數的支持，遂以「首相的重大政策無法取得國會信賴之故，解散眾議院，聽取民眾意見」。小泉純一郎採取這種史無前例的做法，一度引起日本媒體界與輿論界予以「政治自殺」、「難以理解的國會解散」等批評。

　　就在大家語帶嘲諷之際，小泉首相旋即宣布「刺客」策略，大量地提名有知名度、有專業形象、或是擁有媒體造勢能力的「女性」候選人，並且讓這些女性候選人與那些反對郵政民營化的「大牌候選人」相互對抗，營造「改革 vs. 保守」的對立，凸顯「非政客 vs. 政客」的對決。更重要的是，選舉結果顯示，這些女性候選人幾乎全數當選，而且還拉抬自民黨的聲勢，讓小泉領導的自民黨一舉取得過半數的席次。

　　日本女性參政的人數、比例或是空間，仍有成長的可能性，只要日本社會對於男女性別的角色期待能有更公平的對待，那麼，具有知名度、有專業形象或擁有媒體造勢能力的女性將更願意參與政治，並顯示日本政治具有某種程度的改革空間，這也許是日本女性參與政治

及對日本政治的最大助益。

表 4-3　日本女性的政治參與

項　目	總數 (人)	女性 (人)	比率 (%)
國會議員 (2003 年資料)	723	72	10.0
地方議員	60,788	4,231	7.0
地方首長	3,294	10	0.3
九職等以上的公務員	9,806	136	1.4
法　官	3,094	376	12.2
檢察官	2,343	180	7.7
律　師	18,838	2,063	11.0
大學教授			14.8

資料來源：五十嵐仁，2004，現代日本政治，東京：八朔社。頁 194。

話題　國會議員的一天

　　選上國會議員是相當不容易的，為了連任需要付出更龐大的代價。

　　首先來看看國會議員一天的工作內容。根據筆者認識的國會議員及其助理的告知，大致上，日本的國會議員很早起床，清晨 5 點即開始工作，翻翻當天的報紙，看看 NHK 新聞節目，注意有無國內外重大事件，或是有無重要地方輿情。7 點用完早餐後，國會議員的機要祕書或助理向議員進行會報，也許是當天行程的重點說明與叮嚀，也許是針對重大事件或地方輿情而協議相對應的對策；或者接見來自地方選區的後援會幹部，聽取他們的意見或接受他們的陳情。8 點，議員前往國會的辦公室，或是黨部、派閥辦公室等，準備在 9 點與同黨籍的國會議員舉行早餐會報，通常這些會報屬於小型團體的會面，也許是屬於某個政策委員會的議員們一起協商，也許是議員與議員之間的討論會等。中午 12 點，國會議員可能與後援會幹部一起用餐，或是邀請相關行政官員一起用餐，中午的餐會往往就是資訊交換的最佳時機。

　　下午的時間，如果國會舉行定期會議或是臨時會議，國會議員當然要出席會議。如果沒有國會的議事行程，國會議員就會利用機會打

打電話，例如選區某個後援會的長輩過生日，先打個電話致意等等。到了下午 2 點，議員出席各種經濟性組織的會議，這些組織提供國會議員相當重要的選舉資金，國會議員不會怠慢與輕忽。下午 3 點，派閥會議的召開，國會議員需要出席。下午 4 點，議員回到自己的辦公室，由於國會提供公用辦公室的空間有限，國會議員大多在國會所在地——東京永田町附近的辦公大樓租借一個舒適、氣派的辦公室，容納所有的議員助理，也可以接待相關人士，凸顯國會議員的身分地位。下午 5 點，年輕的國會議員往往聚在一起，交換意見與資訊情報。

下午 6 點，國會議員開始出席各種宴會場合，也許是後援會幹部的表揚大會，慰勞辛苦的後援會人員；或者出席派閥舉行的募款餐會等等。晚上 10 點結束所有的宴會場合，議員打電話給住在地方選區之祕書，了解地方選區有無重大事件等等；或是回到議員宿舍，看看行政部門提供的各種書籍、公報、情報等。晚上 12 點就寢。

忙了一天，國會議員還有更大的負擔。就日本的國會議員而言，來自四面八方的國會議員往往在星期二（日本稱為火曜日）早上從選區前往國會所在地——東京，扮演國會議員監督行政部門的角色。到了星期五（日本稱為金曜日）下午，結束冗長的國會議事程序後，國會議員紛紛返回家鄉進行選民服務。這種「金歸火來」的過程，反映了日本國會議員非常重視地方意見，強調選民服務。即使是擔任內閣首相的小淵惠三也必須利用星期假日回到故鄉，表面上是說「聽取地方意見，拜訪地方士紳」，真正的眉角在於「沒有地方服務就沒有選票」。

由於國會議員必須重視選區服務，或是經常出席地方各種集會之處，因此日本國會議員在東京停留的時間必須愈短愈好。就最近這五年的資料顯示，日本國會議員在一年之中，包括每年一次的例行國會、臨時國會或是特別國會，平均只有 224.6 日。如果扣除週休二日與國定假日，國會議員實際開會的天數，也就是國會議員真正工作的天數只有 150 日。

第五章

國會議員的選舉制度

　　日本在 1994 年通過新的眾議員選舉制度改革方案之前，有相當長的時間是採取「中選舉區制」的選舉辦法。這種被日本學者稱為「少數代表制」（加藤秀治郎，2003：10）的選舉制度，在現實運作上往往容易出現一種現象，也就是任何一位候選人只要拉攏足以支持其當選之特定票源，就有當選的機會，因此，日本學者認為，中選舉區制具有「準比例代表制」的特色（村松岐夫、伊藤光利、辻中豐，2001：143-145）。對小黨候選人而言，中選舉區制是相對有利的制度；但也因為小黨候選人有比較高的當選機率，小黨林立的結果，導致日本政治不容易形成強而有力的在野黨，政權交替的可能性也相對困難（阿部齊、新藤宗幸、川人貞史，1991：107-110；石川真澄，1993：38）。至於大政黨為了要爭取過半數席位，則必須在同一選區內推出二至三名以上的候選人相互競爭，由於同黨候選人提出相同的政策與政見，其爭取的選票也是同一政黨的支持者，同一政黨候選人之間的競爭因而變成候選人個人之間的競爭，其結果導致候選人各自結盟與加入黨內不同派閥，原本應該以政黨或以政策理念為主體的選舉，遂變成以派閥為主體的競爭，由黨內競爭進一步變成派閥政治（村松岐夫、伊藤光利、辻中豐，2001：143-145；永森誠一，2002）。

　　派閥政治的成形與運作造成許多爭議，特別是派閥強大的影響力，無論是政黨或是政府決策、首相或大臣的職務任命，往往取決於派閥的個別利益，忽略國家整體發展之需，也沒有表現出民主政治的責任政治與政策理念。其次，為了擺平派閥內部成員的需要，派閥領袖經常協議進行內閣與自民黨高層領導人士的改組，平均每一年即進行一次人事改組，內閣大臣（部會首長）與政務次官（部會政務次長）的平均任期只有七個月，政務官很難發揮政治領導權與落實政策理念。這些爭論在進入 1990 年代後更加明顯化，自民黨派閥政治很難處理各種國際外交事務對日本政府的壓力，日本「經濟一流、政治三流」、日本作為「國際孤兒，無法發揮外交力量」等批判聲音，進而導致日本民眾愈來愈不滿意自民黨派閥政治；同樣的，民眾與學者專家亦對「中選舉區制」有強烈的不滿，國會議員選舉制度的改革遂成為 1990 年日本政治改革的一個重要課題。

一、日本為何要改變國會議員選舉制度

　　日本學者認為，日本國會議員選舉結果往往決定於三個條件，分別是：看板、皮箱、地盤。「看板」是指候選人的地位、經歷、出身、政治資質等，主要就是「人」的因素；「皮箱」則是候選人與後援會募集的選舉資金；「地盤」則指候選人可以勝選的票源所在、優勢地區與選舉組織。

　　對自民黨來說，派閥政治既然強調人的因素，也就是對候選人提出保證的一種「看板」；而派閥政治更是一種金權政治，最簡單的運作模式之一即反映在選舉過程中，派閥領袖提供充沛的選舉資金或其他物質資源，協助派閥所屬議員可以當選或連任，進而可以鞏固與擴大該派閥的政治勢力。然而，不同於社會黨與民社黨候選人是透過勞動組合團體（工會組織）、公明黨透過宗教性組織、共產黨透過組織幹部，自民黨候選人除了藉由黨的組織輔選外，更重要的是建立屬於候選人個人的後援會，也就是「地盤」的建立與存在。

　　自民黨國會議員之所以成立後援會，主要有兩個因素。第一，在 1950年代地方財政窮困時期，地方出身的國會議員可以代地方向中央政府陳情與爭取補助金，故透過後援會的組織與系統化運作，一方面可以匯集與反映地方利益，另一方面則作為國會議員為了確保當選的重要票源。其次，同一選區內最大的競爭對手往往是同黨籍的候選人，因此自民黨黨組織輔選系統並不能保證候選人的當選，而必須透過個人的後援人來作為「集票組織與動員」。換句話說，日本國會議員的選舉必須花費巨額的政治獻金與聘用眾多的人手，進而提高了政治參與的困難度與障礙，政治新人想要出馬挑戰，甚至一舉擊敗現任的國會議員遂成為一件相當困難的事，日本政壇因而也不容易出現大規模的世代交替。但相對的，一旦出現政治的世代交替，經常是現任的國會議員將既有的後援會組織（包括人脈、錢脈）「讓給」繼任者，這些繼任者通常是被稱為「二世議員」❶或是現任國會議員

---

❶　現任國會議員的子女或是有血緣關係者。

的政治助理或私人祕書。如此一來，後援會組織與國會議員「個別的」緊密結合，不僅弱化了自民黨的基層組織，更加深國會議員重視地方利益、後援會組織與後援會成員利益的重要性。

　　整體而言，中選舉區制、派閥與地方後援會組織的結合，導致日本出現嚴重的金權政治，也可以說是日本金權政治的「既得利益結構體」。由於國會議員候選人為求勝選，在選前需要尋找豐富的選舉資金，在選後則必須回饋其背後所支撐的利益團體，包括國會議員所屬的政黨派閥以及國會議員的地方後援會組織成員，如此一來，政治權力與金錢誘惑的結合遂構成金權政治的本質。國會議員的選舉及其結果並非決定於特定的政策理念或政見主張，卻決定於候選人對政黨派閥與選區內利益團體的效忠程度與服務貢獻；政黨派閥的利益以及選區內利益團體的利益已經優於國家整體利益的考量，造成日本政治運作在現實上出現所謂「制度的偏差動員」(mobilization of bias)。再加上國會議員為鞏固與強化其與特定利益團體之關係，進一步形成所謂的「族議員」，對政府相關部門加以遊說或施加壓力，形成有利於特定利益團體之政策決定與行政業務之分配，國會議員長期以來已成為特定利益團體之代言人，容易忽略整體社會公共福祉之應有的國會運作模式。

　　由上述之分析可知，日本國會議員採取中選舉區制已造成嚴重的金權政治及其弊端，像是所謂的「五當四落」（五億日圓當選、四億日圓落選）、「六當五落」（六億日圓當選、五億日圓落選）；或者是一連串的政治腐敗事件，從造船疑案、吹原產業事件、共和製糖集團事件等「黑霧事件」，國會議員選舉制度早在 1980 年代就成為日本政治改革的一個話題。然而，自民黨卻巧妙地導引輿論，且大力宣揚：「為了消除金權政治的腐敗，必須進行政治改革；為了推動政治改革，首先應改革選舉制度；改革選舉制度則需要導入單一選區制，透過單一選區制來消除政治腐敗等弊端」。然而，日本政治在 1994 年廢除中選舉區制後，卻因為政黨或政治人士不同的政治利益考量而扭曲政治改革的理念，金權政治及其弊端並沒有因此而完全消失。

二、國會議員選舉制度改革的爭論

選舉制度的改革往往因為政黨或政治人士基於政治生涯等「現實利益」之考量而不容易在最短時間內具體落實。日本早從 1970 年代起即開始討論選舉制度改革，卻因為朝野政黨的意見不同而一直到 1994 年才通過眾議員選舉制度改革。在整個選舉制度改革的討論過程中，不同實力的政黨、資深或資淺的國會議員等等，經常出現各種爭論不休的議題，導致日本眾議員選舉制度改革陷入政治利益與政治理想之間的拉鋸與折衝。

1988 年瑞克魯特事件❷、1992 年共和污職事件❸、東京佐川快遞疑案❹等一連串金權政治醜聞事件爆發後，「政治改革」成為當時日本政壇最重要的討論議題之一。彼時有三股主要的政治勢力積極提倡選舉制度的改革方案（大嶽秀夫，1996），分別是自民黨內以武村正義為首的年輕議員（後來組成魁新黨）、以及從竹下派分裂出來組成新生黨的小澤（一郎）集團，以及以細川護熙為首的日本新黨。相對於自民黨資深議員擔心政治生命受到影響，進而對政治改革採取冷淡態度與消極對應，這些年輕的國會議員卻相當熱心且積極從事，最後因日本民眾強烈要求政治改革的浪潮，

---

❷ 瑞克魯特醜聞案是指該公司以未上市股票低價售給政界領導人物以獲取其他利益，涉案的人士包括中曾根康弘前首相、當時現任的竹下登首相、宮澤喜一、安倍晉太郎、渡邊美智雄、森喜朗、加藤紘一、加藤六月等重要人士，這些牽涉者雖然多以祕書或其他親人的名義購買股票，而且購買未上市股票亦不違法，但依舊引起輿論軒然大波，竹下登首相等人被迫辭職。

❸ 共和污職事件是自民黨籍眾議員阿部文男因涉嫌曾於出任海部俊樹內閣北海道‧沖繩開發廳長官期間，接受來自共和鋼鐵加工公司的八千萬日圓賄賂經費，協助該公司取得計畫中之公共工程有關資料，並向公營銀行北海道東北開發公庫關說貸款給該公司，因而遭日本檢方逮捕，是自 1976 年田中角榮首相因洛克希德醜聞案被捕後，首次有現任議員被檢方逮捕。

❹ 東京佐川快遞疑案涉及當時的自民黨副總裁金丸信，金丸信坦承接受佐川公司五億日圓政治獻金後，宣布辭去副總裁職務。

以及政黨合縱連橫之間的利益計算，自民黨終於在 1993 年結束一黨執政，原本日本採取的中選舉區制也在 1994 年改為「小選舉區比例代表並立制」。

　　以武村正義為首的年輕議員在 1988 年成立烏托邦政治研究會，向當時的自民黨幹事長安倍晉太郎提出「單一選區制搭配比例代表制」之選舉制度改革方案、政治資金制度改革方案（例如，候選人資產公開化、候選人舉行募款餐會的規範等）、政黨法之制定、政黨公費補助制度等多項的政治改革方案。而當時的竹下登首相為了應付年輕議員要求政治改革的主張，刻意在自民黨內部成立「政治改革委員會」，由後藤田正晴擔任會長，竹下登更推薦武村正義擔任該委員會事務局長（相當於執行長），扮演該委員會運作的核心角色；竹下登同時也準備設立「賢人會議」作為首相個人的諮詢會議，以及相對應在政府部門成立「選舉制度審議會」。竹下登透過這三個諮詢會議的成立來討論選舉制度改革議題，以作為日本政壇討論政治改革的核心機制。

　　1989 年 5 月，自民黨發表「政治改革大綱」，該大綱之內容大致是以烏托邦政治研究會的提案為基礎。其中在國會議員選舉制度方面，「政治改革大綱」提出以單一選區制為基礎，且納入比例代表制，這項主張後來成為 1994 年眾議員選舉制度改革方案的雛形（大嶽秀夫，1996：7-8）。1990年 4 月，隸屬首相府的「第八次選舉制度審議會」向當時的海部俊樹首相提出政治改革方案報告書，該報告書中亦主張：有鑑於中選舉區制導致金權政治的嚴重弊端，日本眾議員選舉制度宜改為「小選舉區比例代表並立制」，眾議員總數改為 501 位，單一（小）選區產生六成（301 席），全國劃分 11 個比例代表區，選出另四成（200 席）議員；選民有兩票，一票直接投票支持小選區候選人，另一票則支持比例代表的政黨。此一報告書提出後引起自民黨內部的不滿，自民黨希望能夠提高小選舉區的席次比例，因此，海部內閣隨後向國會提出的選舉制度改革方案，眾議員總數減為 471席，小選舉區產生 300 席，全國只有一個比例代表區，產生 171 個眾議員。此一改革方案還是因為國會內各個政黨的意見不同而以廢案收場。其中，

自民黨資深國會議員比較傾向全部採取小選舉區制，因為自民黨現任國會議員比較具有地方實力與後援會基礎，小選舉區制對他們而言比較有利；這些資深的國會議員不僅否決海部俊樹首相的提案，更透過黨內派閥運作的壓力，進一步要求海部俊樹辭職，由自民黨派閥領袖之一的宮澤喜一接任首相；至於在野黨（例如社會黨或是公明黨）則認為，小選舉區制將降低小黨的當選機會，而自民黨受到金權政治醜聞案之影響，已經反映在民調支持度的大幅下滑，因此他們主張提高比例代表的席次比率。

　　日本國會此時沒有正式通過政治改革法案，但是，來自於民間的財界團體「經團連」、勞動團體「聯合」等，則積極結合輿論界的學者專家與評論家，並提出具有理想色彩的政治改革方案。1992 年 4 月，以「第八次選舉制度審議會」委員龜井正夫（住友電氣工業董事長）、內田健三（東海大學教授）、佐佐木毅（東京大學教授）等人為中心，結合財界、勞動界、學界與輿論界共七十名委員，組成「民間政治臨調」（政治改革推進協議會），並訴求「若無法打破現今政治的閉塞狀態，日本將成為世界孤兒」等危機感，邀請一百多名年輕國會議員改革派，共同推動政治改革，這對後來的政治改革有相當大的影響力（民間政治臨調，1993）。

　　「民間政治臨調」主張廢除中選舉區制，並具體地分析「中選舉區制」七個制度上的弊端，分別是：

　⑴國會議員的選舉欠缺政策論爭。而且，同一選區內同一政黨推出多位候選人，降低了以政黨為單位之選舉活動及其意義，反而強化了以候選人個人為中心的選舉特質與投票傾向。

　⑵政治責任的不明確化。由於國會議員選舉無法出現以政黨為中心的政策論爭，候選人當選與否和政黨或政見無關；候選人也為了避免因為提出明確主張，例如在稅制方面提出具體政策，反而導致落選，因此候選人不會向選民提出明確且負責任的政策主張。

　⑶利益誘導型政治本質的結構化。由於強調個人後援會的組織作用、候選人個人地盤（即選票來源）的重要性、以及候選人對選區的服務與貢獻，導致國會議員選舉已成為利益誘導的分配型政治；為了尋求更多的政

治資金來從事競選活動、運作後援會與提供選區服務，國會議員候選人需要積極地尋求穩定的政治獻金來源，甚至收受不當的政治獻金。

⑷派閥政治的定型化，且不利於政治的新陳代謝。政壇新人難以出人頭地，二世議員卻可以繼承現有的組織與人脈關係而成為政治新人。

⑸政權交替的困難性。任何政黨的候選人只要獲得百分之十五至二十的選票即有當選的機會，政黨或候選人為了確保現有席次，往往不會輕易地調整政黨的組織與政策，選民亦比較沒有強烈的意願來進行政權交替。

⑹無法透過選舉過程與結果來排除那些行為不正的國會議員。由於低得票數即有當選的機會，任何候選人只要透過後援會組織、且動員既有的群眾基礎來取得勝選；對於那些行為不正的國會議員或候選人，例如瀆職或貪污的國會議員，也很容易透過後援會組織與動員而當選或連任，難以透過選舉的民主程序來排除這些行為不正的國會議員或候選人。

⑺國會議員往往無法因應外在（國際）環境的變遷。國會議員或候選人的當選往往是藉由後援會或是政黨派閥等力量，這些政黨與政治人士受到既存政治利益結構之限制，他們不僅沒有足夠的能力與智慧來體認外在（國際）環境的改變，更因為欠缺政策理念而失去了應有的因應能力。

「民間政治臨調」在分析中特別強調，面對冷戰結束後的國際化衝擊，日本政治應該強調政治領導權 (political leadership) 的重要性，新的選舉制度應該從政治領導權的角度來思考未來的改革方向，這些改革方向分別是：⑴廢除同一選區出現同一政黨多位候選人之競爭；⑵實現以政策為本位的國會議員選舉；⑶日本政治應該具備政權輪替的可能性；⑷減少選舉死票與反映民意的多樣化；⑸確立負有政治責任的穩定性政權。在一百多名年輕國會議員的支持下，「民間政治臨調」提出選舉制度改革方案之報告案產生了相當大的輿論壓力。

受到「民間政治臨調」輿論壓力之影響，宮澤喜一內閣在 1993 年年初提出政治改革四法案，包括以單一（小）選區制為核心的選舉制度改革方案、眾議院議員選區劃定委員會設置法案、政治資金規正法修正案、政黨助成法案。但是，基於前任首相海部俊樹因選舉制度改革案而被迫辭職，

因此，宮澤喜一內閣提出的選舉制度改革方案遂採取單一（小）選舉區制，眾議員名額為 500 人，日本全國劃分 500 個小選舉區，每一個選區由獲得有效票之最多數者當選。當時的社會黨、公明黨等在野黨卻大力批判「單一選區有利於大政黨（自民黨）」，他們提出「小選區比例代表並立制」的改革方案，眾議員當選名額亦為 500 名，但透過比例代表產生 300 席，單一（小）選區則選出 200 席。在野黨認為，單一（小）選區與比例代表並立制可以使得各政黨的當選席次較為接近該黨的得票率，比較能夠反映真正的民意，而且賦予新興政治勢力比較公平的競爭機會，也比較有利於小黨的生存與發展。

從「民間政治臨調」、執政的自民黨、在野的社會黨或公明黨等主張可以看出，廢除中選舉區制已成為當時日本政治的共識，但是對於選舉制度改革的具體方案，朝野政黨則出現認知上之差異，成為朝野政黨爭論之焦點。其中，自民黨堅持採取「單一（小）選區制」，社會黨與公明黨主張「小選區比例代表並用制」，至於「民間政治臨調」則提出「小選區比例代表連用制」，以作為自民黨與在野黨之間的妥協方案（詳見表 5-1）。然而，由於各政黨相當堅持對自己最有利的政治改革方案，導致宮澤喜一內閣提出的政治改革法案無法在國會中通過，在野黨更進一步通過對宮澤喜一內閣的不信任案。國會解散後的改選結果，以細川護熙為首的聯合內閣取代自民黨的執政地位。

1993 年 9 月細川護熙聯合內閣上臺後，決定提出以「小選區比例代表並立制」為中心的政治改革關聯四法案，在選舉制度的改革方面，其主要內容包括：⑴眾議院總席數定為 500 席，小選區及比例代表各產生 250 席；⑵投票方式採取兩票制。至於自民黨因為敗選的民意壓力下，也決定提出新的選舉制度：「小選區比例代表並立制」，不過，自民黨對小選區與比例代表的席次分配、投票方式等方面之主張，與細川護熙聯合政府的提案存有一定的差距（詳見表 5-2）。

表 5-1　自民黨、社會黨與公明黨、民間政治臨調提出的選舉制度改革案之比較（宮澤喜一內閣時期）

項　目	自民黨版	社會黨與公明黨版	民間政治臨調版
方　式	小選區制	小選區比例代表並立制	小選區比例代表連用制
當選名額	500 名	總名額 500 名（小選區 200 名；比例代表 300 名）	總名額 500 名（小選區 300 名；比例代表 200 名）
比例代表選區		全國劃分 12 個選區	以都道府縣為單位
投票方式	記號式一票制	自書式一票制二記載	二票制
比例代表的產生		頓特式	變形的頓特式
具有推薦候選人條件的政黨	1.國會議員 5 人以上 2.最近一次國政選舉得票率 3% 以上 3.候選人 50 人以上	1.國會議員 5 人以上 2.最近一次國政選舉得票率 1% 以上 3.比例代表選區當選名額十分之一以上的候選人名冊	
小選舉區名額的分配	各都道府縣先分配一人後，再以人口比例分配名額	人口比例分配	
比例代表重複登記與同一順位的解決方式		小選舉區的惜敗率	

資料來源：佐佐木毅（編），1999，政治改革 1800 日の真實，東京：講談社。頁458。

　　1993 年 11 月 16 日，細川護熙聯合政府的提案經過眾議院政治改革特別委員會的討論與修正後通過新的方案，在席次分配方面調整為：小選區產生 274 席，比例代表產生 226 席。眾議院院會隨後表決通過。但是到了 1994 年 1 月 20 日，參議院政治改革特別委員會照眾議院修正政府案而通過政治改革相關法案後送交參議院院會表決時，該案卻因為社會黨左派

「護憲民主聯合」議員的倒戈，而以 12 票之差被否決。細川護熙與自民黨總裁河野洋平在眾議院議長土井多賀子的協調下，最後還是通過眾議院選舉制度改革方案，原有中選舉區制終於被廢除，改採小選舉區比例代表並立制。

表 5-2　細川護熙聯合政府、自民黨對選舉制度改革之比較

項　目	細川內閣提案	自民黨提案	原有制度	新選舉制度
制　度	小選舉區比例代表並立案		中選舉區制	小選舉區比例代表並立制
總席數	500 席	471 席	511 席	500 席
投票方式	兩票制	一票制	一票制	兩票制
議席分配	小選舉區 250 席；比例代表 250 席	小選舉區 300 席；比例代表 171 席	129 個選區；每一個選區依照人口數目比例，選出 3~5 名議員	小選舉區 300 席；比例代表 200 席
比例代表選區	全國為一個區	都道府縣各為一區		全國分為十一區
比例代表名單	得與小選舉區重複登記參選。名單同一順位者之當選與否，依在小選區之當選接近率（落選者之得票數除以當選者之得票數）決定			得與小選舉區重複登記參選，以惜敗率來決定當選與否
政黨門檻	3%	無		2%

資料來源：佐佐木毅（編），1999，政治改革 1800 日の真實，東京：講談社，頁 465。

三、新選舉制度之分析

1994 年 1 月通過的眾議員選舉制度改革方案，其要點分別是（大竹邦實，1996）：

⑴採取小選區比例代表並立制。眾議員席次總額為 500 人，其中 300 人由單一（小）選區產生，全國 47 個都道府縣劃分 300 個小選舉區，以得票數最多者當選。另 200 人由政黨依得票比例來產生❺，全國劃分 11 個

比例代表區，依照人口數比例分配當選名額❻，分別是：北海道（9 名）、東北（16 名）、北關東（21 名）、南關東（23 名）、東京都（19 名）、北陸信越（13 名）、東海（23 名）、近畿（33 名）、中國（13 名）、四國（7 名）、九州（23 名）。

⑵投票方式採取「記號式」兩票制，即在選票上同時印有候選人姓名（小選舉區）與政黨名稱（比例代表），選民投票時在選票上蓋上「○」之記號式兩票制。

⑶政黨為使其黨內菁英、或重要的領導人士更有機會當選眾議員，可在小選舉區與比例代表區同時提名。全國有 11 個比例代表區，300 個小選舉區，比例代表區內包括許多個小選舉區。政黨在比例代表提名名冊上，可將這些重複提名的候選人列為同一順位，當重複提名之候選人未能在小選舉區獲得勝選時，這些人可以經由比較其在小選舉區之「惜敗率」❼順序來決定是否可以「復活」當選。

1994 年日本國會通過的新眾議員選舉制度有七個改革目標，分別是：

---

❺ 2000 年眾議員選舉制度再度進行修改，眾議員總額改為 480 人，小選舉區仍選出 300 人，比例代表選出 180 人。

❻ 2000 年眾議員選舉制度修改後，各比例代表區當選名額如下：北海道（8 人）、東北（14 人）、北關東（20 人）、南關東（21 人）、東京都（17 人）、北陸信越（11 人）、東海（21 人）、近畿（30 人）、中國（11 人）、四國（6 人）、九州（21 人）。

❼ 所謂「惜敗率」，是指得票數與當選者之得票數相比較之比率，惜敗率高者，優先獲得在比例代表區「復活」當選的機會。惜敗率的運用，可以促使政黨所提出之比例代表區的同一順序候選人之間的相互競爭，增加政治活力與公平性。尤其在政黨比例代表提名名冊中，若沒有同時參加小選舉區競選的候選人，他們將被安排在順序比較後面的政黨比例代表名單，沒有當選的把握；而同一順位來比較惜敗率時，沒有參加小選舉區者，其惜敗率為 0%，將無法復活當選。整體而言，惜敗率的運用加深了新的眾議員選舉制度的特色在於，候選人必須對政黨有相當大的貢獻，而且也鼓勵候選人積極參與選舉，不能讓提名在政黨比例代表名單的人坐享其成。

⑴實踐以政策本位、或政黨本位為基本特質的選舉。在單一（小）選區的選舉過程中，由於選區規模較小，選民對候選人的政見與熟悉程度將決定選民的投票傾向；而且，一個選區只能選出一名議員，比較不容易形成小黨林立，反而有助於形成兩大政黨的競爭。此外，選民可以透過「兩票制」的策略投票，更清楚地表達對政黨的支持程度。

⑵提高政權交替的可能性。由於新的選舉制度強化以政黨或政策本位為基本特質，再加上透過小選區制比較有助於形成兩大政黨的競爭，因此，相較於過去中選舉區制比較有利於大政黨以較優的配票機制以及較少選票數，卻可以掌握較多的政治權力，新的選舉制度反而提高了政權交替的可能性，並且有利於政權的穩定性。

⑶確保責任政治的明確性。由於新的選舉制度傾向於政黨與候選人須以政策理念或政黨形象來吸引選民的認同，確保民主政治所強調的責任政治。

⑷促使多樣的民意能夠適切的反映在國會勢力分布上。由於採取比例代表的選舉，選民的意思將藉著選舉明確、公正地反映在議會的構成上，而且弱小政黨在議會中的議席可以受到保障。

⑸促使政權由選舉結果所表示的國民意志來選擇。因為選區劃分與單一選區制的引進，政黨組織將提高對選舉與輔選的影響力，導致政黨內部派閥運作力量的降低，以及政黨的領導者將更能發揮領導權 (leadership)。

⑹化解金權政治的出現。選區的變小與比例代表制的引進，新的選舉制度將會降低選舉活動所需要的花費，減少政治腐敗貪污事件的發生。

⑺新的選舉制度將鼓勵新人出頭，促使政治的世代交替及注入新活力。

日本通過的眾議員選舉制度改革案儘管具有一定的政治理念，但是受到制度改革的影響，日本政黨與政治人士還是基於政治利益的現實考量而採取相對應的策略，尤其是為了因應單一（小）選區的挑戰，政黨之間有必要重新組合或是進行結盟。例如，1994 年 12 月 10 日，強調「反自民黨勢力聯盟」的新進黨宣布成立，新進黨包括了新生黨、公明黨、民社黨、日本新黨以及部分脫離自民黨的自由改革聯合等政黨與國會議員。又例如，

1996 年 9 月 26 日，強調「反自民黨、反新進黨，且作為第三勢力」的民主黨宣告成立，該政黨包括原有的社民黨、魁新黨等政黨與國會議員。易言之，日本在眾議員選舉制度改革後再次進入一段相當激烈的政黨重組階段。因此，為了更加瞭解新的選舉制度對日本政黨政治之影響，以下將透過 1996 年、2000 年、2003 年眾議院選舉過程與結果來分析與比較。

四、國會議員選舉制度的變形

1994 年新的眾議院選舉辦法通過後，日本東京大學教授北岡伸一認為，在新的選舉制度下，「日本政治的確朝向兩大政黨制的政治力學」；但是，另一位知名教授佐藤誠三郎卻認為，新的眾議員選舉制度使得自民黨一黨優位制重新恢復。若從表 5-3 的數據來分析，這兩種截然不同的分析與預測其實都是正確的答案。

1996 年眾議員選舉之後，獲得最多席次的自民黨已鞏固其作為最大政黨的政治實力 ❽，儘管自民黨無法取得過半數的議員席次，還是可以聯合其他政黨來組織聯合政府。這也再次證明了，新的眾議院選舉制度由於小選舉區產生較多的席次，該制度確實有利於組織嚴密、地方實力厚實的大政黨（自民黨）。其次，從社民黨、共產黨、公明黨等政黨逐漸失去小選舉區的席次等趨勢來觀察，兩大政黨，例如，1996 年自民黨與新進黨（共取得 265 席）、2000 年自民黨與民主黨（共取得 257 席）、2003 年的自民黨與民主黨（共取得 275 席），已經掌握大多數的小選舉區席次，兩大政黨之間的對抗情勢顯然浮現。也就是說，日本政治已逐漸脫離自民黨一黨優越的五五年體制。

---

❽ 自 1955 年成立以來，自民黨一直是日本的最大政黨，即使是在 1993 年眾議院改選後失去執政地位，但當時的自民黨依舊是國會第一大政黨，只是有鑑於日本國民強烈不滿自民黨一再爆發政商醜聞事件，促使與強化「反自民黨勢力」的日本新黨、新生黨、社會黨等政黨的合作意願，進而合組聯合政府以取代自民黨的執政地位。

表 5-3　1996 年、2000 年、2003 年眾議院的選舉結果之比較

	小選舉區當選席次			比例代表當選席次		
	1996 年	2000 年	2003 年	1996 年	2000 年	2003 年
自民黨	169	177	168	70	56	69
公明黨	–	7	9	–	24	25
保守黨	–	7	4	–	0	–
民主黨	17	80	105	35	47	72
新進黨	96	–	–	60	–	–
自由黨	–	4	–	–	18	–
社民黨	4	4	1	11	15	5
共產黨	2	0	0	24	20	9
其　他	12	21	13	0	0	0
合　計	300	300	300	200	180	180

資料來源：作者整理。

1996 年眾議院選舉及其影響

　　1996 年眾議院改選是第一次適用「小選區比例代表並立制」之新的選舉制度，原本預期的兩大政黨競爭情勢，選舉結果卻是自民黨成為第一大黨，自民黨在小選舉區的當選席次率為 56.33%，新進黨為 32%，民主黨為 5.66%，共產黨為 0.66%，社民黨為 1.33%。然而，自民黨的當選席次率與得票率卻出現較大落差，自民黨在小選舉區只有 38.63% 的得票率，但是議席當選比例卻高達 56.33%；自民黨在比例代表區得票率為 32.76%，議席當選比例則為 35%。由此可見，新的選舉制度，尤其是小選舉區的引進，的確對大政黨（自民黨）比較有利。

　　新選舉制度的原意之一，是希望得票率較高的政黨可以獲得較多的議席，藉此產生多數民意之所在；但為避免產生過多的浪費票[9]，而且也希望給予小黨有機會獲得議席，因此在小選舉區制之外加入比例代表制。但

---

[9]　假設同一小選舉區制有三位候選人競選，得票率分別為 34%、33%、33%，則獲得 34% 選票的候選人當選，其餘的 66% 選票都成了浪費票，或稱為廢票，假使出現過多的廢票，採取小選舉區的投票結果將容易出現「捏造的多數」。

1996 年眾議院選舉結果卻顯示，小黨的得票比率與其席次比率還是有所落差。特別是，原本提出「反自民黨」的在野黨卻因為票源分散於數個政黨，包括新進黨、民主黨、共產黨、社民黨等，這些「反自民黨」的候選人在小選舉區制只能當選一名議員的前提下，票源的分散反而使得擁有豐富選舉資源的自民黨籍候選人佔了相當大的優勢。易言之，受到小選舉區制的制度誘因，組織嚴密、地方實力雄厚的自民黨反而比較容易鞏固多數實力。也就是說，在小選舉區的選舉過程，勝選者最主要的優勢條件仍是候選人個人的地方實力以及個人經營地方的績效，候選人的後援會組織與動員在新的眾議員選舉制度中仍然可以發揮相當大的作用，並且促使自民黨恢復原有的派閥政治及其運作。

其次，1996 年眾議院選舉投票率創下戰後最低的 59.65%。如此低的投票率反映了日本國民對既有政黨與政治人士實在是欠缺信心；而且，這種政治不信任的態度也顯示，由於小選舉區只能當選一名議員，假若某一選區出現一位強勢候選人且篤定當選，該選區的多數選民可能放棄投票。換句話說，從 1990 年代以來的政黨重組與合縱連橫，以及不同組合的聯合政府，儘管有相當大幅度的轉變，但是對大多數日本國民而言，政黨重組只是為了獲取選票與政治利益，根本無關於這些政黨與政治人物所提出的政治改革理念；再加上有些政黨，例如社民黨或是新進黨，為了尋求政治利益而放棄原有的政策主張或理念，進而導致政黨內部出現路線之爭與對立分裂，加深了日本國民失去對在野黨的信心與信賴，也因而降低了選民的投票意願。

日本國民對既有政黨與政治人士的不信任，也表現在選民對「惜敗率」的強烈批判。新的眾議員選舉制度特別為了讓重複登記的候選人可從比例代表制藉由惜敗率的設計來「復活」當選，但是從民主政治「主權在民」等基本精神來思考，已經被選民否決的小選舉區候選人為何可以透過惜敗率而「復活」擔任民意代表？這些復活的眾議員到底是代表哪些民意？事實上，惜敗率的設計就是強調人的因素重於政黨或政見因素。此次有 82 名當選者是在小選區失利後卻在比例代表制復活當選，如此高的比率造成當

時日本輿論的不滿。

　　同樣的，想要透過選舉來淘汰一些有貪污嫌疑的候選人，也是一廂情願的想法。反而是透過選區的重新劃分，許多候選人離開辛苦經營的地盤，無法繼續維持既有的後援會基礎，再加上政治資金法與連坐法的限制，亦無法募集足夠的活動資金與選舉獻金，這樣的候選人才有可能會落選；高知名度的候選人或是現任的國會議員，若仍舊被分配在既有的地盤，他們基於人脈與地方經營的成效，當選機會還是相當的高。

　　具有地方實力基礎的現任國會議員比較容易當選連任，這種現象也意味著新人當選的機會是比較困難的。1996 年眾議院改選結果顯示，只有 60 位新人是從小選舉區中取得勝選；其中，有 26 人是因為該地方選區沒有現任者願意繼續出馬連任，只有 34 人是真正出馬挑戰、且順利打贏現任者的政壇新人。佐藤誠三郎認為，1990 年眾議院選舉有 26% 的新人當選，1993 年有 26.2%，1996 年有 22% 的新人，這樣的數據顯示，政壇新人的出現其實是愈來愈困難的事情。

　　至於選舉經費是否有所減少等問題，1996 年眾議院改選的選舉結果顯示，小選舉區其實比中選舉區更需要支出大量的選舉經費。小選舉區的重新劃分雖然縮小選區的人口數與規模，但是政治人士原有的服務處卻不能因此而廢除，否則會被選民批評「沒有利用價值就遭遺棄」，反而影響候選人的形象。其次，選區規模雖然縮小，但是每一個議席平均所應得之選票數卻增加，因此，選舉服務處的經費相對提高，甚至有可能高出兩倍或數倍。此外，為宣傳政黨的形象與理念，政黨電視形象廣告不可缺少，結果自民黨花了八億日圓，新進黨花了十三億日圓來進行形象廣告。這些發展趨勢除了顯示新的選舉制度比較有利於選舉資源豐沛的大政黨之外，候選人或政黨的選舉經費並未因此而大幅減少，這也就是為何日本還是不斷發生國會議員金權醜聞事件。

　　至於當年改革論者提出的「以政見或政黨為本位的選舉特質」等問題，在 1996 年眾議員改選的選舉過程中，日本新聞媒體多次撰文報導或特稿分析，且刻意地把選舉焦點集中在自民黨總裁橋本龍太郎與新進黨黨魁小

澤一郎等兩大政黨黨魁的對立意見與競選造勢。然而，兩大政黨領袖與其他政黨領袖在此次選舉卻沒有正式進行政策辯論，缺少「面對面」政策辯論的機會，還是無法具體地落實「以政見為本位的選舉特質」。

此外，從表5-4可知，除了共產黨之外，其他主要政黨幾乎提出相同的政見主張。每一個政黨或是候選人皆對行政改革、充實社會福利、日美安保問題、駐日美軍等問題提出他們的政策主張，可是，這些重大政見其實是大同小異的，沒有出現重大的歧見與對立。這也說明了，若採取小選舉區制的選舉制度，往往比較容易造成不同政黨或候選人採取「政策模糊」的立場，藉此吸引更多選民的支持。就1996年眾議員選舉經驗來觀察，另一個更值得分析的觀點是，日本各政黨或候選人，尤其是企圖在小選舉區爭取勝選的候選人，依舊強調國會議員候選人對地方服務的績效，以及過去為選區爭取的政策福利與福祉補助，各候選人均以選區利益與地方經營的績效來訴諸選民，不禁讓人懷疑，這到底是屬於國會層級的眾議員選舉，還是屬於地方議會的議員選舉。

至於新的眾議員選舉制度是否有助於產生「政權輪替」的效果，從1996年選舉結果來觀察，改革論者此一主張也似乎過於樂觀。理論上，單一（小）選區制有助於形成兩大政黨的對抗與競爭；但是若沒有考慮其他因素的存在，僅靠選舉制度的改變、選舉過程的造勢與宣傳，或是政治人士的大聲疾呼，兩黨制比較難以形成，兩黨之間的政權輪替亦難以形成「慣例」。歐美國家比較容易出現政黨輪替的慣例，其實是在選前就已經因為歷史、宗教、階級、社會經濟發展等因素，形成兩個或兩個以上的政黨或政治勢力之相互競爭；然而，日本卻欠缺這些因素的存在。其次，若比較選舉前與選舉後的聯合政府形態，由於自民黨取得組閣的主導權與重新恢復執政，過去自民黨的金權政治與派閥政治又悄悄地死灰復燃，選舉制度改革者原本所預期的理想目標，並沒有出現在1996年的選舉過程及其結果。

表 5-4　各政黨在 1996 年眾議院選舉公約

政　黨	消費稅	行政改革	安保議題	景氣對策	政治改革
自民黨	5%以上	中央省廳減半與再編、減少行政規制	堅持安保體制、縮小駐日美軍基地	擴大公共投資事業	包含選舉制度的政治改革
新進黨	3%	中央省廳 10 省；市町村 300 個	制定安全保障基本法、縮小駐日美軍基地	減稅、刺激消費	局長層級以上的文官改為政治任命、削減國會議員總名額
民主黨	5%	中央省廳 8 省與再編、內閣掌握預算權	建構安全保障體制、縮小駐日美軍基地國會監督	經濟結構改革為主導的景氣對策	議員立法的優先審議、首相公選制、削減國會議員總名額、設立公民投票制度
社民黨	提高稅率	中央省廳再編、地方分權	建構多國安保體制、縮小駐日美軍基地	經濟結構改革、充實基礎投資建設	設立公民投票制度、十八歲擁有選舉權、禁止企業及團體的政治獻金
共產黨	廢止	財政再建、削減公共事業費用、國防軍事費用減半	廢除美日安保條約	充實以生活為基礎的公共投資事業、確保就業	廢止行政規制、限制大企業對民主政治的影響力、守護和平憲法

資料來源：作者整理。

　　自民黨沒有獲得過半數以上的席次，可是最大在野黨的實力還是無法取代自民黨來作為執政黨，亦即，兩大政黨輪流執政的政治情勢尚未成形。不過，有許多小選舉區出現新進黨候選人與自民黨候選人的激烈競爭，只要得票率出現小幅度變化將導致選舉結果出現逆轉的現象，顯示出兩大政黨的對抗結構已經浮現。然而，自民黨派閥政治出現復活的現象，再加上最大在野黨的新進黨在選前已經出現黨內分裂的現象，選後更正式分裂為

六個小黨，充分反映新進黨只是為了選舉與選票而結合的政黨。因此，在政黨政治應有規範尚未完成之前，日本新的眾議員選舉制度尚無法表現出以政黨為本位的選舉特質。

整體而言，1996 年眾議院選舉結果顯示出，除了比例代表制可以看出日本選民對不同政黨的喜好程度外，小選舉區制或修改前的中選舉區制，皆無法促使日本眾議員改選過程與結果可以表現出政黨本位的特質；而候選人個人的特質、後援會組織、特殊的地緣與人際關係、甚至是候選人與利益團體之間的結合，才是單一（小）選舉區決定勝選的關鍵因素。其次，兩票制的引進，雖然進一步保障小政黨的政治實力，但也導致這些小政黨難以統合，因此在一個擁有多數席次的大政黨，以及存在著許多個小政黨的政黨體系與互動下，兩大政黨輪流執政其實很難出現。

2000 年眾議院選舉及其影響

2000 年 4 月，當時的首相小淵惠三突然腦中風住院，自民黨在安排繼任人選時，所謂「五人小組」，當時的自民黨幹事長森喜朗、代理幹事長野中廣務、政調會長龜井靜香、自民黨參議院議員領袖村上正邦、內閣官房長官青木幹雄等，透過密室會議來協商人選。由於青木幹雄表示「小淵惠三曾經表示希望由森喜朗繼任首相職務」的語氣，森喜朗遂被推選為新任首相。自民黨採取這種「不透明」的密室協商，讓人聯想起過去自民黨派閥政治的黑暗面，隨即引起日本國民大幅度的反感，導致森喜朗上任以來民意支持度持續偏低。

森喜朗內閣民調支持度持續偏低的原因亦涉及到，自從 1996 年 10 月眾議院選舉後至森喜朗於 2000 年 4 月就任首相以來，已近四年沒有舉行國會大選，眾議員法定任期即將屆滿而必須改選；再加上 1996 年眾議院選舉後，自民黨已經先後由橋本龍太郎、小淵惠三、森喜朗等人擔任首相，日本聯合政府也先後出現過「自民黨—社會黨—魁新黨」、「自民黨—自由黨」、「自民黨—自由黨—公明黨」、「自民黨—公明黨—保守黨」等不同組合。然而在劇烈的政黨重組與政權轉換的過程中，除了 1998 年參議院定

期改選外，日本國民完全沒有機會來進行「主權在民」的信任投票，更加深他們對政黨與政治人士的不信任感。

1998年7月參議院依規定（每三年改選總席次50%的參議員）舉行改選投票，慶應大學教授小林良彰曾在《朝日新聞》撰文表示，這次選舉是日本選民對當時執政者的「業績評價投票」(retrospective voting)。當時由橋本龍太郎首相所領導的聯合政府因為經濟政策的錯誤，導致日本出現相當嚴重的金融危機與財政問題，引發多數選民對橋本龍太郎首相與聯合政府的不滿，選前民意調查即顯示，高達63%的多數選民希望出現大幅度的政治變化。果然在選舉結果產生後，自民黨從改選前的61席，到改選後只獲得44席，再加上未改選的58席，自民黨在參議院只擁有102席參議員，距離參議院過半數的127席，尚差25席。由於無法領導自民黨來取得參議院的過半數席次，橋本龍太郎首相決定為敗選而請辭，由小淵惠三繼任首相。相對於自民黨的低迷，在野的民主黨旋即聯合其他在野黨提出「提早解散眾議院，舉行國會大選」等主張，並且在參議院「首相指名選舉」共同合作支持民主黨黨魁菅直人。對此，小淵惠三首相與內閣官房長官野中廣務開始進行政黨結盟的合縱連橫，先後與自由黨、公明黨達成協議，三黨合組聯合政府來化解民主黨的挑戰。

自民黨已經失去參議院的多數地位，而且，自民黨、自由黨、公明黨三黨聯合政府也因為經濟政策❿、選舉制度改良方案⓫、政治與宗教之間

---

❿　自民黨為了拉攏公明黨而決定發行「地域振興券」，並且放棄自橋本龍太郎內閣以來所堅持的財政結構改革措施，而改以發行公共債務的大型預算方案來刺激經濟景氣。雖然日本經濟景氣一度有好轉的現象，但是，日本公共債務高漲及其對經濟結構的扭曲，反而延緩日本經濟改革的契機。

⓫　自由黨黨魁小澤一郎答應自民黨小淵惠三的邀請而加入聯合政府，其實是有交換條件的。小澤一郎希望減少比例代表的席次名額，藉此強化小選舉區制對選舉結果的影響力，更有利於發展兩大政黨輪流執政的政治情勢。然而，公明黨卻強烈反對。公明黨在小選舉區的候選人幾乎不能與擁有強大後援會組織與豐富政治獻金的自民黨籍候選人相互競爭且獲得勝選。因此，公明黨之所以願意加入聯合政府，主要目的之一就在於與自民黨協調小選舉區的候選名單，或是

應有的界線與規範 ❶ 等問題而爭吵不斷。更重要的是，原本配合民主黨在參議院「首相指名選舉」一起合作支持民主黨黨魁菅直人的自由黨及其黨魁小澤一郎，為何反而轉向支持小淵惠三首相？以及，自從成立以來一向反對自民黨的公明黨，又為何在此時願意與自民黨進行合作？這些問題除了政治利益的交換，以及顯示日本政黨合作已陷入「數字魔術」而欠缺政治理念之結合外，多數日本國民實在難以理解。也就是說，沒有任何政治理念或原則的政治結盟反而引起大多數日本國民的不滿與不信任，因此，對於自民黨與小淵惠三首相來說，盡量不要提前舉行眾議院大選反而是最有利的選擇。

森喜朗上任後，提早舉行眾議院改選已經成為不可避免的政治大事；森喜朗與自民黨考慮的條件是「有利的時機」，尤其是如何利用小淵惠三首相因公務而積勞成疾等剩餘價值，成為自民黨決定改選時機的切入點，最好的時機就在於小淵惠三逝世後，同年 5 月宣布解散眾議院，同年 6 月 25 日立即舉行大選，當天恰好是小淵惠三的生日。

2000 年眾議院選舉結果，與 1996 年眾議院選舉結果相當類似，甚至在部分數據的比較與分析上相當雷同。例如，最大政黨的自民黨還是取得小選舉區制的制度誘因，自民黨在小選舉區方面獲得 41.0% 的選票，卻可以取得 59.0% 的席次；民主黨在小選舉區方面獲得 27.6% 的選票，卻只取

交換比例代表與小選舉區的選舉合作機制，讓公明黨可以取得較佳的選舉結果。然而，小澤一郎主張削減比例代表的席次名額，有可能減少公明黨的國會議員席次。公明黨當然會反對小澤一郎的選舉制度改良方案。面對此一矛盾，以及公明黨擁有較多的國會議員席次，自民黨小淵惠三首相決定削減 20 名比例代表名額後，堅決拒絕小澤一郎的強力遊說，甚至迫使小澤一郎離開聯合政府，改邀請從自由黨分裂出來的保守黨加入聯合政府。

❶ 支撐公明黨的最有力團體是宗教團體「創價學會」，由於日本憲法規定「政教分離」的基本原則，公明黨與創價學會之間的關係，使得公明黨自成立以來一直受到日本各界的討論與批判，尤其是公明黨從在野黨的地位，如今卻加入以自民黨為主導的聯合政府，作為「執政黨」的公明黨是否違反政教分離原則，成為一個相當大的爭論。

得 26.7% 的席次。至於在比例代表制方面，自民黨獲得 28.31% 的選票，取得 31.0% 的比例代表席次；民主黨得到 25.17% 的選票，取得 26.1% 的比例代表席次。自民黨總共取得 233 席，佔總席次的 48.5%；民主黨總共 127 席，佔總席次的 26.5%。自民黨儘管失去過半數席次，但還是當選最多眾議

圖 5-1　小淵惠三繼橋本龍太郎之後為首相，任內邀請自由黨及公明黨共組聯合政府。

員的最大政黨，民主黨則取代新進黨成為第二大政黨。儘管自民黨與民主黨仍有 106 席的差距，但已經可以說明「小選區比例代表並立制」的確具有促進兩大政黨相互競爭與對抗的制度誘因。

在眾議院改選前，自民黨原本擁有眾議院過半數席次；可是在改選後，自民黨卻因為森喜朗首相及其聯合政府處於「低迷」的民意支持率，因此自民黨又失去眾議院的過半數席次，只獲得 233 席。自民黨聯合政府的結盟夥伴，公明黨則從選前的 42 席減少為 31 席，保守黨則由選前的 18 席減少為 7 席。自民黨、公明黨與保守黨總計取得 271 席，實在不如選前的 336 席；但是，自民黨、公明黨與保守黨依舊以超過過半數（240 席）❸ 的席次而繼續執政，並且也確保眾議院各委員會皆能過半數的絕對安定多數勢力。

然而，2000 年眾議院選舉結果對日本政治的影響，比 1996 年眾議院改選更具有重要性。首先，2000 年選舉再次確定，具有雄厚地方組織與動員力量的自民黨，儘管在大都會地區輸給民主黨，但是在人口較少的農村

❸　日本眾議院人數在 1994 年修法時為 500 人；2000 年 1 月在自民黨、自由黨與公明黨的合作下，減少比例代表當選名額 20 席，總席次為 480 席。

地區，自民黨的實力遠遠勝過其他政黨。其次，在 1994 年眾議員選舉制度改革之前以及改革之後，自民黨派閥政治對選舉制度的操作，遠遠勝過自民黨中央的執行部。換句話說，政黨本位的選舉過程在日本是很難出現的，自民黨候選人重視地方組織動員系統更勝過來自黨中央的援助。如果再從公明黨與共產黨等組織嚴謹的政黨來觀察，公明黨與共產黨皆有嚴謹的組織動員系統，然而公明黨與共產黨在小選舉區表現顯然不如自民黨，這意味著候選人經營地方的基層實力在眾議院小選舉區過程中依舊擁有最具有關鍵性的影響力。

　　2000 年眾議院選舉結果亦證明，眾議院採取小選舉區比例代表並立制的確對自民黨、民主黨等大黨較為有利，對小黨來說反而是比較不利的制度。小黨一方面受到選舉資源稀少性的限制，無法在小選舉區勝過其他大政黨的候選人；另一方面，小黨受限於比例代表得票率的過於分散，反而減少小黨的當選席次。特別是在自民黨、公明黨與保守黨的合作下，日本國會通過眾議院議員席次減少方案，比例代表選舉名額減少 20 席，小黨的當選空間也相對減少。

　　此外，在小選舉區方面也出現得票率與席次當選率的落差。例如自民黨在小選舉區的得票率為 41%，席次當選率卻高達 59%；相對的，民主黨得票率為 27.6%，議席當選率卻只有 26.7%，民主黨落選者的得票數與民主黨全部得票數的相對比率，亦即所謂的死票率，高達 55.7%。日本共產黨更是出現了在小選舉區得票率為 12.1%，但在席次當選率卻為「0」的現象，死票數高達七百三十五萬多票。

　　東京大學蒲島郁夫教授以自民黨作為「地方的王國」以及都市人口族群對自民黨的反叛等兩個重要的政治現象，進而分析 2000 年選舉結果的特質及其影響性。蒲島郁夫認為，自民黨在小選舉區擁有堅強的（後援會）支持基礎，特別是在農村地區擁有強大的影響力，可以說是「地方的王國」。而自民黨在此次選舉又與公明黨進行選舉合作，自民黨減少比例代表的提名，藉此提高公明黨的當選機會與比率，並且交換公明黨在小選舉區支持自民黨籍候選人，尤其是自民黨實力比較弱勢的都會地區，藉此增加自民

黨候選人在（都會地區）小選舉區擊敗民主黨籍候選人的機會。因此，自民黨在小選舉區比較容易獲得較好的成績。

蒲島郁夫教授指出，作為「地方的王國」，自民黨因為擁有雄厚的後援會與基層實力，進而取得大多數的小選舉區席次；但是在都會地區，例如東京、大阪等地，自民黨籍候選人比較無法與選民建立直接且密切的互動關係，而且，都會地區多數選民的投票行為傾向於業績評價與對首相的評價，他們普遍不滿自民黨與森喜朗的表現，因此，儘管自民黨與公明黨進行選舉合作，自民黨在大都會地區小選舉區的當選席次卻相對較少。例如，在東京一區輸給民主黨籍候選人的自民黨籍候選人，也是前通產大臣與謝野馨曾說過，在反自民黨的選舉風向中，許多選民認為「與謝野馨這位候選人還不錯，但是自民黨不好」，因此這些選民反而選擇民主黨籍候選人。

蒲島郁夫教授進一步運用所謂的業績評價投票模式，以及選民對首相的印象來分析此次選舉結果，並且指出：小淵惠三聯合政府為了刺激經濟景氣，非常積極採取以擴大公共建設為主要內容的景氣振興方案，日本經濟景氣儘管有所成長，卻累積相當龐大的政府赤字債務，引起都會地區選民強烈批判這種「擴張性」的財政支出手段；而且在選舉過程中，森喜朗首相曾經說出神國論等不當言論與主張，又造成選民相當懷疑森喜朗是否具備作為首相的資質。因此，此次選舉可以說是選民基於對小淵惠三內閣與森喜朗內閣的業績評價，以及針對森喜朗首相的資質能力所作出的投票行為。

2000 年 6 月眾議院選舉的結果，卻也促使日本部分政黨再度思考：應該如何設計「適當的」選舉制度。對自民黨來說，面對都會地區越來越嚴重的選票流失現象，自民黨希望調整與合併都會地區的小選舉區，甚至在部分的都會地區採取與恢復過去的中選舉區制。公明黨則認為，小選舉區比例代表並立制只有利於大黨（自民黨與民主黨）的發展，卻不利於類似公明黨這種屬於中小型政黨的發展，公明黨因而主張日本全國重新劃分150 個選區，每一個選區產生 3 名眾議員的中選舉區制。但是對於民主黨與其他在野黨來說，好不容易在小選舉區建立選舉組織，一旦恢復中選舉

區，他們勢必又要面臨選舉組織與策略的調整，甚至流失原有選區的基本盤，因此他們極力反對中選舉區制的復活。

2000 年眾議院改選結果還顯示一個爭議不休的問題：到底選舉制度的設計是應該朝向以政黨為中心？或是以候選人個人為中心？1990 年代日本大幅度進行選舉制度的改革，一方面是為矯治五五年體制下自民黨一黨獨大的缺失，另一方面也是在思考，如何使得選舉結果能夠更符合民意需求，以及更能反映真正的民意趨勢。

在過去的中選舉區制方面，日本選民的確比較重視候選人的個人條件。三宅一郎教授認為這種情形在制度設計上有合理的解釋。也就是說，(大)政黨為了要獲得過半數以上的議員席位，該政黨有必要在同一選區提名多位候選人；此時，同一政黨候選人彼此之間的競爭遠大於不同政黨候選人之間的競爭。但是改為小選區比例代表並立制後，政黨之間的對決遂成為選舉活動的重心，政黨之間的選舉合作也應該愈來愈重要。事實上，日本從 1960 年代起即已出現政黨合作的現象，這些政黨合作的經驗大都屬於地方自治體的層級，並且已有相當不錯的成效。例如，社會黨與共產黨經常在地方選舉過程中形成結盟的關係，並且標榜與推出「革新派」候選人形象與提出相對應的政策主張，進而多次取得都道府縣地方首長的選舉勝利。然而，在參、眾議院兩院改選方面，在野黨透過革新勢力的合作反而不順利，而小選區比例代表並立制更無法促使在野黨的選舉合作，反而導致在野黨為了勝選與政黨生存，彼此之間的競爭更加激烈，也就無法進行選舉合作以取代自民黨成為執政黨。

政黨無法順利地進行選舉合作，亦反映日本選舉一向是以候選人個人特質為主的政治活動；特別是愈來愈多的世襲議員（二世議員），似乎意味著日本政治已進入世代交替的階段，但是若深入分析二世議員現象背後的結構性因素，則二世議員的出現其實更可以證明日本以候選人為本位的選舉特質。

二世議員是指其父、兄長輩曾經出任該選區的眾議員、參議員或是地方政府的首長或議員，其家族在此一選區內具有相當實力的集票組織，而

且，這些集票組織可以繼續支援原有國會議員所指定的繼承人選，讓這些世襲議員可以順利當選國會議員。例如，小淵惠三首相過世後，由其女兒小淵優子繼承選區與國會議員職務；民主黨籍的鳩山由紀夫與自民黨籍的鳩山邦夫是日本政壇少見的「兄弟國會議員」，他們的父親鳩山一郎過去曾經擔任過日本首相職務。二世議員的出現，也意味著政壇新人若沒有選舉招牌、選區地盤與選舉獻金等要素，往往難以取得勝選；但是對二世議員而言，他們因為繼承前人的餘蔭，輕易地擁有選舉招牌、選區地盤與選舉獻金，輕鬆地打敗對手而成為國會新人。就以 2000 年眾議院改選為例，符合「二世議員」相關條件的候選人有 174 人，其中有 121 人當選，當選率為 69.5%；落選者有 53 人，落選率為 30.5%。由此可見，繼承既有的選舉組織、選區地盤與人脈關係的二世議員，無論是面對中選舉區制，或是小選區比例代表並立制，皆比較容易當選。如此一來，當初選舉制度改革論者提出「發揮以政黨為本位的選舉」，或是「提高政壇新人當選機會」等主張，仍沒有達到預期的理想目標。

2000 年眾議院選舉對日本政治更具有影響性在於，日本選民表現出重視政治領導權 (political leadership) 的投票傾向。東京大學豬口孝教授曾指出，日本對於政治領導權的看法有不同的解讀。首先，日本普遍認為領導者應該扮演共識協調者，積極尋求合意的產生；過於強調領導權反而是獨裁的另一種代名詞。其次，過於強調政治人物的領導權將鼓勵且強化政治人物的權威，日本國民普遍對此一觀點有所保留，反而更願意相信與接受官僚體系的權威。

然而，北岡伸一教授卻認為，日本選民對於 2000 年眾議院選舉結果的期待，一方面是強調政權安定的穩定性，自民黨因而獲得較多數的選票與席次；另一方面，日本選民亦積極表現出對政治領導權與政治領導人才培育養成的急迫性與需求性，而森喜朗首相完全無法表現出應有的首相素質，這是強調派閥力學的自民黨的最大危機。不過，最大在野黨──民主黨也沒有統一且明確的政黨路線與政見主張，地方基層組織也不夠嚴密，亦欠缺足夠的政治領導人才，這也就是為何民主黨可以取得相當大的選舉

聲勢，可是選舉結果卻無法取代自民黨的主要原因之一。北岡伸一教授認為，日本政治無法透過選舉制度來產生適當的政治領導者，對日本未來發展是相當不利的。

話題 日本國會議員與後援會的互動

日本國會議員選舉的特色之一在於候選人的後援會組織，擁有實力雄厚的後援會將奠定候選人勝選的氣勢，也提高候選人勝選的機率。然而，國會議員在建立後援會的整個過程中都要花錢。

第一階段花錢較少，只需要對親朋好友贈送點心禮品等，表達心意即可。第二階段主要是針對地方士紳，由於這些地方士紳願意出來推薦或是表示支持之意，候選人須回贈適當的謝禮。第三階段在成立後援會支部時，候選人分次邀宴支部發起人，給予數萬日圓交通費。第四階段籌組後援會總會，先分次召集發起人會議，最後召開成立大會，這一切費用皆由候選人提供。假設某個國會議員成立五十一個後援會支部，每一個支部平均花費五十萬日圓，總共需要二千五百五十萬日圓；其次是動員用的宣傳費、交通費、禮品費、文宣手冊費用等，需要四千萬日圓；第三是後援會成立後每年行政業務費用與人事費用，需要二千四百萬日圓，另外還包括贈送後援會重要幹部與領導人年節禮品，需要六百萬日圓，如此一來，國會議員一年花在後援會的費用，至少需要七千萬日圓。

以上資料是日本學者在 1990 年代的觀察與分析，如今的資料更是遠遠超過這個數字。

2003 年眾議院選舉結果之分析

日本於 2003 年 11 月 9 日舉行眾議院改選。強調（日本政經）結構改革優先性的自民黨總裁小泉純一郎，配合形象清新的安倍晉三幹事長，以及聯合政府的夥伴——公明黨的厚實組織票源，自民黨與公明黨獲得 275 席眾議員，如同選前日本媒體的預期，且順利跨過「絕對安定多數」之門

檻。自民黨與公明黨不僅可以繼續合組聯合政府，掌握行政權，亦可以掌控眾議院所有的常任委員會之議程主導權。小泉純一郎也順利地連任首相，繼續推動他一貫主張的「構造改革」政策。

不過，此次眾議院改選結果比較可以清楚地看出日本政黨政治已經具有兩大政黨的競爭情勢。相對於過去兩次眾議院選舉結果，無論是新進黨或民主黨的當選席次，皆與自民黨有相當的差距，而且，其他在野政黨也有相當數量的當選席次。例如，1996 年選舉結果，各政黨獲得的席次分別是：239（自民黨）、156（新進黨）、105（其他政黨）；2000 年選舉結果，各政黨獲得席次分別是：233（自民黨）、127（民主黨）、120（其他政黨）。前兩次眾議院改選結果，由於前兩大政黨之間的差距至少有 80 席，很難論定日本是否已進入兩大政黨的競爭結構。但是，2003 年眾議院改選結果，各政黨所獲的議員席次分別是：237（自民黨）、177（民主黨）、66（其他政黨），自民黨與民主黨的當選席次雖有 60 席之差距，可是民主黨在比例代表區的得票率與當選席次已經超越自民黨（民主黨獲得 72 席，自民黨 69 席）；而且，其他在野政黨，例如社民黨與共產黨，皆大幅減少小選舉區的當選名額（社民黨 6 席，只有 1 席是小選舉區的當選名額；共產黨 9 席，全部是比例區的當選名額）。因此，日本政黨政治從 2003 年眾議院改選後，已經可以說是進入兩大政黨（自民黨與民主黨）的競爭結構。

其次，從選舉的過程中，我們可以發現日本的兩大政黨競爭結構，應該是自民黨與公明黨作為競爭結構的一方，民主黨與其他在野黨作為競爭結構的另一方。最早挑起在野黨的政黨合作，進而形成兩大政黨競爭結構的是自由黨小澤一郎，他早在 2002 年底即大膽地提出民主黨與自由黨合併，共推候選人的主張，當時被民主黨以政策歧異過大而拒絕。2003 年 7 月，小澤一郎與民主黨代表菅直人還是以「眾議院改選，共推候選人」為由，宣布兩黨合併。合併後的民主黨為了選舉造勢，特別強調眾議院改選具有「政權替代」的政治指標效果；而且也為了向日本選民強調已準備好「執政的努力」，民主黨在選前推出「政權公約」(Manifesto)，向選民表明將進行「脫官僚政治改革、政治獻金全面公開化、產業再生、財政再建」

等不同於自民黨的政策主張，民主黨藉由強調政治改革的主張來切割其與自民黨的不同，吸引都會地區選民的重視，這也是在此次選舉中，民主黨可以在都會地區大幅增加當選席次的重要原因。至今為止，儘管仍有學者專家質疑民主黨與自由黨合併後的持續期限，可是，民主黨與菅直人在2003 年眾議院改選過程中，已成功地塑造他們有政權擔當能力來取代自民黨與小泉純一郎的政治形象。

對自民黨而言，雖然當選席次已有 237 席，再加上自民黨於選後立即合併保守新黨，且吸收部分的無黨籍當選人，自民黨本身已獲得過半數以上的席次。但自民黨還是邀請公明黨合組聯合政府，最主要的因素就在於選舉過程中，公明黨透過創價學會的組織票源，協助自民黨在小選舉區擊敗民主黨的候選人。若欠缺公明黨的組織票源，自民黨有可能失去更多的當選席次（相對而言，民主黨有可能增加更多的當選席次）。

其次，此次選舉結果對自民黨而言亦是一個大警訊，尤其是自民黨副總裁山崎拓、前任官房長官村岡兼造、自民黨政調會長相澤英之、前總務廳長官太田誠等人連任失利，顯示日本選民對自民黨的不滿。這些不滿可以分為兩個部分，一方面是針對自民黨為了自身的權力與利益，持續依賴「地方利益團體、官僚體系、企業組織」等「既得利益」結構體之機會主義本質，並且一再拖延各種政經改革政策，這些課題導致日本都會地區的選民比較不願意支持自民黨，改向支持民主黨籍候選人，或是放棄投票。另一方面則不滿於小泉內閣強勢派兵伊拉克以及小泉首相個人的政經改革績效，這些不滿甚至演變成選民對自民黨與小泉的政治不信任。因此，自民黨在此次眾議院大選過程中刻意地尋求公明黨的選舉合作，藉此避免失去更多的席次。

展望日本今後的政黨政治結構，將出現自民黨與公明黨的合作，對抗以民主黨為首的在野勢力。若自民黨與公明黨出現政策歧異而有所爭執，尤其是自民黨近年來的政策理念是偏向於自由主義的「小政府」、傾向修改憲法第九條，以及對外政策逐漸強化「軍事色彩」；而公明黨的政策理念卻是積極推動社會福利的「大政府」、傾向維持憲法第九條，以及基於「和平

主義」的外交政策，兩個政黨雖合組聯合政府卻隱藏一定程度的政策歧異。如此一來，兩大政黨的競爭結構將隨著自民黨與公明黨的合作程度，以及自民黨與民主黨的競爭程度而有所調整或改變。

不過，此次大選結果對於日本政局與外交政策之展望，卻有相當大的影響。首先，此次大選結果展現出日本政黨政治將確立兩大政黨的競爭結構。1994年日本修改眾議院選舉制度，引進小選舉區與比例代表區之「並立制」，當時的改革主張之一即是希望促使日本出現類似英國兩大政黨的競爭結構，1996年自民黨與新進黨的競爭、2000年自民黨與民主黨的對抗，以及2003年自民黨和公明黨、民主黨結合自由黨的競選，其實已說明「制度改革」的確對日本的政黨與政治人物產生一定程度的誘因，政黨在選舉過程中逐漸扮演更為強勢的主導功能，候選人也強化政策主張的論述能力。

也就是說，2003年日本眾議院選舉除促使日本政黨政治走向兩大政黨的競爭結構外，其實也打開另一個政策辯論的空間。民主黨若想加速取代自民黨而成為執政黨，就必須在具體的經濟改革政策與外交戰略上，明確地提出與自民黨不同的政見主張。對於想要持續維持執政權的自民黨而言，則必須明確地提出、且具體落實政治經濟改革政策，尤其是改革自民黨過去一向依賴的權錢交換機制，例如自民黨內的派閥政治；日本國會資深議員所形成的族議員及其特殊的影響力；二世議員與政治繼承的問題等。

若歸納前述之分析，從1990年代政治改革論的興起，日本政黨與政治人士由於涉及政治理念的不同以及政治權力的爭奪，一方面促使政黨之間出現非常快速的政黨結盟與重組，另一方面則企圖透過制度改革，以維持既有的權力基礎與政商權錢交換機制。但是正因為日本政黨與政治人物不願意放棄既有的權力基礎與政商權錢交換機制，導致更多的選民產生嚴重的「政治不信任」，並且期待出現強而有力的政治領導權，或者期待兩大政黨競爭體制的出現。

日本政黨與政治人士為了表現強而有力的政治領導權，紛紛提出滿足多數民眾需求的民粹主張或言論；再加上兩大政黨競爭體制逐漸成形，第一大黨（自民黨）以及第二大黨（先是新進黨，後是民主黨）的政策主張

及其分界，卻因為勝選的考量而逐漸抽象化、空洞化與模糊化；但是政黨與政治人士對民眾真正關切的政治改革，卻因為權力基礎與利益交換而不願意具體落實改革。如此一來，日本政黨政治雖然逐漸形成兩大政黨競爭體制，卻也逐漸走向民粹主義（大嶽秀夫，2004）與總保守主義的政策取向（山口二郎，2004），這反而是比較令人擔憂的未來發展趨勢。

　　日本走向民粹主義與總保守主義的政策取向，不僅不利於本身的政治改革，也容易引發亞洲其他鄰國的擔憂。要化解此一困境，除採取真正的自由化、國際化、開放管制等措施外，日本仍應從民主理論的角度，如何透過民主的程序與過程來恢復民眾對政治的信任，讓民主能夠真正地成為一種把公共偏好轉化為公共政策的機制。如此一來，民眾對制度改革具有信心，更有助於對民主規範與機制的支持，亦避免政黨政治走向極端化，亦可避免民主衰退的轉向。

話題　日本國會議員舉行募款餐會

　　國會議員為了競選連任，需要相當龐大的競選經費，這些費用的來源通常是利用募款餐會。有人說，募款餐會的舉行經常是利用昂貴的五星級飯店，雖然很氣派，場面很豪華，但出席募款餐會者往往是被動員的，這些人未必是出錢者，那麼，募款餐會是否有效呢？

　　舉個個案來說吧。某個國會議員以「×××勵志會」為名義，在東京市區內五星級飯店舉行募款餐會。募款餐會的佈置非常重要！會場要有招待處，準備好簽名簿，貴賓來臨時請他們簽名，為他們別上胸花，好好招呼他們。會場內準備自助餐點，美食佳餚，配合優美的音樂伴奏，貴賓們在良好的氣氛下進行社交活動。

　　等到主要的貴賓皆已蒞臨，並且用了餐點，這時候在司儀的邀請下，國會議員以主人身分致感謝辭，或者邀請派閥領袖、政黨領袖、後援會重要幹部、重要的企業負責人致詞，致詞內容大致上是說，「該國會議員與我本人情同手足，一起打拼」或是「該國會議員認真負責，對地方（或某個政策）盡心盡力」等場面話。最後在司儀的吆喝下，

全場來賓大聲高喊「當選，萬歲」等，就在最高昂的情緒下結束募款餐會。

很熱鬧的募款餐會！該國會議員的募款餐會賣出 3,000 張餐券，每一張 2 萬日圓，該國會議員總共募集 6,000 萬日圓的選舉資金。然而，該國會議員或助理為了舉行募款餐會的成本，包括場地費用以及餐點費用，平均每一個人是 10,000 日圓；而該國會議員或助理向五星級飯店預定的份數是 500 人，所以，整個募款餐會的成本只有 500 萬日圓，6,000 萬的收入扣掉 500 萬的成本，該國會議員募得 5,500 萬日圓的選舉資金。好賺吧！

第六章

政黨政治

　　政黨是一群想要爭取政治權力的人所組成的團體，他們提出政治理念，或者進行政治活動，最重要的政治活動是選舉，其最終目的在於掌握執政權。隨著近代國民主權思想的發展，形形色色的政治組織便因爭取選票，或提供選舉後援而成立。日本的社會結構經常被指為「非西方個人主義式的集體組合」，其政治運作亦是如此。

　　在日本，政黨政治自明治時代即被派閥所操控，大正時代及昭和初期的民主政黨最後亦淪為派閥利用的工具（內田健三，1983：174）。二次大戰後日本雖然在美國主導下通過新憲法，並且改造政府組織架構，使得戰後政治和戰前政治有著明顯的斷裂性。然而，美國和日本保守政治人物卻使用「驅逐公職」迫使政敵及左派人士退出政治舞臺，保守政治仍是戰後日本政治的主流，金權政治等理念仍是支配這些政黨及其政治活動的中心。意識形態偏左或左派政黨也因為領導人遭褫奪公權而未能取得更大的政治權力或地位。政治活動的本質並未因制度設計的轉變而有所不同。所以在政治意識上，日本政治仍未和過去完全割裂，仍有其連續性存在。

一、保守政治的形成與崩解

戰後的多黨體制

　　二次大戰結束後，在駐日美軍的主導下，為了改造日本軍國主義的極端國家主義色彩，並轉型為徹底的民主主義國家，日本進行「非軍事化」與「民主化」的改革。在政黨政治方面，由於駐日盟軍司令部放寬了組織政黨的條件，再加上1946年4月10日日本舉行戰後的第一次國會大選，原本在戰爭期間被迫停止政治活動的政黨紛紛復活，或是重新組合新政黨。

　　政黨復活與重組在1945年11月達到最高峰，包含社會黨、自由黨、進步黨、協同黨、共產黨等右派或左派政黨。大致而言，這些政黨可以區分為兩大勢力，分別是以維持安定與現狀為基調的保守政黨，以及主張激進改革的革新政黨。然而，受到駐日美軍司令部推動「公職追放令」之影

響，許多涉及到戰爭期間「翼贊選舉」的國會議員或政治人士紛紛被驅逐公職，亦被禁止參與政治活動，為了彌補政壇的空缺，原本在官僚體系的行政人員於是投入政治活動或是參與選舉，其結果發展成為日本政治支配層的轉捩點，尤其是國會議員這一層面，呈現出戰前與戰後政治「不連續」性的重要徵兆。

1946 年 4 月 10 日，日本舉行戰後第一次大選，自由黨當選最多席次，該黨總裁鳩山一郎原本想要結合進步黨、社會黨共組聯合政府，但是駐日美軍司令部突然提出對鳩山一郎的「公職追放令」，鳩山一郎被迫交出自由黨總裁職務給吉田茂，並由吉田茂成立第一次吉田內閣，自由黨與進步黨共組聯合政府。由於自由黨與進步黨皆屬於保守勢力，日本學者升味準之輔曾經形容此次聯合政府為「保守連立」。

1947 年 4 月 25 日舉行戰後第二次大選，這是新憲法實施後的首次大選。社會黨贏得 143 個議席，成為第一大黨。社會黨以片山哲為首相，結合民主黨、國協黨、參議院綠風會，成立號稱「革新且中間」的聯合內閣。但是片山內閣成立後不久，由於社會黨內部左右兩派的對立，片山內閣無法有效處理而宣布辭職。1948 年 2 月，民主黨蘆田均聯合社會黨等中間政黨成立「中道內閣」，蘆田內閣依舊受到社會黨左派勢力的牽制，例如 1948 年 2 月，社會黨左派與共產黨共同主導「二一大罷工」，最後是由盟軍總司令部直接介入且壓制革新勢力的成長。蘆田內閣於 1948 年 10 月因昭和電工株式會社事件而垮臺，其幕後除了吉田茂率領自由黨的倒閣行動之外，盟總內部也因為針對日本經濟復甦的手段，以及是否促使日本成為美國的同盟國等議題而出現內部鬥爭行為。第二次吉田內閣取代蘆田內閣，顯示了日本戰後保守勢力的核心（「保守本流」路線）逐漸成形。

1949 年 1 月的大選，吉田茂的民主自由黨贏得過半數席次，吉田茂開始進行保守勢力的統合工作。但隨著國際環境的變化，中共建國與韓戰的爆發，日本被納入美蘇的冷戰體制。美國為推動對日講和，放棄「公職追放令」等政策，先前遭到驅逐公職的政治家，陸續回歸自由黨或民主黨等右派政黨，此時則出現以吉田茂與鳩山一郎兩人為主的派系對立。

鳩山一郎領導的派系，多數屬於曾經被「驅逐公職」的政治家，他們強力批判盟軍司令部對日本的政治改革，亦批判吉田茂採行對美協調、經濟復甦優先等政策與路線。在此一背景下，鳩山一郎領導的派系在政策取向方面，必然與吉田茂所謂「保守本流」路線有所不同。其次，吉田茂拒絕當初鳩山一郎遭到「解除公職」時之約定，拒絕履行由鳩山一郎繼任總裁的承諾，因此，自由黨原本只是吉田派與鳩山派的對立，1953 年 3 月卻因為鳩山一郎自組自由黨而造成分裂。

五五年體制的形成

隨著韓戰爆發與舊金山和約的締結，日本利用此一情勢，迅速地進行經濟重建工作，轉以內需為導向的新階段。而日本政治體制亦為因應此一新局面的來臨，尤其是需要穩定的政治力量來支撐經濟建設，同屬於保守勢力的自由黨與民主黨如何進行合併，遂成為保守勢力與企業界積極關切的重要課題。其次，原本因為對舊金山和約與美日安全保障條約是否接受等問題而分裂的社會黨左右派系，也為了因應此一情勢而考慮進行合併，企圖促使革新勢力能成為國會的多數。1955 年 10 月社會黨左右兩派宣布合併，表面上看起來，社會黨統一的背景是為了因應保守陣營合併的發展情勢，但是來自以勞動階層為中心的社會黨支持者的熱切期求，亦是左右兩派社會黨統一的首要原動力。

屬於保守勢力的民主黨總務會長三木武吉先在 1955 年 4 月公開呼籲自由黨與民主黨進行保守合併；不久之後，三木武吉與自由黨總務會長大野伴睦已就兩黨的合併方向舉行會談。由於左右兩派社會黨透過選前所宣示的合併意向，導致社會黨在 1955 年大選中大幅增加國會席次，保守勢力的合併此時已成為大勢所趨。1955 年 11 月 15 日，民主與自由兩黨召開自由民主黨的黨大會，進行保守勢力的政黨合併。

社會黨與保守勢力——自由民主黨的合併，結束了日本自二次大戰以來的多黨制時代，也促成保守勢力與革新勢力之間的對立單純化，保守勢力與革新勢力的權力關係自此以後一直維持著二比一的狀態，並且進一步

造成保守政權的長期執政化，稱為日本政治的「五五年體制」。

日本政治的本質在於「五五年體制」。所謂五五年體制是指，在自民黨一黨長期執政的過程中，日本政治部門（主要是指政黨與國會議員）受到企業集團與官僚體系的強勢影響，一方面透過官僚體系的介入與指導，全力發展經濟；另一方面則將來自市民社會與選民的需求，透過政策制定的過程，轉變成符合政治部門、官僚體系與企業集團的利益與偏好。因此，日本政治的本質可說是建立在「政界─官僚─財界」三位一體的支配層理論上。

其中，政界是指國會議員，他們透過選舉取得制定國家法律與政策的權力；但是選舉需要支出大量的經費，國會議員必須向財界（指大企業集團）募款。財界捐款給國會議員作為競選經費之用，除了培養財團在國會的代言人外，也是為了希望國會議員通過可提高企業經營利潤與發展的政策與法案，政界人士則為了向財界投桃報李，遂要求官僚體系制定符合企業界需求的政策與行政命令。至於官僚體系則掌握了行政指導權力，以及具有決策的專業知識與分工效能，國會議員在制定法律與政策時反而需要官僚體系的協助；而政界對官僚體系的報酬，就是提拔具有專業能力的官僚轉任國會議員，藉此擴大政黨對官僚體系的影響力，以及提升政黨具有政策決定的專業能力。此外，由於官僚體系具有行政裁量權，企業界為了尋求更具有營利性的經營環境，有時候也會直接要求官僚體系制定財界可接受的行政規範，而財界提供給官僚體系的報酬，在於官僚體系退休後可空降到企業界，擔任企業界的高階主管或顧問。

日本五五年體制可以化約為「政界─官僚─財界」三位一體的支配層理論，其實是強調菁英階層對政治運作過程的影響力。另一方面，日本五五年體制下的政治經濟秩序，其實就是以自民黨與社會黨為代表的保守勢力與革新勢力之間的政經鬥爭。其中，保守勢力與革新勢力在重要政策的對立面有：

(1)日本政治經濟體制是走向資本主義或是社會主義；

(2)日本憲法是否應修改第九條條款或是維持不變；

⑶日本外交是堅持日美軍事同盟或主張和平中立；

⑷日本防衛政策應該加強軍備力量或是保持非武裝中立。

整體而言，這些政經對立的議題其實與國際美蘇冷戰的兩極體系相對應，形成陣線分明的政治格局。

然而在五五年體制下，自民黨維持了三十八年的執政黨地位，日本政治可說是典型的「一黨優位制」。日本知名學者佐藤誠三郎與松崎哲久認為自民黨之所以能夠長期維持一黨優位制，主要有兩個原因，一是自民黨具有可支撐其保守主義意識形態的社會基礎；其次，自民黨透過持續性經濟發展的策略來維持執政權，並且藉由經濟發展的重要性來凸顯出在野黨，尤其是社會黨與共產黨，堅持教條化意識形態的本質與缺點，導致日本民眾擔心因為政權交替會出現經濟生活與物質利益的損失或降低，進而降低對在野黨的支持和選擇政權交替的意願。

換句話說，日本五五年體制下的政經秩序，由於強調經濟發展的重要與優先，激進的群眾運動與朝野政黨對決的政爭過程因此隨著經濟高度成長而逐漸沈靜，日本政治轉以少數官僚菁英為中心，由他們制定國家整體發展目標的策略，並且在講究高度實際效應的政策制定過程中，政治系統將各種利益透過公共事業與行政服務的提供與分配而緊密地與各個利益團體相結合。

日本政治經濟的快速發展是建立在政、官、財（即自民黨、官僚、財界）動態互動的基礎上，這是不可否認的事實。但是更精確地說，自民黨、官僚、財界的緊密結合，其實是在日本政治經濟快速發展與轉型中逐漸結合的利益共同體。同時，自民黨在經濟高度成長期間的政治姿態，刻意在權力、利益與政策之間，形成一種「高受益性的政治文化」的模式，緊密地結合公共政策的制定與個別利益的分配，既可維持穩定的政經秩序，也可以強化自民黨持續擁有執政權力。

東京大學北岡伸一教授認為「冷戰—中選舉區制—派閥」是自民黨維持政權的關鍵因素。其中，冷戰的國際結構使得保守的自由與民主兩黨進一步結合為自民黨，以及自民黨在經濟發展優先的條件下，得以長期維持

執政；而中選舉區制雖然可以壓制社會黨的勢力興起，但是中選舉區制不可避免地導致自民黨出現派閥的統合與鬥爭，派閥的出現與利益統合，又回饋自民黨的一黨執政。

日本戰後快速的經濟成長和自民黨的長期執政未必有必然的因果關係，但是愈來愈嚴重的金權政治，以及政商之間的腐敗與勾結，則與自民黨有密切的因果關係。1980 年代起，多起政商弊案的接連爆發，使得自民黨面臨著前所未有的危機，自民黨內部也出現改革的呼聲。自民黨內部出現的改革呼聲又進一步成為派閥之間權力競爭的工具，甚至成為派閥內部權力繼承的爭辯，導致自民黨最大派閥——竹下派的分裂，以及自民黨內部資深議員與資淺議員的對立。1993 年 8 月 9 日，新首相細川護熙及其領導的聯合政府取代了自民黨的一黨執政，日本政治又再次進入多黨制的政黨政治。

1990 年代日本政黨政治出現多黨制，一方面是因為新興政黨的成立與瓦解，另一方面則是舊有政黨出現路線之爭，再加上選民對既有政黨的不信任，「政黨重組」(party realignment) 成為此一階段政黨政治演變的最大特色。此一階段的政黨重組，主要可以歸納兩個趨勢，一是自民黨因為權力鬥爭與世代交替而出現分裂，這種分裂現象其實是因為自民黨長久以來金權政治體質的惡質化發展，導致民眾對自民黨強烈的不滿，並且要求日本政治進行改革，解決金權政治的弊端。第二個趨勢則是在野黨的重組，從社會黨、新進黨到民主黨，日本最大在野黨的地位與實力仍然不如自民黨，尤其是這些在野黨無法提出具體的施政藍圖與國政方針，無法有效切割其與自民黨的不同路線，也無法讓日本民眾有足夠的信心相信在野黨可以取代自民黨來作為執政黨。

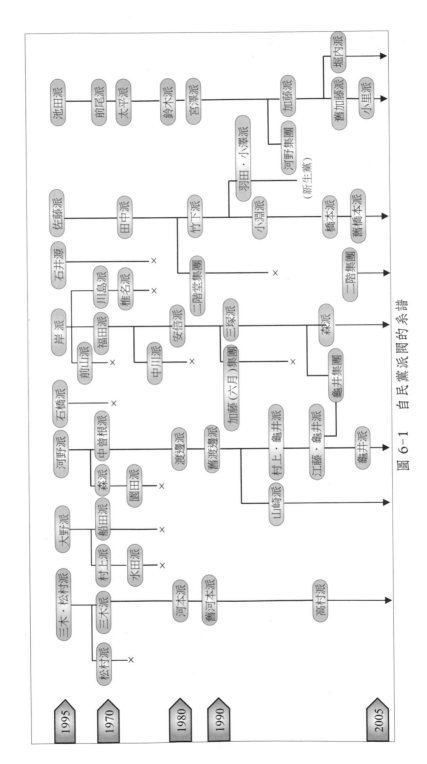

圖 6-1　自民黨派閥的系譜

二、現階段日本的主要政黨

從 1955 年自民黨成立一直到 1993 年自民黨的垮臺,自民黨是唯一的執政黨,社會黨與共產黨則是「萬年在野黨」,由於在野黨在政策上的分歧與自身利益的考量,並未對自民黨造成嚴重的威脅。但自 1994 年新的眾議員選舉制度改革以來,由於新選舉制度的制度誘因,例如爭取更多的比例代表當選名額,或是小選舉區候選人的勝選問題,進而促使在野黨加強合作,甚至進行合併,最大在野黨之爭,以及誰能取代自民黨而成為執政黨,遂成為現階段日本政黨政治的主要議題。但對自民黨而言,自民黨過去長期執政的經驗給日本民眾一種安定的期待,但是自民黨如何解決派閥政治及其衍生之金權政治的弊端,卻成為日本民眾是否願意讓自民黨恢復一黨執政的重要考量。

自民黨

從實際運作面來分析,戰後日本政治史可以說是自民黨活動史。自民黨黨中央有政務調查會來負責和行政部門協調政策,國會對策委員會則負責和在野黨協商。除派閥重要領導人之外,自民黨有所謂「黨三役」,分別是幹事長、政調會長及總務會長,其中,幹事長負責黨內各派系的協調工作,除非是自民黨總裁的授權或是最大派閥領袖的支持,幹事長並沒有真正的實權;但隨著日本國會議員選舉制度的改變,幹事長因為掌握單一選區候選人的提名與輔選,進而掌握愈來愈多的實權,甚至成為下任自民黨總裁的最有力候選位置。

自民黨執政時期,內閣組成與職務分配幾乎全由派閥領袖協調而定。自民黨的派閥政治,從 1950 年代的八大派系,演變到 1980 年代的五大派系,派閥政治幾乎是自民黨實際運作的特徵,但是派閥政治衍生之金權政治的弊端卻成為自民黨的致命傷。尤其是 1990 年代日本經濟陷入嚴重的通貨緊縮,自民黨企圖透過經濟景氣提振方案,以大量的公共工程計畫來

解決經濟問題。但是這些公共工程卻被批評為自民黨國會議員藉此籌措選舉資金的手段，甚至成為自民黨國會議員與相關利益團體之間的既得權利益結構體。目前的小泉純一郎首相雖然極力想要擺脫派閥的牽制力量，但是，自民黨派閥運作的特色依舊存在，這也是為何在日本選民的心目中，自民黨仍舊是派閥政治與金權政治的代表。

新進黨與民主黨

1994 年新的眾議員選舉制度改革後，由於為了爭取更多的比例代表當選名額，以及小選舉區候選人的勝選與協調問題，除自民黨之外的在野黨紛紛尋找政黨合作的可能性與方式。新進黨的組成以及民主黨的成立正是為了因應新的選舉制度所衍生的制度誘因。

新進黨是由小澤一郎、羽田孜等人所組成。這些人士原本屬於自民黨，卻因為權力繼承問題而脫黨自組新生黨，並與細川護熙領導的日本新黨合組聯合政府，取代自民黨執政權。新的眾議員選舉制度改革後，小澤一郎與羽田孜等人希望結合新生黨、日本新黨、公明黨、社會黨右派人士合組新的政黨——新進黨，並且以「日本走向兩大政黨競爭」為訴求，強調新進黨可以和自民黨進行政黨競爭與政策政爭。

新進黨成立後隨即成為日本第二大政黨，而且也具有能取代自民黨的政治實力與號召。然而新進黨的成立是為了特定政治利益或選舉利益的取得與分配，一旦這些利益無法滿足新進黨成員的需求，而又欠缺政策理念的結合，新進黨勢必走向瓦解的方向。1996 年眾議院改選結果，新進黨席次明顯地不如自民黨，再加上領導階層之間的鬥爭，以及自民黨透過執政資源來拉攏新進黨成員，新進黨終於在 1997 年宣布解散。

最早提倡成立民主黨的，是新黨「魁」的鳩山由紀夫。鳩山由紀夫希望聯合新進黨的船田元、前厚生大臣菅直人，以「市民革命」作為政治號召，於 1996 年成立民主黨，希望能拉攏社會黨、新黨「魁」等在野黨人士。1996 年眾議院改選後，民主黨順利成為僅次於自民黨、新進黨的第三大黨。

民主黨喊出「以市民為主角」的政治口號，鼓吹打破官僚政治，提倡以人民為中心的行政改革，樹立了民主黨的清新形象（相對於自民黨金權政治、以及新進黨是政治利益結合體的形象）。1998 年，由於新進黨已經瓦解，民主黨鳩山由紀夫和菅直人決定與舊社民黨系統的新黨友愛、民主改革聯合，以及前首相羽田孜領導的民政黨進行合併，希望鞏固民主黨作為第二大政黨的實力。2000 年眾議院改選後，民主黨又以其清新改革形象而獲得 127 席，確定其作為日本最大在野黨的地位與實力。2003 年 9 月民主黨又合併小澤一郎領導的自由黨，聲勢更盛，在同年眾議院改選中獲得 177 席，逐漸擁有威脅自民黨的實力。然而，民主黨與小澤一郎的結合，也使得民主黨從意識形態中間偏左的政策取向而逐漸右傾，並且隱藏民主黨路線衝突的可能性。2004 年 5 月，民主黨新任黨代表岡田克也取代了因年金問題而辭職的黨代表菅直人，成為民主黨新的領導者。岡田克也的出線，與其說是他個人的政治實力，不如說是民主黨內各政治勢力彼此牽制的結果。

民主黨的成立與運作其實是為了政治利益的考量，尤其是針對如何在最短時間內取代自民黨而成為執政黨之政治目標，一直是民主黨領導者努力的一個方向。然而，民主黨卻沒有固定的中心思想，無論在內政、外交或經濟等議題，民主黨皆無法提出完整的政策主張，一方面區分其與自民黨的不同，另一方面則顯示這些政策主張是可以解決當前日本所面對的內政、經濟或外交等重大議題。儘管自民黨與民主黨的席次差距愈來愈接近，似乎顯示日本已經有兩大政黨相互競爭的政治結構，但是仍不是兩大政黨的競爭。

公明黨

公明黨是以宗教團體—創價學會為主而成立的政治團體。創價學會最早可追溯至 1930 年牧口常三郎根據佛教日蓮正宗教義所創設的教派，由於二次大戰日本政府進行宗教管制，創價學會因此被迫解散。二次大戰後，牧口常三郎的弟子戶田城聖重新組織與壯大創價學會，並且於 1955 年投

入地方選舉與涉入政壇，1960 年池田大作接任創價學會會長，1964 年更成立公明黨，公開表示其採取「政教合一」的理念。1969 年，池田大作由於和創價學會批評者藤原弘達發生衝突，進而被輿論指為「妨害言論自由」，引起政界與社會的反彈。自此公明黨極力劃清和創價學會的關係。

創價學會信徒對公明黨是相當支持的，也是公明黨在投票時的「鐵票部隊」。再加上公明黨與自民黨共同合組聯合執政，公明黨擁有國會議員席次數逐漸增加，其組織動員票的能量也對自民黨選舉結果產生相當大的影響力。

日本共產黨

日本共產黨可說是日本歷史最悠久的政黨，該黨成立於 1922 年。不過由於共產思想反對天皇制，共產主義政黨受到日本帝國當局無情的迫害，二次戰後日本共產黨才有合法的政治活動空間，投入選戰以及參與議會政治。日本共產黨在國會中的席次一直都只有二、三十席上下，最主要的原因就是其曲高和寡的理想及不願與其他政黨進行合作的態度；日本共產黨仍然是日本國會中孤獨的少數，近來受到自民黨、民主黨兩大政黨的夾殺，席次銳減，與社會民主黨一樣已經面臨存亡危機。

原社會黨改為社會民主黨

日本社會黨一直存在意識形態的路線之爭，1955 年順利進行社會黨的合併大業，但黨內的權力鬥爭依然不止，1960 年代，右派社會黨代表人物相繼出走另組民社黨，社會黨自此以後皆由左派長期把持，由於政黨路線與意識形態的僵化，社會黨空有第一大在野黨之名，卻沒有實質的成長空間，工會對社會黨的支持率亦逐年下降，社會黨票源更受到其他在野黨的瓜分。日本政治五五年體制瓦解後，社會黨由於無法因應政治改革等大環境之變革，黨內又開始對社會黨的未來路線進行討論與發生爭執，社會黨分裂也反映在部分的社會黨人士，例如花山貞夫等人願意與小澤一郎、細川護熙合組聯合政府，至於村山富市等人則與自民黨合組聯合政黨，還

有少數人士則加入民主黨。社會黨為了表現其在後冷戰時期的路線轉換，遂改名為「社會民主黨」，卻依舊無法挽回社會黨民意支持度下滑的頹勢。

　　如果我們把自民黨支配下的日本政治視作派閥政治的運作，那自民黨體制瓦解後的聯合政府其實也只是派閥運作的另一種形式，各個政黨就像一個個的派閥，透過合縱連橫的手段來瓜分內閣這個大餅。自民黨重新掌權後，橋本內閣依然是派閥分配下的成品，這是 1990 年代「政治改革」的一大挫敗。

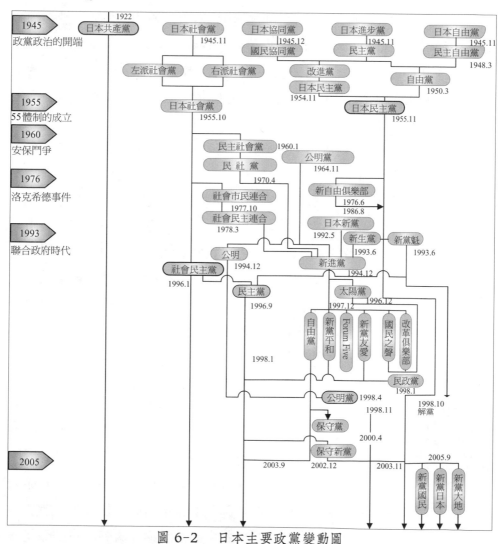

圖 6-2　日本主要政黨變動圖

三、選民對既有政黨與政治人士的政治不信任

　　日本政黨政治在進入 1990 年代後出現大幅度的政黨重組階段，新興政黨的出現與瓦解，舊有政黨的分裂與重新組合，讓選民在一時之間眼花撩亂，難以適應，選民的政黨傾向也出現大幅度轉變，包括對既有政黨與政治人士的不信任，以及無政黨傾向的快速增加，如此一來更加速推動政黨重組與世代交替的過程與結果。但是在 1994 年眾議院選舉制度改革後，經過三次（1996、2000、2003 年）運用小選舉區與比例代表並立制的選舉，日本政黨政治已浮現兩大政黨的對立結構，政黨重組過程暫時出現緩和的現象。

　　其次，從 1980 年代掀起的政治改革運動，經過 1993 年自民黨下臺與再執政、以及隨之出現的快速更換執政權與組閣的聯合政府時代，以及先後通過的政治改革法案，眾議院選舉制度改為小選舉區與比例代表並立制，政治獻金法亦採取嚴格的規範制度，政治改革運動已經出現一定的成果，例如政治人士世代交替的快速進行、政商醜聞事件逐漸減少。日本民眾對政治的要求不再強調政治改革，而逐漸轉向且更加關切經濟社會的重大改革議題，例如國民年金改革議題等，而國民年金制度的重要性不僅反映日本經濟社會的需求，也反映日本選民對政黨的支持與信賴程度。

　　在 2004 年參議院改選前，小泉純一郎首相所領導的聯合政府強行通過國民年金改革方案，確立了國民年金制度將採取一元化，以及國民年金制度將傾向作為社會保險制度的一環，但是對於世代間負擔問題卻沒有明確地說明，已經引起年輕選民對國民年金制度的不信任；再加上選前爆發多位國會議員沒有繳納現有的年金保險費用，包括小泉首相本人也是如此，更加深選民對國民年金制度的不滿。朝野政黨對於國民年金制度的攻防戰方面，執政的自民黨只強調國民年金一元化的改革方向，對於其他實質問題採取避重就輕的態度，很顯然地，自民黨必須承擔作為執政者的政策責

任問題，也就是大多數選民儘管無法清楚地分辨自民黨與民主黨對國民年金制度的不同主張，但是這些選民卻清楚地表達出對小泉政府及民主黨的不信任態度。

第三，自民黨已經逐漸失去選舉的優勢條件。自民黨過去在選舉過程中，比較依賴的集票機制，例如相關的利益團體，像是農協、醫師會、郵便局、建築業者等，在 2004 年參議院選舉過程中卻出現所謂「制度上的疲勞」，這主要是受到了小泉首相強調「政經結構改革」之影響。這些利益團體成為小泉政府的改革對象，進而導致這些利益團體失去了支持自民黨的動力，另一方面也失去過去來自政府對這些利益團體的資源動員與補助，自然而然地也導致這些利益團體失去了輔選的原動力。

在小泉首相提出「結構改革」的大纛下，自民黨過去依賴的集票機制由於失去了政府資源的支撐，進而失去了輔選的動力，並反映在自民黨更需要來自於聯合政府的盟友——公明黨的組織票源。公明黨其實就是日本最大宗教團體「創價學會」的化身，擁有相當龐大會員（或稱黨員）組織。自民黨在投票日前就積極地拜會創價學會秋谷榮之助會長，希望透過創價學會的協助來取得重點選舉區自民黨籍候選人的當選。無論如何，此次選舉已經顯示出，自民黨無法再充分運用所謂「組織戰」的競選優勢條件。

自民黨過去依賴的集票機制出現了失靈的跡象，但是自民黨目前仍是日本最大政黨的主要原因之一，就在於自民黨與公明黨的政黨合作。作為聯合政府的夥伴，自民黨在選舉後期積極尋求公明黨的合作，希望以區域席次的當選交換比例代表的席次，公明黨最後也願意支持自民黨的區域候選人，也說明政黨合作的重要性。

> **話題**　**民主黨的派閥問題**
>
> 　　大家都知道，自民黨有派閥政治，日本其他的政黨是否也有派閥政治呢？我們來介紹當前日本最大在野黨——民主黨內部的派閥問題。
>
> 　　1996 年 9 月，新黨「魁」出身的鳩山由紀夫、新進黨出身的船田元，以及社民黨出身的菅直人決定合組新的政黨「民主黨」，強調站在

「市民立場的自由主義」之角度，提倡市民革命，解除不必要的行政管制。1998 年民主黨吸收來自新進黨分裂後部分的國會議員，並且進一步吸收社民黨、民社黨等左派國會議員，一度成為參議院最大政黨。2000 年眾議院改選，民主黨席次大幅增加後，更積極提倡兩大政黨輪流執政，提出「影子內閣」名單，向日本選民表示民主黨有「實力」取代自民黨。2003 年 9 月，民主黨決定與小澤一郎領導的自由黨進行合併。由於小澤一郎一直被歸類為日本右派的代表人士之一，而民主黨大多數國會議員是出身的左派政黨，民主黨大合併的計畫，反而顯露出民主黨極度渴望取代自民黨而不擇手段。為什麼呢？

民主黨內部分為五派：菅直人率領的「國政研究會」；鳩山由紀夫擔任會長的「政權輪替實現會」；由橫路孝弘前副代表，舊社會黨出身為中心的「新政局懇談會」；小澤一郎領導的「舊自由黨集團」；新生代領導者前原誠司與枝野幸男前政調會長領導的「凌雲會」，多數的新生代領導者具有松下政經塾的經驗。

這些派閥有不同的政策理念，出身背景也不一樣。從民主黨成立以來，幾乎都是鳩山由紀夫與菅直人輪流擔任黨魁，兩人具有「市民革命」的理念基礎，相關政策並沒有太大的差距。可是在 2004 年時，民主黨由青壯輩的岡田克也擔任黨魁後，民主黨內部明顯出現政策上的歧見，特別是對憲法第九條，以及日本如何參與聯合國維和任務，岡田、小澤、菅直人、鳩山、橫路等人各有不同意見；新生代的前原、枝野也有自己的看法。一個想要「執政」的政黨卻沒有一致性的外交與國防政策，日本多數民眾怎會信賴此一政黨呢？更麻煩的是，他們沒有積極發展地方組織；對於如何取代自民黨的行動策略或政策主張也不一致。

問題是，為何民主黨成立至今仍然可以不斷的成長呢？最主要的因素之一在於選民不滿自民黨執政表現，因此，有些選民不願意投票，或是為了牽制自民黨而不得不投票支持民主黨候選人。

2005 年眾議院改選，原本有人預期自民黨因為分裂而間接地導

致民主黨可能會「漁翁得利」。選舉結果卻顯示，民主黨不但沒有獲得「漁利」，反而出現自 1996 年成立以來的大挫敗。民主黨失敗的一個原因，就在於他們沒有提出一套可以讓選民相信他們有能力替代自民黨的政策主張，例如，小泉純一郎主張郵政民營化，有些自民黨人士則反對郵政民營化。但是，民主黨的態度卻是曖昧不清，一下子主張郵政事業應該民營化，一下子又主張應考量偏遠地區的郵政需求。如此矛盾的政策主張，怎能吸引選民的認同呢？

四、政黨制度的變形

在日本政治制度模仿美國大改革的趨勢之下，日本的政黨制度是否有轉換為兩大政黨制的趨勢？

首先是自民黨的派閥政治正面臨整編的階段。自民黨在 1993 年以前之所以可以維持長期執政，主要是以官僚體系為主導的決策體制能夠發揮政策的有效性，自民黨藉此不斷擴大政黨支持基礎，成為一個無所不包的政黨 (catch-the-all party)，並且擴大派閥政治的運作基礎與空間，亦促使自民黨能夠長期穩定地一黨執政。然而這種政治體制，又稱為「卡拉 OK 政治」，亦即卡拉 OK 伴唱帶不斷地播放同一首旋律，而唱歌者只要跟上旋律，照著卡拉 OK 伴唱帶的字幕唱下去，誰來唱都是一樣的聲音，這種卡拉 OK 政治卻是後冷戰時期日本政治最令人詬病的問題，這也是所謂的政治領導權問題。

作為政治領導者，尤其是作為日本首相，理論上應該是發揮政策指導權，清楚地表現首相的政策理念與施政方針，以此作為首相與內閣向議會負責的基本態度。但是從自民黨派閥政治的角度來分析，自民黨首相，或是真正掌握自民黨最高權力者，往往是因為他可以協調各派閥的利益。

就以森喜朗首相來分析，森喜朗之所以能夠成為首相，完全是因為自民黨內部派閥政治運作的結果，為了維持派閥掌控政權，也為了維繫自民

黨與公明黨、保守黨的結盟關係，不受日本民眾喜愛的森喜朗還是穩穩地作為首相，一直到橋本派基於自身利益而決定放棄森喜朗。只是，橋本派沒有想到的是，自民黨改選總裁的結果，擁有國會議員最多人數的橋本派竟然在地方黨部初選過程中以懸殊得票率輸給「表明將終結派閥」的小泉純一郎，小泉純一郎以其高人氣打敗由派閥支持、但是人氣相當低迷的橋本龍太郎，這是自民黨自 1955 年成立，首次出現最大派閥所支持的總裁人選，竟然在總裁選舉過程中失利的經驗。

小泉純一郎的當選總裁，並不意味著他沒有派閥的支持，例如在總裁選舉地方初選結果產生後，小泉純一郎所屬的森派即與另一個競選人龜井靜香所屬的江藤‧龜井派達成協議，龜井靜香退出選舉，支持小泉純一郎競選總裁；而小泉純一郎本人更是長期以來與加藤紘一、山崎拓合組 YKK 陣線，明白表示將打破「經世會」（亦即竹下派、小淵派、橋本派）統治下的日本政治。因此，小泉純一郎的當選應該凸顯在自民黨的路線不同，以及日本民眾對橋本派的嚴重不滿，進而表現出對自民黨的不滿。

2004 年 7 月，前首相橋本龍太郎因為從日本齒科醫師連盟取得一億圓獻金的疑案，而辭去橋本派「平成研究會」會長，退出派閥的首領地位。然而，橋本辭去會長後的繼任人選卻不易形成共識，自民黨內部最大派閥找不到繼任人選，顯示自民黨派閥政治即將走向變形的階段。以小泉首相為主的改革勢力以及反對小泉改革的反改革勢力，將取代自民黨派閥政治運作。

自民黨的民意基礎與支持群眾在自民黨於 1994 年再執政後卻大量流失，其實也就是反映自民黨的負面形象所衍生的政治危機。2000 年 6 月眾議院改選時，已有多位資深的眾議員敗選。這些資深議員大多是出身於都市選區，而都市選民長期以來就不滿於自民黨金權政治體質的惡質化發展，他們希望進行政治改革，解決金權政治的弊端。但是經過了政治改革以及政權交替的結果，自民黨金權政治與派閥政治的體質顯然仍未出現結構上的轉變，甚至在重新奪回政權之後更加明顯地進行派閥政治與金權政治的結合運作，自民黨的群眾基礎因而大量地流失。

　　至於自民黨原本在農村地區的群眾基礎，雖然沒有出現大量流失的現象，但這是因為自民黨強力透過政府預算補助的方式，藉由經濟振興方案的內容，以「強化經濟基礎建設」為理由，積極通過在農村地區興建重大公共工程，暫時性化解農村地區的不滿。然而，自民黨這樣的作為，反而擴大日本政府的舉債能力，加深日本政府赤字危機的嚴重性，更引發都市地區選民的關切。

　　正如日本東京大學學者佐佐木毅認為，日本政治家習慣於在經濟成長穩定的假設下來形成政策與制定政策，他們比較沒有經驗來促使經濟成長變強，佐佐木毅教授認為，這是因為政治家已經習慣於透過政策來尋求合理的分配，即使是在泡沫經濟瓦解後，日本幾次推出的經濟復甦計畫，也是著重在分配的問題。但是在 1997 年東亞金融危機後，日本民眾不僅要求政治家應該尋求經濟復甦，更希望日本經濟可以變更強，然而日本政治家的素質、觀念與實際作為卻沒有隨著民意的轉變而出現變化，這也是日本政治家欠缺領導力的主要因素之一。

　　2000 年 6 月，當時自民黨內部重要人士小淵惠三與竹下登先後過世，興論界稱為「竹下派主導政治」的結束。所謂「竹下派主導政治」的運作模式，其特色為：⑴掌握自民黨內最多數的國會議員。自民黨內部派閥並立，派閥實力的最基本條件就是「人數」，哪一個派閥擁有最多人數的國會議員，就可以推出首相人選以及分配政治與經濟資源和利益；⑵掌握最多的政治獻金。選舉需要花錢，作為派閥領導人最重要的權力來源就是「金錢」，竹下派一直獲得充沛的政治資金，提供派閥所屬候選人作為選舉經費，或者當選後作為地方服務經費，做到「政通人和」的境界；⑶依賴大量的公共事業預算與計畫來維持派閥運作。龐大的公共事業計畫，美其名為恢復與刺激經濟景氣，其實是照顧地方利益團體，藉此獲得地方利益團體的政治獻金，以充實派閥實力。竹下登領導的竹下派在 1985 年從田中派分裂出來後，隨即掌握自民黨的實質實力。竹下派先後推出竹下登，或是支持宇野宗佑、海部俊樹、宮澤喜一等人擔任首相，1994 年自民黨重新奪回政權後，橋本龍太郎與小淵惠三皆是竹下派的重要領袖。除推出首相人選

外，竹下派更透過國會選舉進而與利益團體緊密結合在一起，尤其是利用所謂的經濟景氣振興方案，以大量的公共工程來結合選舉資金的籌措，因此，竹下派不僅掌握最多國會議員，也掌握最多的政治資金，成為自民黨權力政治的影武者。然而，竹下派領導者從來沒有清楚地說明他們的政策理念，竹下派給選民的印象無非就是政治與金錢的結合體。

換句話說，當日本從經濟高度成長，轉成泡沫經濟以及泡沫經濟互解後的負成長，其實已經顯示以自民黨為中心的政治體系失去應對能力。原本在五五年體制裡，以自民黨為中心的「利益誘導型政治」與以社會黨為代表的「理念中心型政治」，在後五五年體制出現變化，媒體對政治的批判力量逐漸強大，再加上民間團體力量的興起，政治社會多元力量興起，日本政黨政治有可能走向兩大政黨競爭制，也有可能走向多黨競爭，尤其是日本選民對於無黨籍候選人的支持度，或是無政黨投票傾向愈來愈強，使得日本政黨政治的運作將會有不同以往的特質。1990 年代出現聯合政府只是其中一種表象，在表象之後的實然面，應該具有幾種特質：(1)政治、經濟、社會體制改革涉及到新保守主義與新自由主義之爭；(2)政府與民間關係則反映在官僚制與民間社會制之爭；(3)日本在外交與國際上走向正常國家的改革。

日本政黨政治演變的第二個變形在於，從 1998 年小淵惠三首相決定與公明黨合組聯合政府以來，自民黨在選舉時對公明黨的依存度越來越高。因為公明黨的創價學會的組織票對自民黨提供相當大的助益。2003 年眾議院選舉，自民黨在小選舉區推出 198 人，在公明黨的支援下當選 133 席。相對的，公明黨也藉此在比例代表區獲得較多的政黨得票數。同樣的，2004 年參議院選舉，自民黨也有 42 名候選人獲得公明黨的推薦與支持，尤其是在只當選一名的地方選區，自民黨候選人的當選或落選，受到相當大來自於公明黨——創價學會組織票的影響。

自民黨從前在派閥間的競爭關係，可以形成並維持多數黨政權，是因為中選舉區制的緣故。在一選區只能當選一人的小選舉區制之下，派閥的存在已經沒有多大用處了。加上小泉首相的政治手法，是不顧慮派閥大小

或當選次數多寡，任命省廳大臣和自民黨的黨三役，讓派閥的存在意義更形輕微。這是將派閥的「均衡人事」從根本打破的作法，讓派閥領袖的影響力降低，黨員歸屬派閥的好處顯著的減低。在日本的政黨制將轉換為兩大政黨制時，自民黨的派閥也進入整編的過程了。

　　至於現階段日本最大在野黨——民主黨也面臨政黨組織發展的轉捩點，亦即，他們沒有一個明確的政治領導者，過去的菅直人與鳩山由紀夫之間的瑜亮情結，現在的岡本克也與小澤一郎之間的實力較勁，一直是日本新聞媒體關切且炒作的話題。此外，由於民主黨成立以來成員的複雜性，民主黨至今仍無法提出一個整套且完整的政策主張，民主黨內部甚至可以區分為左、中、右等不同路線的主張，民主黨的運作反而必須藉由菅直人或鳩山由紀夫、或是小澤一郎、岡田克也等人以個人的領袖魅力 (charisma) 來帶領民主黨的發展。因此，民主黨的成立與運作，能不能與自民黨形成日本政治新的政治對立軸，取代冷戰期間的「保守與革新的對立軸」，仍有待時間的觀察。

話題　派閥後繼無人？

　　自民黨最著名的特色之一是所謂的派閥統治。例如，大派閥田中派、福田派與大平派長久以來的恩恩怨怨，或是黨人派與官僚派之間的鬥爭。又例如，小派閥中曾根派、河野派在大派閥狹縫間求生存，或是小派閥如何在大派閥的運作下，進而獲得意想不到的政治利益。這些事件經常成為日本新聞媒體的報導內容，或是八卦雜誌突然大發利市的好題材。

　　自民黨派閥運作最盛行的時候，單一派閥擁有的國會議員人數甚至超過最大在野黨。1986 年自民黨總裁中曾根康弘為尋求連任，刻意宣布解散眾議院，並促成參議院與眾議院同一日進行改選，藉此擴大選舉聲勢。自民黨也因為造勢成功而獲得自民黨史上的大勝利。自民黨內部最大派閥田中派更是屬害，改選後的田中派擁有 87 名眾議員，53 名參議員，總計有 140 席國會議員；當時最大的在野黨——社會黨

只有 85 名眾議員，42 名參議員，總計 127 席國會議員。而當時因為腦中風而住院的田中角榮前首相卻成為真正掌握日本政治實力的闇將軍。

　　不過，田中角榮沒有想到，當時的田中派已經暗潮洶湧。以竹下登為首的竹下派密謀派閥大權，1987 年，田中派原有 140 席國會議員當中，118 席國會議員決定離家出走，另組竹下派，繼承田中派的政治實力。1992 年，竹下派內的實力領導人士金丸信被迫退出政壇後，竹下派出現分裂，部分的竹下派國會議員在羽田孜、小澤一郎的運作下離黨出走，另組新黨；剩下的竹下派國會議員則在小淵惠三的領導下，淪為自民黨內第四大派閥。不過，在小淵惠三、橋本龍太郎等人的努力下，「小淵派─橋本派」終於恢復黨內第一大派閥的地位。就在「小淵派─橋本派」逐漸恢復政治實力之時，小泉純一郎興起的「小泉旋風」卻嚴重地打擊「小淵派─橋本派」，至今橋本派仍陷入青黃不接的世代交替局面。

　　2001 年小泉純一郎主張「結構改革」、「改革日本、改革自民黨」等口號，獲得壓倒性的高度人氣，一舉擊敗橋本龍太郎等人而獲得自民黨總裁職務。小泉上臺後，先後提出道路公團民營化、郵政民營化等政策，打擊自民黨內部的「抵抗勢力」，其中最大的抵抗勢力來自於橋本派，橋本派因而難以提振政治聲勢，並且陷入一連串混亂事件。

　　橋本龍太郎以「前首相」的身分敗給小泉後，橋本派其實已經進入政治繼承的程序。2003 年自民黨總裁選舉，橋本派正式分裂為青木（幹雄）派與野中（廣務）派，青木派卻支持小泉純一郎，野中廣務無奈只有宣布隱退。2004 年 7 月，日本齒科醫師聯盟曾經捐獻 1 億日圓給橋本派，而橋本派卻沒有按照程序提出申報，橋本龍太郎因此宣布辭去橋本派會長職務。辭職後的橋本派在群龍無首的情況下，會長一職罕見地出缺。

為何橋本派找不到有實力的繼任會長呢?

自民黨派閥領袖具有三種特質,分別是:首相候選人的聲望、派閥凝聚力的威望以及募集政治資金的能耐。其中,具有募集政治資金的能力,以及凝聚派閥的威望,往往是基於這位領導人將來有機會成為日本首相。從此觀之,橋本派內部的領導人士,除參議院自民黨議員會長青木幹雄、前任眾議院議長綿貫民輔之外,沒有其他人選具有首相候選人的聲望,當然也沒有其他人選具有政治資金的募集能力,更沒有其他人選具有派閥凝聚力的實力。

如今,綿貫民輔在 2005 年 8 月因為反對小泉首相郵政民營化政策,進而退黨,自組新黨「國民」;而青木幹雄只是資深的參議員,日本沒有參議員出任首相的前例,橋本派內部多數眾議員也不願意支持青木。看來,具有政治實力的橋本派會長職務,目前正陷入後繼無人的窘境。

第七章

公務員體制

近代民主國家憲政主義的基本原則是「三權分立」，從孟德斯鳩寫作《法意》開始，人們普遍接受政府權力應該可以區分為立法、行政、司法等三個主要部門，彼此之間應該分離獨立且相互制衡，以防止某一部門因集中權力而失去控制。然而進入 20 世紀以來，三權分立的基本原則在實際的政治運作過程中，受到嚴重挑戰，許多國家都發生行政權逐漸優於立法權或司法權的現象。

造成「行政權優越化」的原因，一言以蔽之，是由於國家職能的擴大。若深究之，則大致可歸納為以下兩點：

第一是人民生存權的確立。第一次世界大戰後，德國威瑪憲法首先明定對人民生存權的保障，此一主張廣泛地影響其他國家憲政主義的發展，日本正是其中之一。二次戰後日本新憲法第二十五條規定：「所有國民均享有健康及文化的最低限度的生活之權利。國家就一切生活方面，應致力於提高與增進社會福祉、社會保障及公共衛生」，如此一來則加重行政部門的施政責任。

第二是國家扮演促進經濟發展的角色。政府被要求制定許多經濟政策，例如透過稅制及社會福利政策進行所得重分配政策、因應景氣變動調整財政金融政策，以穩定經濟環境、提供失業救濟、職業訓練與介紹等服務以降低失業率等等。學者稱行政權優越的國家為「行政國家」(administrative state)。

日本可以說是「行政國家」的一種典型，日本官僚體制在民間社會享有相當高的信心與評價。相對於那些由選舉產生的政治人士往往涉及政治與金權的醜聞事件，官僚體制的形象恰好相反，官僚體制不會出錯，官僚體制沒有貪污問題，官僚體制為國為民而盡心盡力。但是，這些良好的形象卻在 1990 年代以來逐漸受到挑戰，尤其是公務員制度可能隱藏著特權色彩及其對民主政治的妨礙等，公務員制度的轉型也成為當前日本政治轉型的一個重要課題。

一、日本行政官僚制的建立與演變

　　成為行政國家的基本要件之一是必須有優良的行政官僚體系。日本早從明治維新時代起，就開始學習普魯士制度而建立日本的公務員制度，重視公務員的甄選與栽培，以集中最優秀的人才於行政部門，且為政策推動而積極努力。日本公務員制度的雛型，主要有：建立以法律為中心的公開任用考試制度；設立有能力培養公務員的大學教育，以及建立完整的公務員養成與訓練之教育體系。1885 年明治天皇根據當時太政大臣三條實美的建議而成立內閣政府，並起用伊藤博文為首任內閣總理。伊藤博文就任後建立了日本的行政官僚制度，確立公務員職等劃分、採用考試取才、設定任用資格與薪俸制度。

　　二次大戰前的日本行政官僚體制，其定位是「天皇的官吏」，行政官僚只對君主負責，以國家機器強制控制人民。受到此一因素的長期影響，日本行政官僚制具備幾個特色：

　　⑴行政組織內特有的階層制 (hierarchy) 與本位主義。日本官僚表面上是科層組織構成的階層制，但事實上內部各階層有強烈的本位主義。

　　⑵官僚行動充滿特權性格。日本官僚具有把民眾當成被保護者與想成為其後盾的支配觀念，此外還有對於人們官職的有無與上下之分的差別意識，以及制度上的公私不分而產生的官職私有化觀念。

　　⑶政策立案過程中的稟議制。稟議制是指行政組織在決策時，首先是由行政組織的下級單位起案，經由上位者認定而裁決，或否認，或訂正，或拒絕等決策手續。稟議制容易產生效率低落、責任分散、領導力的缺乏等缺點。二次戰後日本行政官僚制度依舊維持此一傳統。

　　日本戰敗後被美國佔領，大企業、軍隊、政黨在美軍的反軍國主義政策下解體，可是官僚的權力不但沒有受到影響，反而在盟總 (GHQ) 為了防止日本民眾的不滿直接向盟總發洩，並節省佔領經費的考量下而採取間接統治的背景下彌補了這些空缺，逐漸提高權力。官僚因此順理成章地成為

間接統治與戰後重建的重要工具。戰後日本的官僚制沒有過去天皇與軍隊在權力上的掣肘，再加上當時官僚背景的日本首相吉田茂又利用整肅軍國主義分子的機會，提拔了許多官僚背景出身的政治人物，讓官僚制、執政黨與政府化為一體。五五年體制後，在自民黨安定的保守政權作用下，官僚體制的力量又進一步擴大，因而造就了日本「官僚制國家」的型態。

日本作為「官僚制國家」其實是強調日本文官制度的健全性。首先是1893 年日本正式建立了以考試為基礎的「官吏錄用制度」，此後每年都舉行全國性的高級文官考試，戰後改為「國家公務員考試」。「國家公務員考試」分為高、中、初三等，其中高等文官考試又分為甲、乙兩種；高等考試的應考資格是必須具備大學或其同等學歷，甲種考試較乙種考試為難，最後被錄用者約佔應考人數的 2 ％左右。甲種考試合格錄用者，才能進入政府機關擔任行政部門的領導幹部，而且大都有機會晉升到課長，但是這些課長級官員只有少數有機會升至局長，或是省廳事務次官，事務次官也是常任文官的最高等級。

高等考試合格且獲得任用者，首先要接受由人事院統一辦理的文官養成基本訓練，進入行政省廳之後還要參加為期一年的研修班，學習行政省廳的理論知識與實務操作，然後在不同的課、室或其他行政機關，甚至前往地方政府行政機關進行交流或是訓練養成；為提高文官的素質，有時會有出國留學進修的機會。

公務員可依管轄權限範圍、薪俸決定方式等加以分類，其中最基本的分類方式就是依照行政業務的權限範圍，將公務員區分為國家公務員與地方公務員。一般而言，行政業務權限範圍僅止於地方者，視為地方公務員。但是各地方政府的警察人員則屬於國家公務員。日本國家公務員約有 110 萬人，地方公務員約 322 萬人，總計有 432 萬名公務員。

另一種分類方式則是分為特別公務員與一般公務員。國家公務員法與地方公務員法有特別列舉為特別職者，為特別公務員；不屬於特別公務員者，即屬一般公務員。一般公務員受勞動基本權的制約，但特別公務員基本上不適用公務員法的原則。特別職的國家公務員包括首相、各省廳大臣、

政務次官、大使、公使、國會職員、法官與法院職員、自衛官等。特別職的地方公務員包括地方行政長官及其下屬、地方議員、教育委員等行政委員會之委員等。另外，在一般職公務員中的「特例公務員」由於職務與責任的特殊性而不適用公務員法，在國家公務員的特例公務員包括教育公務員、外務公務員、檢察官及現業職員等。地方公務員的特例公務員包括教育公務員、警察職員、消防職員、現業職員等。「現業職員」包括國營企業（郵政、國有林、印刷、造幣）的職員，以及地方公營企業（水道、電器等）的職員。由於現業職員之職務內容與民間企業員工相類似，因此其勞動基本權的保障與薪資之決定方法與其他一般職公務員不盡相同。

日本公務員的權利義務關係受「國家公務員法」與「地方公務員法」之保護與限制。依據國家公務員法，為使公務員能依個人之能力而升遷或調職，因此採用以職位為人員配置基礎的「階層制」，以及以能力為評斷基礎的「資格任用制」。不過，由於各行政省廳「本位主義」的作祟，使省廳間的職位調換實際上並未達成「階層制」自由調換的目標。

公務員組織型態往往屬於「金字塔型」科層制，日本也不例外。從最低層級到最高層級分別為：係員、主任、係長、課長補佐、課長、部長、局長、事務次官、政務次官、長官或大臣。一般職的公務員晉升的上限是事務次官，因為政務次官與廳長官、省大臣屬於政治性的任命職位。公務員晉升的基準與模式無法一概而論，地方公務員原則上是經由考試評定其能力與競爭勝負，像在較大的地方政府，晉升係長級必須經過考試，東京都及特別區晉升課長以上的管理職也要經過考試。而國家公務員則依工作績效評比而決定升遷。

為隨時提升公務員之能力，依據公務員法之規定，公務員有參加研修班之義務。研修班依據研修場所之不同可分為：在研修所研修（如管理者研修、新進人員研修等）、實習研修（在政府機關實際行政）、派遣研修（如派至研究機關或民間企業）等。

日本民間企業的勞工有所謂的「勞動基本權」，或稱「勞工三權」，分別為組織勞工團體的「團結權」，與資方談判的「團體交涉權」，必要時得

以罷工等手段為談判籌碼的「爭議權」。相對於此，公務員由於其薪俸來源為人民的稅金，因此不適宜給予勞動基本權等三項的權利。日本公務員依其工作性質不同，對其權利的限制也就有所不同。限制最嚴的公務員，其工作目的即在維持社會秩序，因此完全沒有勞動三權。這些職務包括警察、消防、海上保安廳、監獄勤務人員、一般職公務員與自衛官等。其次是非現業的一般職公務員、法院職員、國會職員，他們不能組成勞動組織，但可組成職員團體。至於現業職員除了沒有爭議權之外，其他兩權是被認可的。

為打破戰前的官僚制度，戰後日本在各級政府都設置了人事行政機關，其職責在於公正中立的決定一般職公務員的薪資、工作時數及其他相關事項，並裁決公務員對不利益處分之申訴，以確保公務員之地位與身分。人事行政機關在中央為「人事院」，在都道府縣與政令指定都市為「人事委員會」，市町村為「公平委員會」，此外，人口達 15 萬以上的市亦可設置「人事委員會」。

雖然制度上人事院屬內閣所管，但實際上是獨立性很強的合議制機關。人事院的獨立性表現在：⑴人事院不適用國家行政組織法；⑵人事官之任命須經眾參兩院之同意；⑶人事官之罷免，必須依據國會之追訴以及最高法院的彈劾；⑷內閣修正人事院預算時，必須向國會提出人事院的預算書與內閣的修正意見書；⑸人事院的建議與報告，必須向內閣與國會雙方提出。人事院由三名人事官組成，人事官經眾參兩院同意由內閣任命，任期 4 年，屬行政委員會之一。與一般行政委員會不同的是，人事院有廣泛的準立法權與準司法權。例如，人事院規則的制定、改廢、對工作績效改善要求與不利益處分的審查等權限。

日本公務員在離職後，有不少人至其他公司、法人機構工作而成為「空降部隊」，成為日本公務員制度中的一大弊端。所謂「空降」，一般而言是指日本公務員離職後，進入與其原所屬官廳關係密切之民間企業，或所指揮監督之社團法人（包括特殊法人與許認可法人）中，擔任職務之現象。為防止高級官僚在職期間利用職權，以不當圖利特定民間企業，換取離職

後的報酬，國家公務員法特別規定，國家公務員離職轉任民間企業時，不得於離職後兩年內進入。獲人事院許可者，不在此限。至於地方公務員，法律並未有類似規定。

儘管國家公務員法有如此嚴密之規定，實際上仍存在許多高級公務員空降民間企業之模式。典型的如大藏省至銀行、證券公司，通產省至大企業，建設省至建設公司，運輸省至造船、計程車公司等。

另外，從中央省廳派至地方公共團體、從都道府縣派至市町村的臨時調派人事，也被稱為「空降」。依據 1993 年的調查，22 個道府縣的副知事及府縣之部長級以上職位，約有四成是由中央省廳外派任命的。雖然，中央省廳派人員至地方，原則上要有地方之請求，但是實際上中央卻主導了地方部分行政職務之分配，例如自治省外派地方副知事、助手、總務部長，建設省外派企畫部長、土木部長，通產省外派商工部長，厚生省外派福祉部長等。

二、公務員制度的改革

整體而言，日本公務員制度存在著五個問題，一是部門本位主義的切割，各省廳只重視自己的利益，而忽略與其他省廳之間的協調。例如防衛廳最近幾年一直提出增加軍事預算的主張，現有的預算不足以讓日本建立足夠的防衛力量。但是對於負責管控日本財政預算與赤字的財務省而言，預算平衡是財務省追求的目標，因此財務省經常拒絕防衛廳增加預算的要求，或者提出「經費使用效率問題」而質疑防衛廳沒有充分做好預算控管以及有效率地使用預算。兩者之間的摩擦其實就是部門本位主義的作祟。

二是存在著特權階級的心態。日本公務員經由甲種考試而錄用者，其實就是中央省廳領導幹部的候補，他們往往可以從課長、官房長、局長、事務次官等職務依序升遷，在行政省廳內成為「菁英分子」，甚至成為特權階級，對於行政省廳的決策支配權超越了作為常任文官之公務員的應有權限，架空或是孤立政治領導階層的大臣或政務次官應有的政治領導權。影

響所及，對於沒有通過甲種考試，卻同樣是公務員者，由於升遷的障礙以及決策權力的被限制，他們低落的士氣也影響行政省廳的運作。

三是信賴性與專業能力的下滑。日本官僚體制在追求國家目標時，原本可以透過他們的專業能力以及分工合作，進而帶領日本追求高度經濟成長。然而在公務員特權階級的心態作祟之下，公務員給民眾具有專業能力的印象遂有下滑之趨勢，再加上爆發多起官僚錯誤處置之事件，例如狂牛症問題，日本公務員逐漸失去民眾對其專業性的信賴。

四是人事管理的僵硬性。在日本財政赤字不斷增加，而一般老百姓因為經濟景氣問題而陷入失業恐慌的情形下，公務員的人事管理制度還是強調「年功序列」的基本原則，年資取代能力的管理原則，反而凸顯出人事管理制度的僵硬。

五是行政官僚的空降問題。日本公務員制度因為有空降制度的設計，更加保障公務員的終身雇用，亦造成公務員的特權性格，更是日本「不透明」行政運作模式的主要因素。

事實上，上述五個因素也是日本在 1990 年代改革公務員體制的改革目標。這樣的改革目標是希望日本公務員體制可以更符合民主制度的基本規範，重新釐清「政」與「官」的關係，並且在內閣主導體制下來重新建構公務員體制，尤其是建立具有「綜合性、戰略性、機動性、透明性的公務員制度」，這就包括了公務員的任用、升遷以及退休問題。

日本的公務員基於法律規定，有依照考試成績分發的「成績主義原則」，以及合乎法條要件才能予以解雇的「身分保障原則」，還有依照職務不同而支薪的「職務給薪原則」，當然也會限制公務員的政治行為、罷工。但這個行之有年的制度，因為 2000 年開始的行政改革而有所變動了。行政改革確定採用「成果、能力主義人事制度」之改革方針，並在 2001 年底通過公務員制度改革大綱，2002 年 10 月 10 日確認了國家公務員法修正案的法制化，交由行政改革推進事務局進行。

新的公務員制度改革方針強化了雇主（各省廳）的權限，侵害了公務員的權利，並縮小過去管理公務員的獨立機關「人事院」的權限，將公務

員的考核權由人事院移向各省廳。這種強化政府人事管理權，但對勞動基本權依舊限制的情況，造成這項改革受到日本勞動組織的強烈反對。相關公會（國家公務員勞動組合連合會）也向國際勞工組織 (ILO) 提出訴訟，而 ILO 也認定日本公務員制度改革違反 ILO87 號（團結權的保障）、98 號條約（團體交涉權的保障），對日本政府提出勸告。

此外，出於財政的考量，日本政府把缺錢的問題推到公務員的身上，2004 年 4 月，首相小泉純一郎在經濟財政諮詢會議上，就公務員的薪資曾提及應該「依能力差異」而有不同的給付標準，同年 5 月 31 日參議院也表示同意，未來日本公務員的薪俸制度也有調整的可能。

由於反對聲浪大，日本的公務員制度改革一再延宕無法推行，政府已經決定將在 2005 年以「實驗推動」的方式執行，原本要在 2006 年正式執行的計畫也受挫，改革細節如裁員名額及管理方式尚有爭議。

除涉及人事制度外，日本公務員制度之所以在 1990 年代成為改革的對象之一，還涉及到行政官僚的貪瀆問題。日本社會長久以來對於行政官員接受招待、企業協商，多抱持習以為常的態度，造成容易與企業掛勾的行政省廳，成為瀆職事件發生的溫床。其中又以掌握最多預算的大藏省、厚生省、建設省最容易出現瀆職行為。

日本官僚或是民間對於接受招待一事，普遍地認為這是加強溝通，使政府政策更容易執行，或者認為這是一種合理的回饋。再者，日本官僚具有強烈的菁英意識，他們主宰預算權與行政特許權，但是相對於民間企業幹部，官僚卻有一種自己只不過擁有微薄的薪水與老舊的官舍，自然而然地會認為接受企業的晚餐招待或是來一場高爾夫球賽，只是企業的回饋。而日本社會傳統上也認定，只要不接受金錢贈與，就不算是貪污，只要不接受金錢，就不會被捲入瀆職事件中。

1998 年 1 月 26 日，日本檢察官在經過 50 年之久後，第一次進入大藏省蒐證，並逮捕大藏省金融檢查部管理課谷內敏美副課長與金融證券室長宮川宏一，他們接受第一勸業銀行等四個銀行的巨額招待，交換事前洩漏大藏省前往銀行檢查日程，或者是應銀行要求撤換比較嚴格的檢查人員。

事件發生後，輿情譁然，認為連大藏省都有過度招待的現象，可想見其他省廳的風氣是如何的靡爛。

　　此一事件不僅間接地促使橋本龍太郎與自民黨更積極地改革大藏省，而且行政官僚一直拒絕制定的國家公務員倫理法，也順利在 1999 年通過，2000 年開始實施。國家公務員倫理法的規範，主要有：⑴禁止收受來自利害關係者的餞別飲宴、婚喪喜慶的禮金、禮物等；⑵禁止不動產的無償借貸；⑶打高爾夫球、旅行、聚餐等，即使共同分擔費用也原則禁止。

　　對於審議官、局長級以上的高級官僚，規定在職位異動後三年間，禁止與前職有利害關係者的交際應酬，除了原則禁止有利害相關者的招待、贈與，還規定接受 5,000 日圓以上的接待，必須向上司報告。

三、行政監察制度的設計

　　行政監察制度古今中外皆有，日本也不例外。所謂行政監察，是對於中央或地方行政權的運作能加以監督、稽查的政治權力行為。日本明治維新後，在太政官下所設立的監部課、內務省下的監查官等職皆屬行政監察制度的一環。到了二次大戰後，日本實行民主政治，以統制政府內部為主軸的行政監察系統喪失其原有地位，行政監察的重心則改為類似企業評價為重的行政事務。

　　戰後的行政監察制度是以行政監察委員會的樣貌出現，在內閣下設中央行政監察委員會，各省廳間也設有省廳行政監察委員會，其職權為官方綱紀之肅正、各種行政統制的糾正，以及戰後新成立的各行政組織之定位與功能的檢討。

　　行政監察委員會在 1949 年改制為行政管理廳，1953 年聯合國佔領軍將統治權遷還給日本政府後，因應政治與社會的變化，行政管理廳的職權逐漸擴張，其職權包括對總理府呈報各省廳行政改善措施、要求各省廳提出行政補救與改善報告、調查行政機關業務等。此外，為貫徹職權，該廳在全國各地擁有管區監察局與地方監察局的組織。由於該廳可稽核施政成

果，並提出追蹤、考核與檢討，因此也能提出相關法案以改善行政機構的處理能力。

到了 1962 年的第一次臨時行政調查會推動行政改革時，調查會建議行政管理廳改組為總務廳，但未被國會接納。1981 年開始的第二次行政改革，將行政管理廳統合擔任人事行政的總理府人事局、恩給局、統計局以及青少年對策本部等機關合併成總務廳。使得總務廳由過去僅負責行政改革、機關人員之管理、統計與資訊之綜合協調與行政監察外，更合併了人事行政功能，在行政管理與行政監察得以相互結合的前提下，使人事行政因包括國家公務員的人員管理、給與、任用問題，得以獲得更加有彈性的效果。

必須強調的是，總務廳身為內閣省廳的一部分，顯見其屬於行政權，並非獨立於行政權之外，而是屬於內閣總理府的外局，必須受內閣總理以及總務廳長官的指揮，故關於行政監察權的運作並不享有獨立與超然的立場。而行政監察權的行使，大體來說都要經由監察主題的選定、調查計畫之策定、調查工作之實施、調查結果的提報以及監察結果的送付與追蹤等五步驟。

2001 年後的省廳新制啟動，總務廳的業務被併入總務省，新總務省所屬的行政評價局可對各省廳進行事業評估、施策實績評估、政策體系評估等三種行政監察方式，這些評估是以公共事業與研究開發等政策為對象，對於這些業務的計畫、進行、結果進行評估，決定該事業是否恰當。具體來說，如果該事業進行五年後未完成，或是進行後十年仍在繼續，以及事業進行前超過五年在準備，花費與效果不成比例等情況，一律終止該事業的進行，這樣的制度能夠有效的抑制浮報與膨脹的公共事業，減少政府的浪費與政客的操弄。除了總務省對各省廳實施「外部」評估外，各省廳內部也有所謂的「評價委員會」，在各單位內進行客觀的行政監察，進行所謂「內部」行政狀況的評估，內外相輔相成的進行行政監察行為。

舉例來說，日本總務省在 2004 年 12 月 14 日公布了對行政程序法實行的「行政指導」現況調查，調查對象以各行政機關所轄業務的 249 項手

續為主，對曾與政府有業務往來的民間企業進行問卷調查，總務省在這次調查中發現民間業者對行政指導的不滿程度，以及公務員對程序法中要項的誤解，因而對各省廳提出「勸告」令其「改善」。這是日本進行行政監察工作的一個案例，該調查選定監察主題為行政程序法中的行政指導實施狀況，經由問卷調查的方式向直接與政府打交道的業者進行調查，並將結果做出分析，向各省廳提出目前業務的缺失，並要求其改善。這個以民間觀感為依據進行的調查，充分體現了公務員身為公僕，應該盡量讓民間感到方便，以及行事要合乎法令規定的精神。日本的行政監察制度，隨著多次的行政改革，在 2001 年後又面臨了一個全新的階段。

除了總務省，日本還有一個能監察行政機關的獨立機構，也具有類似行政監察的功能。這個單位是獨立於內閣之外，立場超然的「會計檢查院」。

會計檢查院是基於日本國憲法第九十條而成立的。憲法第九十條規定「國家收支的決算，每年需經由會計檢查院檢查。內閣必須在下個年度向國會提出該檢查報告。」此外，根據會計檢查院法第一條規定，該院獨立於內閣之外。因此該院也不屬於立法與司法權的範圍，是一個純粹的外部監察機構。因此會計檢查院維持著相當的公正性，能夠直言政府預算運用上的弊端與缺失。舉例來說，2004 年 11 月 9 日，會計檢查院提交給日本首相小泉純一郎一份 2003 年度的決算檢查報告，報告中指出浪費稅金等會計處理問題共有 285 件，總額達到 430 億日圓，其中 367 億日圓是因浪費而多出的開支，其他還有 63 億日圓的稅金與保險費沒有被徵收，此外，總額 430 億中有 126 億是違法的開支。與歷年的記錄相比，僅低於 1980 年度的 510 億日圓。會計檢查院除了指出浪費的金額以外，也詳列哪些省廳的哪些細目上有弊端與浪費的情況。像 2003 年的決算檢查報告中就提及浪費公帑最嚴重的是厚生勞動省與農林水產省，報告書中指出厚勞省所屬的 21 間國立醫院、療養院在購買醫療藥品費用上的問題，以及農林水產省進行海外糧食援助的補助金 65 億，既沒被使用，也沒有退還的弊端。至於外務省則是為了防止恐怖攻擊而耗鉅資購入的 126 臺炸彈探測裝置，有 56 臺閒置等浪費公帑的問題，會計檢察院可說是相當鉅細靡遺的為日本納

稅人斤斤計較，也讓這些錢未花在刀口上的行政機構受到嚴厲檢驗。

四、官僚制的變形

　　日本行政官僚體系透過行政指導方式，以公權力介入經濟發展過程，一向是日本產業政策形成與實施的特質之一，而且也是促使日本戰後經濟高度成長的特有模式之一。但是，行政指導也往往容易出現模糊地帶，正如日本著名的評論家竹內靖雄曾經指出，媒體大幅報導大藏省優秀官僚退休後轉到與其業務相關的民營企業任職或接受特別款待的行徑，大藏省官員並不會因此而認定是一種恥辱，也不會認為自己涉嫌賄賂等罪名，反而認為自己是重要的高級文官。

　　日本評論家竹內靖雄認為，高級官僚接受大量的贈品或款待，反而凸顯出自己是重要的高級文官，這是官僚支配型社會的一種病態，如果想要革除官僚支配型的弊端，單靠行政革新是不夠的，日本社會應該走向訴訟社會，以訴訟來制裁違反遊戲規則的人，並維護正義。日本官僚出現各種貪污與瀆職事件，其實正是「政界─官僚─財界」三角關係的共生結構，尤其是官僚可以假借各種名目的管制與保護措施，在退休後進入官僚所屬勢力範圍內任職，形成另一種利益輸送，這樣的三角共生結構反而使得行政改革變得更困難。

　　日本政治家在最近幾年內經常提出「政治領導」的口號，並且以政治領導作為行政改革的合理化理由，然而，政治領導不僅沒有改變官僚體系的各種弊端與乖張行為，反而更強化政界與官僚之間利益關係的複雜化與糾葛化，如此也可以想像日本行政改革將因受到政界與官僚如何建構新的互動關係的影響而有不同成果。

　　日本行政官僚制的改革，主要是學美國「引進競爭原理」，從新自由主義的角度來分析日本官僚制度，希望改變過去的行政官僚主導，強調行政效率化、民營化、市場化甚至全球化。日本已經將國有鐵道、電信電話、專賣的三大公社民營化，而收到很好的效果，因此小泉政權的改革目標即

放在郵政事業、道路公團等的民營化改革之上。

　　另一方面從引進競爭原理的觀點，經濟財政諮詢會議也建議「試驗市場化」，也就是行政服務的提供由官方與民間「市場競標」，相互競爭。不論官方或工會、農會，都強調其「公共性」而不肯放手，實際上官業有相當多的部分可以由民間代替執行。從清掃、印刷、垃圾收集，以至發行護照的窗口業務、急救車的患者輸送，都可以由民間替代，不可以說公共事務就非由公務員執行不可。目前日本正在檢討過渡時期的職員身分，是公務員或非公務員，職員人數如何削減等問題。

　　在政府壟斷與純粹市場之間，還有各種制度上的設計。將政府活動分開為「政策立案」部門與「實施」部門，將後者的「實施」部門外包也是一個方案，所謂「獨立行政法人」就是一個試驗例子。2001 年日本開始設立 57 個法人，之後如國際協力機構等特殊法人的改組、國立大學的法人化，到 2004 年 7 月共增加為 99 個法人。各法人都要訂立四年左右的中期計畫，以彈性的組織運作，並且要接受外部的評鑑。

　　2003 年日本政府通過公務員制度改革關聯法案，引進「能力等級制度」，公務員的任用或薪俸可以依據公務員的能力或是效率來決定，取代過去僵硬的「年功序列」制度。其次則是強化了首相或省廳大臣對公務員的任用與管理權限，人事院的權限相對而言是弱化的。第三，只要通過公務員考試而任用之公務員，他們的升遷機會與管道應該是平等的；而且，通過甲種公務員考試的合格人數應該擴大，加倍錄取，甚至擴大到四倍錄取名額，強化公務員晉升領導幹部的競爭程度，並藉此尋找真正具有能力的公務員。第四，強化公務員的在職進修，提升公務員的專業能力。第五，嚴格限制公務員的「空降」管道與規範，尤其是設立「再就職」的旋轉門條款，並且降低已退休公務員對行政省廳的影響力。

　　公務員制度的改革其實是一個相當困難的工作，日本公務員制度的改革也是如此，這也是為何日本公務員改革目前仍在尋求共識的基本原因。不過，一方面實現以國民為本位的行政體系，另一方面又賦予公務員應有的工作權保障，將是日本公務員制度改革的基本原則與方向。

話題　**五五年體制？四〇年體制？**

　　研究日本政治的學者，一定知道「五五年體制」。五五年體制是指，自民黨與社會黨自從 1955 年組黨以來，自民黨長期一黨執政，社會黨作為萬年在野黨。自民黨長期執政的原因在於自民黨提出「經濟發展至上」的務實主義，致力營造有利於經濟發展的環境，例如社會治安的強化、勞資關係的協調等；而這些條件也是日本財經界在背後推動自民黨組黨的主要動機。亦即，日本財經界希望自民黨可以成為務實性的政黨，進一步成為「無所不包」的全民政黨，擴大選民支持的基礎。自民黨在 1955 年組黨之後，一直到 1993 年為止，每一次眾議院大選都獲得過半數以上的席次，穩定地掌握日本眾議院與內閣的政治實力。

　　日本經濟學家野口悠紀雄曾提出「四〇年體制」來指涉二次戰後日本政經發展的特質。何謂「四〇年體制」呢？這涉及到日本政治經濟發展的另一群重大功臣——公務員及公務員體系。

　　大家都知道，日本公務員受到相當大的尊崇，特別是日本公務員幾乎全部出身於東京大學、京都大學等知名學校，奠定日本公務員在其社會體系的特殊地位與卓越威望。日本大多數民眾不相信選舉產生的國會議員，總認為他們形象不佳，操守有所爭議。可是，日本民眾相信公務員可以為他們帶來最大的生活福祉，而且，日本公務員本身的幹才與清廉，通常也不會讓日本民眾感到失望。

　　1940 年代，日本公務員體制已經注意到戰爭對日本政治經濟發展的影響，為了戰爭動員體系的需要，日本公務員設計一套相當複雜的行政程序，以及一套分工細膩的運作模式，成為日本公務員體制在戰爭時期最高的指導原則。二次大戰結束後，盟軍沒有徹底地解散日本公務員體制，反而積極與日本公務員進行合作，盡速結束了日本社會在戰後陷入混亂的戰爭復原狀態。再加上日本政黨政治從戰爭結束後一直無法取得明確的多數統治，政黨的合縱連橫反而突顯公務員才

是日本政治真正穩定的力量。四○年體制就是此一階段日本公務員體制的運作模式及其特色。

四○年體制的運作模式及其特色，主要有四：

⑴明確界定國家發展總目標，並且選擇具有策略性的核心目標，集中資源，盡速實踐核心目標後，帶動其他發展目標的實現；

⑵針對國家發展目標，設計一套完整的推動計畫，有步驟地實踐目標；

⑶公務員體系的分工合作；

⑷有效的「行政指導」，行政機關介入與指導產業界的生產過程，結合政府與民間力量，避免資源的浪費。

簡單地說，四○年體制可說是日本公務員體制最具有代表性的運作模式，一方面可以確定國家發展的目標，另一方面則搭配可實踐目標的具體策略。日本戰後政經發展模式，從所得倍增計畫、石油危機的處理、中曾根首相的財政改革、一直到 1985 年七大工業國家財政部長會議達成「廣場協議」後，日圓大幅升值後的因應策略，都是日本公務員有效發揮四○年體制的「制度效應」。

然而，日本公務員在 1990 年代卻不斷的「凸搥」，外交、安保、經濟、環保生態、醫療等問題皆無法有效因應，顯示日本四○年體制的侷限性。亦即，日本四○年體制比較適合公務員體系依據過去的經驗來處理相關事務，而比較不適合於處理突發性或突變性的事務。因此，日本學者專家曾撰文分析「超越四○年體制」。

不過，相對於那些經由選舉產生的國會議員可能有政商不正當關係，或是假藉公共利益而圖謀個人利益的經驗，大多數日本民眾還是相信國家公務員。換句話說，五五年體制因為自民黨在 1993 年結束一黨執政而宣告瓦解，但是，四○年體制至今還沒有結束，四○年體制還是日本公務員運作的核心精神。

第八章

司法制度

　　二戰後日本新憲法強化了司法制度在憲政體制上的獨立性。從明治維新以來即模仿德國司法體系的日本司法制度，一直在社會上享有一定的信賴與聲譽。但是隨著經濟復甦後逐漸興起的公民意識與社會結構改變，日本對司法制度的要求逐漸往平民化、公平化、快速化的改革。1990 年代日本大幅度改革政治制度與行政制度後，司法制度就成為最新一波改革對象。日本最新的司法制度改革，一方面希望司法體系的表現可以更符合民眾的需求，另一方面也因為日本與美國，甚至與全球化經貿關係愈來愈緊密，此一階段日本司法制度改革遂以美國司法體系與訴訟制度為改革學習的對象。

一、日本的法院與訴訟制度

　　日本法院法依據憲法第七十六條之規定，司法體系分為高等法院、地方法院、家庭法院、簡易法院四種，若加上最高法院，則日本的法院共有五種。儘管如此，日本的訴訟制度實際上是三審制。一般而言，民事案件的審理，簡易法院為一審法院，地方法院為二審法院，三審由高等法院負責；刑事案件的審理程序，一審由簡易法院或地方法院進行，二審、三審法院分別為高等法院、最高法院。

　　以下就各種法院之執掌分別論述之。

最高法院

　　最高法院是日本國家最高司法機關，它不但是民事、刑事、行政訴訟等各類案件的終審法院，而且有權就訴訟手續、律師、法院內部規則以及司法事務處理的相關事項制定規則，而檢察官也必須遵守最高法院制定的規則。不過，最高法院得將制定下級法院相關規則的權限委任下級法院。

　　最高法院由 15 名法官組成。擔任院長的法官（最高裁判所長官）是由天皇依據內閣的提名而任命，其他 14 名法官（最高裁判所判事）則由內閣任命之。最高法院法官之任命，在其任命後第一次舉行全國大選時交付公

民投票複決，若通過後再經過十年之後舉行全國大選時再次交付公民投票複決，其後皆依此程序進行任命與公民複決。罷免最高法官提名人亦採取公民投票複決，投票者多數通過罷免案時，法官即被罷免。

日本採取內閣任命法官、後交由公民投票複決的制度，是實踐直接民主制的一種設計，起源於 1937 年美國法律協會對法官民選制評估後的建議。美國只有密蘇里州實施類似制度。至 1990 年為止，日本並沒有任何一個法官因公民投票複決而被罷免。至 1986 年為止之 13 次公民投票複決，日本公民對罷免案投贊成票者，大約只佔了反對票的十分之一，相較於美國贊成票約佔三分之一至四分之一的情況，日本贊成罷免的票是相當少的。這是由於一方面選民對於最高法院法官的認識太少，而且，法官的提名任命發動權在內閣，國民只有消極的審查權。另一方面則與投票方式有關。在計算票數時，除非在法官名字上畫有「×」號，否則不論是空白票或畫其他記號的選票，一律被視為反對（罷免）票，因此選民可以說沒有棄權的自由。

最高法院內設有負責審理有關違反憲法和涉及變更判例案件的大法庭，以及負責審理下級法院判決上訴案件的小法庭。大法庭由最高法院全體十五名法官組成，小法庭則由三名以上法官組成，審判工作均以合議制方式進行，其判決均為終審判決，具有同等法律效力。

下級法院

1.高等法院

基本上，高等法院負責第二級審判，其審判權限為：(1)對地方法院第一審判決、家庭法院判決、簡易法庭關於刑事案件判決的上訴（控訴）案件；(2)除法院法第七條第二款所指訴訟法特別規定的抗告，其審判權屬最高法院所有外，其他對地方法院、家庭法院的決定、命令與對簡易法院關於刑事案件的決定與命令之抗告，其審判權屬高等法院所有；(3)除有關刑事的案件外，對地方法院第二審判決與對簡易法院判決的上告；(4)刑法第七十七條至第七十九條有關內亂罪的案件，高等法院是第一審法院。

　　高等法院審理案件時，基本上由三名法官組成合議庭進行，其中一人擔任審判長；但有關內亂罪案件之審理，則必須由五名法官組成合議庭。

　　日本全國設有八個高等法院，分別是在札幌、仙台、東京、名古屋、大阪、廣島、高松、福岡。另外在秋田、金澤、松江、岡山、宮澤、那壩等六個地方設有分院。分院與本院具有同等的審判權。

2.地方法院

　　除了簡易法院、家庭法院、高等法院所受理第一審案件之外的所有案件，都由地方法院負責第一審。換言之，訴訟額超過 90 萬日圓的民事訴訟一審案件、除內亂罪和相當於 90 萬日圓罰金以下刑罰之外的刑事訴訟一審案件，都由地方法院受理。此外，對簡易法院非刑事事件判決的控訴、對簡易法院關於非刑事事件之決定與命令的抗告，地方法院也有審判權。

　　一般案件地方法院由法官一人進行審理，較重要案件則由法官三人組成合議庭進行。全日本共設有地方法院 50 所，除北海道有 4 所外，其他各都道府縣各設有 1 所。

　　在民事事件訴訟中，對地方法院二審的上告法院是高等法院，若高等法院對憲法與其他法令之解釋與判例不一致時，必須把案件移交最高法院審理。

3.家庭法院

　　家庭法院主要負責審理家庭糾紛與少年問題方面的案件，其審判權限如下：(1)家事審判法所規定有關家庭事件的審判及調停；(2)少年法所規定少年保護事件的審判；(3)少年法第三十七條第一項所列成年人侵害少年的犯罪事件，家庭法院為第一審法院。

　　一般而言，除非其他法律規定應由合議庭進行審判，家庭法院也是由法官一人進行審判。家庭法院的設置與地方法院相同，全國共有 50 所。

　　對地方法院和家庭法院的命令和決定的上訴，由高等法院擔任抗告審。

　　家庭法院所處理的事項，基本上分為家事審判、家事調停、少年審判三種。所謂家事調停，就是在進入家事審判程序之前，由法官與調停委員居間促成夫婦或親子等當事人間的會談，並予以仲裁的處理方式。

4.簡易法院

簡易法院主要處理較簡單的民事事件與較輕微的刑事事件，有時會以調停方式解決民事糾紛。其審判權限如下：⑴訴訟標的價值在九十萬日圓以下者；⑵被要求處以罰金以下懲罰的刑事訴訟案件；⑶關於刑法中常習賭博、開設賭場罪、竊盜及其未遂罪、盜領罪、贓物罪等的訴訟案件。基本上，簡易法院無權處以監禁以上之刑罰，但法律有特別規定時，簡易法院可處以 3 年以內的徒刑。

對簡易法院的命令和決定不服而提出抗告時，由地方法院擔任抗告審，高等法院擔任再抗告審。

簡易法院通常由 1 名法官進行審判。日本全國共有 452 所簡易法院。

由於日本法院並非採用律師強制主義，因此民事事件的當事人本人或法人的代表者，不僅可以自己進行訴訟，而且一切相關手續都可不必委託律師。

就民事事件而言，對於地方法院以第一審所為之終審判決以及簡易法院所為之終審判決，若有不服得提出控訴，但若終審判決後，當事者雙方共同同意保留上告之權利而不提控訴，則不在此限。若認為判決有錯誤解釋憲法或違背憲法、法令之情形，可以提出上告。對高等法院以第一審或第二審所為之終審判決，得向最高法院提出上告。對地方法院以第二審所為之終審判決，得向高等法院提出上告。若當事者雙方保留上告之權利而不提出控訴，對於地方法院的判決得向最高法院、對於簡易法院的判決得向高等法院直接提出上告，這種情形又叫「飛越上告」。

對於經由口頭辯論而駁回有關訴訟程序之申請的決定與命令，得提出抗告。若認為抗告法院之決定有錯誤解釋憲法、違背憲法及其他法令之情形，得提出再抗告。

就刑事事件而言，當事人雙方對地方法院、家庭法院、簡易法院所為第一審判決均得提出控訴。對於高等法院所為第一、二審判決，得以違反憲法、錯誤解釋憲法、與最高法院判例相反等理由，提出上告。對於法院在判決前關於所管事項與訴訟程序的決定，除法律特別規定得提出即時抗

告的情形外，不得提出抗告。對於抗告法院與高等法院之決定不得提出抗告。另外，檢事總長在判決確定後，若發現該判決違反法令，得向最高法院提起非常上告。

二、法官的權利與義務

法官的任命資格是司法考試及格，經過兩年司法修習生的訓練，再通過一次考試及格後，而具有法官、檢察官、律師資格者。不過，部分具有執行職務必要之學識經驗者，雖然沒有上述資格，也可以被任命為簡易法院的法官。

如前所述，日本憲法中雖然規定最高法院法官的任命，由最高法院院長的建議，內閣的提名與任命後，必須經過公民投票複決，且只要選民在公民複決投票中過半數贊成罷免任何一位法官，該法官即被免職。但是由於前述制度上的設計缺失等因素，實際上並未產生作用。

至於下級法院法官的任命，則是由內閣依最高法院指名者名單任命之。其法官任期 10 年，得連任。但到法律規定之年齡時須退職。最高法院法官與簡易法院法官退休年齡為 70 歲，其他法院法官退休年齡則為 65 歲。憲法之所以規定了法官的任期，是因為法官在任期中很難被罷免。與最高法院法官每十年要接受一次國民審查的道理相同，下級法院的法官每 10 年也要接受一次適格性的再審查。

最高法院法官的基本任命資格是：見識廣博，具有法律素養，年齡在 40 歲以上者。15 名法官中，至少有 10 名必須曾經擔任過高等法院院長或高等法院法官 10 年以上，或是擔任簡易法院法官、檢察官、律師、大學法學教授或副教授等職務，加總任職期間必須達 20 年以上。而高等法院法官則至少必須擔任過候補法官（判事補）、簡易法院法官、檢察官、律師、大學法學教授或副教授、法院調查官等其中一職，在職期間加總達 10 年以上。簡易法院法官的條件除了任職期間加總需達 3 年以上外，其經歷條件基本上與高等法院相同。

日本憲法明確規定了對法官的身分保障:「法官除因身心障礙經法院判定不適合執行職務外，非經正式彈劾不得罷免。法官的懲戒處分不得由行政機關行使之。」此外，所有法官均定期接受適當數額之報酬，此報酬在任期中不得減免。法院法也規定:「法官除非經正式彈劾、國民審查的罷免，或其他法律所規定的情形被認定身心障礙不得執行職務，否則不得違反其本人意願予以免職、轉任、調職、停職或減薪。」

綜合而言，對於法官的免職只限於以下四種情形：⑴依據國會彈劾法院之決議被罷免；⑵被判定身心障礙無法執行職務時；⑶最高法院法官經國民審查被罷免時；⑷法官做出不符合法官基本資格的事情（例如被處以監禁以上之刑罰）時。至於構成彈劾的理由則有以下兩點：⑴違反職務上之義務或怠惰職務情節嚴重者；⑵法官不論職務內外之行為，只要有失作為一個法官應有之威信時。此外，為維護法官的公正超然，法官法中明令禁止在職法官有以下行為：⑴擔任國會或地方議員，以及積極參與政治運動；⑵在最高法院許可的情形之外，擔任有報酬的職務；⑶從事以營利為目的的活動。

不過，在司法系統內部的科層關係方面，中央機關的司法行政官僚可以使用調動下級裁判所法官派駐地及每 10 年的再任制度來操縱一般的審案法官,調動法官所在地的目的本來是使各司法官員的派駐各地機會均等，再任制度本是排除不適任法官的方法。但在制度的偏差運用下，平日不服從上級意旨的下級法官，便有可能在每 10 年一次的聘任中遭到辭退，或長期在偏遠地區工作。

三、 檢察制度

日本的檢察機構的設置，根據檢察廳法第二條的規定，相應於各級法院的設置，以最高檢察廳為最上級單位，其次為全國共有 8 所的高等檢察廳，再次為設置於東京都、各府縣廳所在地以及札幌、函館、旭川、釧路共五十個地方的地方檢察廳，最低一級的則是四百五十二所的區檢察廳。

高等檢察廳有六個支部，地方檢查廳則有兩百四十二個支部。

檢察官之中，最高檢察廳的首長為檢事總長，其副手為次長檢事，高等檢察廳的首長稱為檢事長，地方檢察廳的首長稱為檢事正，其副手為次席檢事。檢事總長、次長檢事、高檢檢事長等共計十名的公務員是所謂的「認證官」，相較於由國家公安委員會任命、與各省事務次官待遇相當的警察廳長官，檢察官僚在國家公務員中的地位算是比較高的。

最高檢察廳的組織分為事務局、總務部、刑事部、公安部、公判部，東京高等檢察廳的組織分部與最高檢察廳相同，地方檢察廳的組織則依各地差異有所不同。東京地方檢察廳的組織分為事務局、總務部、刑事部、交通部、公安部、特別搜查部、公判部。大阪地方檢察廳部的組織與東京相同，但是沒有國際搜查課、公安資料課、公判資料課等課。

特別搜查部（簡稱特搜部）只有東京地檢與大阪地檢有。

日本的檢察制度的特徵，大約有以下幾點：

⑴檢察官各自獨立辦案並擁有很大的權限。檢察廳是檢察官各自獨立的官廳，並非法務大臣的輔助者或幕僚，檢察官負責對刑事案件提起公訴，對任何犯罪案件均得進行搜查，且有權監督判決的執行，對於屬於法院所管的其他事項，職務上有必要時，也可要求法院的通知與陳述意見的機會。此外，對於屬於其他官廳或地方自治團體的警察，也有指揮的權力。

⑵檢察官同一體的原則。儘管如前所述，檢察官可各自獨立辦案，但是事實上位於各級檢察系統權力中心的檢察總長、檢事長、檢事正等，在「檢察官同一體」的原則下，卻對下屬檢察官有指揮監督的權力與實際影響力。如檢察廳法規定，檢察總長是最高檢察廳長官，掌理廳務，並對所有檢察廳職員有指揮監督權。檢事總長、檢事長、檢事正對其所指揮監督下的檢察官，有權將其事務移轉由自己辦理或是由其他檢察官辦理。法務大臣對檢察官所負責的前述事務有一般的指揮監督權，但對於個案事件的調閱、處分等，只對檢事總長才有指揮監督權。但這已足以干涉司法的獨立運作。

⑶起訴獨佔主義。日本只有檢察官能對刑事事件提起訴訟。起訴權不

屬於檢察官的情況有兩種。其一為少年事件。依據少年法的規定，少年事件必須先送交家庭法院處理。若家庭法院認為該案「與刑事處分相當」，則檢察官才會對該案之起訴與否有決定權。另一個情況是只是用於公務員濫用職權罪的準起訴手續。這類情況多是被害者受到警察以暴行對待，向檢方提告後檢察廳卻以不起訴處分的情況，這時被害者有直接向法院提出處罰該警察的訴訟的權利，這種訴訟稱為準起訴手續。

(4)起訴便宜主義。刑事訴訟法第二四八條規定，「依犯人的性格、年齡、境遇、犯罪之輕重及犯罪後之狀況判斷，認為無追訴之必要時，得不提起公訴。」這項條文的規定內容相當抽象，可以說給檢察官有很大的權力運作空間。

(5)檢察官的身分保障。檢察廳法規定，除依懲戒處分或以下三種情形以外，不得違反檢察官之意思而使其去職、停職、減薪：(1)檢事總長達六十五歲，或其他檢察官達六十三歲；(2)由於身心障礙等因素，不適合繼續執行職務，經檢察官資格審查會決議免除職務者。對於檢事總長、次長檢事及檢事長之免職，除需上述決議之外還要有法務大臣的勸告；(3)成為編制過剩人員，支領半薪以待空缺時。

對檢察官的身分保障雖然不如日本憲法中對法官的保障，不過精神是一致的。對檢察官的身分保障主要是鑑於瑞克魯特醜聞案爆發後，檢察官在調查過程中，受到執政黨不當的人事介入影響所致。

對一般的刑事事件，一般只由地方檢察廳進行起訴或不起訴的處理即可，但對於較重要的案件，或必須交由其他府縣檢察廳偵辦的案件，通常高等檢察廳甚至最高檢察廳就會對此案進行檢討、調整、指示等。例如，涉及國會議員、都道府縣議會議長或知事、高級公務員、主要財界人士等人的貪瀆、違反選舉等重大案件，高等檢察廳必須向最高檢察廳報告。

負責重大事件處理的機關是檢察首腦會議，會議的出席者包括檢事總長、次長檢事、最高檢刑事部長或公安部長、高檢檢事長與次席檢事、地檢檢事正與次席檢事、主任檢事與最高檢的擔當檢事。會議的內容都是極機密，議決方式都是依據「檢察官同一體」原則，採用一致決議而非多數

決的方式。通常對一事件只在決定起訴或不起訴的最後時刻召開一次檢察首腦會議，但是像洛克希德案偵辦過程中開了好幾次首腦會議的情況，則是田中的政敵，當時的首相三木武夫對檢方要求徹底的辦案之故。

基本上，日本的檢察制度仍存在許多問題。最重要的一點便是在檢察系統內仍存在由上而下的指揮系統，以及行政系統對檢察官的干預，這使得檢察官獨立辦案的精神很難貫徹。例如日本的檢察廳法第十四條規定：法務大臣對檢察官的事務，有一定的指揮監督權，但對個別事件的調查或處分，只能指揮檢事總長。此法條的本意是為排除政治干預個別事件而定，但也開啟法務大臣指揮檢察官首腦的方便之門。例如 1954 年當「造船貪污案」爆發，同年 4 月在多名政界人士被調查之際，檢察廳決定向國會請求准許逮捕自由黨幹事長佐藤榮作，吉田茂首相即命法務大臣犬養建發動指揮權干涉司法機關的調查行動，這阻止了東京地檢處逮捕佐藤。最後這貪污案不了了之，佐藤的政治生命也得以延續。

四、司法制度的變形

日本在明治時代制定帝國憲法時便已確立近代的司法體系，但由於當時的行政機關司法省對於司法機關裁判所有人事預算的控制權，司法大臣對於法官擁有監督權，所以當時日本的司法實際上並不是獨立的。

二次大戰後美國在日本所施行的改革，在司法方面是由以司法省為中心的臨時司法制度改革審議委員會為主導，此機關的成員除 GHQ 外，司法省原成員包含了法官佔多數的刑事局人員，及檢察官佔多數的民事局人員，三方人士在司法改革過程中不斷為己身展開角逐。例如檢察官系統的人士便反對由以法官為主體的司法官僚擁有司法的實質支配權。

1947 年 5 月 3 日，檢察廳法、法院法隨新憲法一併施行，在 GHQ 的囑意下，成立最高法院取代二次大戰前擁有解釋憲法權的樞密院，擁有最終裁決民事、刑事案件的大審院及處理行政案件的行政裁判所。戰後禁設特別裁判所，並使最高法院擁有人事及預算編列的司法行政權。這使得日

本的司法體系從戰前的天皇主權制，改造成使用至今的國民主權制。

在當時的政治改革中，司法機關也扮演著十分微妙的角色，1948 年 2 月 2 日，當時遭到褫奪公權的農業大臣平野力三向東京地方法院提出褫奪公權無效的假處分案，但同日日本政府聲稱當時的「公職追放令」為行政處分，2 月 4 日在最高法院及 GHQ 示意下，東京地方法院撤銷此項假處分，平野確定遭到罷免，這次撤銷明顯是受到政治的壓力所致，另外，在公職追放中的公務人員，並不包含司法人員，這也是十分微妙的地方。這極有可能是 GHQ 用來換取司法機關配合政治的交換條件。

日本國憲法第七十六條規定：「一切司法權屬於最高法院及依法律規定設置的下級法院。不得設置特別法院。行政機關不得施行作為終審的審判。所有法官依其良心獨立行使職權，只受本憲法及法律的拘束。」日本政治體制中，司法權作為一種獨立於行政權、立法權之外的國家權力，其歸屬十分明確。不過，憲法並未對司法權的範圍加以規定。觀諸其他國家，司法權的界定依各國歷史沿革而有所不同。德國、法國等大陸法系國家所謂的司法，主要是指民事、刑事上的裁判作用，相對於此，英美法系國家對司法的界定則較廣，除對民、刑事之裁判外，尚包括對行政事件的裁判。

日本法院法第三條規定了法院的權限：「除日本國憲法有特別規定之情形外，法院有權就一切法律上之爭訟進行裁判，享有其他法律所規定之特別權限。行政機關不得為事前審判而妨礙審判。本法之規定不得妨礙由其他法律所設置在刑事案件上的陪審制度。」法院雖有權就一切法律上之爭訟進行裁判，但對於委託由立法機關、行政機關自由判斷事項與高度政治性問題，通說認為不得成為司法審查的對象，不過，關於議員資格的爭訟與議員懲罰權的裁判是其例外。但國會議員在國會內的言行則享有免責特權。

日本憲法的設計受美國影響，因此除了具有三權分立的特徵之外，最高法院還被賦予相當於美國聯邦最高法院所擁有的「司法審查權」(judiciary review)。一般而言，憲法是一國的最高法規，規定了國家機關的基本組織與政策的基本方針，一切的法律、命令、規則、處分都必須符合憲法。今日世界的趨勢，大多由法院來負責違憲事件的認定與處置。日本憲法第

八十一條規定：「最高法院為有權決定一切法律、命令、規則以及處分是否符合憲法的終審法院。」最高法院因此有權對國會之立法、行政機關之命令等，進行違憲審查，可以說是「憲法的守護者」。日本最高法院進行違憲審查的案例不少，例如 1973 年的「尊屬殺人重罰規定違憲判決」、1975 年的「藥事法違憲判決」、1976 年的「眾議院議員定數不均衡違憲判決」、1987 年的「森林法共有林分割制限規定違憲判決」、1997 年的「愛媛玉串料違憲判決」。值得注意的是 2002 年 9 月 12 日最高法院宣布，為了保障人民要求國家賠償的權利，因此認定限定國家賠償責任的郵便法違憲。在場的 15 位大法官一致同意現行法令違憲，是從森林法違憲判決後 15 年來第一次，顯示出日本司法機關逐漸由過去對政治過程不敢涉入的消極傾向，轉變為司法積極主義的立場。

日本司法制度雖然享有一定的社會聲響，但是其與經濟、社會，甚至民主政治之間一直存在著不協調的問題，例如訴訟案件持續的增加，法院和法官不堪負荷；訴訟效率低，案件審理過程漫長，國民不滿意；訴訟成本過高；法官人數過少；日本司法制度無法與國際接軌。

1999 年 11 月，設於內閣之下的司法制度改革審議會成立，2001 年提出司法制度改革審議會意見報告書，確立新一波司法改革的三大目標，分別是建構一個日本國民期待的親民、便民、適當、迅速處理、有效解決社會生活爭議的司法制度。大量增加法官、檢察官與律師等所謂「法曹」人數，引進美國法科大學院 (Law School)，提高司法考試合格人數，並且全面性改革日本法曹的養成制度，包括法學教育、司法考試、司法研習制度等。並且促使法官、檢察官與律師之間的人才交流。確立日本國民之司法主權，擴大日本國民的司法參與程度。

2004 年 5 月 21 日，日本國會通過「裁判員參加刑事裁判相關法律」，並在 5 月 28 日公布，從此日本的司法制度走向了一個新的發展。這也是日本首相小泉純一郎任內完成的一項重要司法改革。司法制度改革中變革較大，也較受矚目的部分就是採用「裁判員制度」，該制度類似於歐美的陪審團制度。

　　司法制度改革的背景是 1990 年後，企業界希望能加速司法案件處理的效率，以加速處理關於商業上的訴訟，並提升企業競爭力與活動力。1999 年，在自民黨主導下設置了「司法改革審議會」，開始進行改革的議論，內閣也在 2001 年設立了「司法制度改革推進本部」，除了考慮企業界的意向以外，也加入了「讓市民能接近司法」、「國民參加司法」等觀點，「裁判員制度」、「法科大學院」、「新司法考試」就是在這個考量下誕生的。

　　所謂裁判員制度，也就是刑事案件由隨機方式選出 20 歲以上的國民直接參加審判，決定罪的有無與刑的輕重的制度。事實上，過去日本在 1928 年到 1943 年也同樣實施過所謂的「陪審制度」，但因為二次大戰而暫時停止實施，戰後美國佔領軍本來要恢復陪審制度以利於日本的民主化，但日本方面表示該制度「不合乎日本的國民性格」，且「日本的民主主義尚未成熟」，因而沒有在憲法中明文規定。暌違了五十多年，陪審制度終於有了落實的機會，而以裁判員制度的面貌重現。

　　不過該制度在日本也是有不小的爭議的，爭議點除了陪審員的選擇方式與人數外，也牽涉到新聞自由的問題。法官、檢察官、律師在此制度的立場上也強烈對立。屬於官僚機構的法官與檢察官對於身為「外行人」的一般國民參加司法審判保持著頗為排斥的態度，而律師則是抱持較為開放的態度，並認為裁判員的數目應該盡可能增加。由日本律師組成的「日本弁護士連合會」，在政界召集由橋本龍太郎擔任會長的「裁判員制度推進議員連盟」，以實現其目的。同時，因為 2003 年 5 月發布的裁判員制度草案，對於新聞媒體報導與採訪裁判員，基於「禁止妨礙裁判公正」、「裁判員需要保守祕密」的理由而有所限制，導致日本新聞協會的反對，認為該制度迫害新聞自由。

　　不過整體來說，上述爭議算是相對較小，因此司法改革方案在執政的自民、公明兩黨協議下立法通過。該法規定審議刑事案件開庭時，原則上需要「職業法官 3 名、裁判員 6 名」，不過在被告承認起訴事實的簡單案件審理時，在檢方與辯方沒有異議的情況下，可減員為「法官 1 人、裁判員 4 人」來進行審理，與舊制度需要三位法官審理刑案有很大的差異。至於

裁判員的守密義務，在刑案審理結束後都一直存在，違反者必須處以五十萬日圓以下的罰金。裁判員在遇到生病、工作、看護、育嬰的情況下可以辭退，雇主也必須承認擔任裁判員的休假事實，此外，裁判員除了姓名與地址不公開，年齡、性別、職業還是會公開。

　　裁判員制度的實施，象徵日本法務官僚逐漸開放公領域讓民眾參與，這在戰後司法制度上算是很大的進步。此外，制度的改革也必須伴隨著人才養成的變革，因此日本在 2004 年 4 月 1 日成立了 68 所「法科大學院」，這是仿效美國的 "law school" 制度，擴大了法學人士的培養管道，不像過去僅限於大學法律系畢業生，更縮短學生的在學時間。由於法科大學院的設置，國家司法考試的項目與內容也必須隨著改變，「新司法考試」的實施是以法科大學院的畢業生為對象，與舊的司法考試併行實施，未來還會擴大報名者資格，確保在社會中有充分經驗，但卻未讀過法科大學院的人能踏足法律界，預計在 2010 年通過考試者一年約 3,000 人，讓有心從事法律工作的人能獲得更多機會。

　　日本內閣官房在 2004 年 11 月底設置了「司法制度改革推進室」，除了進行裁判員制度的推動外，還有日本國內法外語翻譯統一的作業、法律相關資訊的蒐集與支援。未來日本的司法制度也將由此邁向一個全新的領域。

話題　**日本司法制度的封閉性**

　　還記得日劇 "Hero"，由偶像明星木村拓哉與松隆子合演，故事內容是一個不按牌理出牌的檢察官久利生公平（木村拓哉扮演的角色），因為他的熱心以及富有正義感，屢屢破案，但是也經常造成長官或同事的尷尬。戲劇的張力似乎有點誇張，但是也間接地諷刺日本司法制度的封閉性。

　　日本司法制度的封閉性，其實是受制於日本長期以來「行政權獨大」的觀念作祟，由於行政部門擁有強力的「行政指導權力」，具有「統籌規劃、國家信用保證」特質之行政指導，不僅介入政府與企業的關

係，也破壞行政與國會的平衡關係，更造成司法權因此無法強力干涉行政指導的結果。如此一來，司法制度的改革往往成為「雷聲大，雨點小」的口號，一般民眾也只能透過 "Hero" 等偶像戲劇來自我滿足、自我陶醉。

從 1996 年以來，日本推動司法改革已經出現一些成效，尤其是法科大學院（類似美國大學的 Law School）的引進，改變日本培養法律人才的教育方式；裁判員制度（類似歐美國家的陪審團制度）的引進，提供日本民眾接近司法、參與司法的一個管道。

不過，推動日本司法制度改革的最有力力量是美國。1980 年代晚期，美國強力推動 OECD 會員國的「解除管制」、「鬆綁不必要的管制措施」等作為，主要目標之一當然是想盡辦法來開放日本的國內市場，讓美國金融機構、企業組織可以進入日本國內市場。日本在美國壓力下也就逐漸解除行政管制。而日本政府權力下放的結果，亦即日本政府進行行政指導的作為與特質出現質變，行政指導具有「國家信用保證」的特質逐漸消失，日本司法制度才有改革的機會。

第九章

地方自治

　　日本地方自治是日本政治比較受到肯定的一部分，然而日本地方自治長期以來卻被譏為「三成自治」，也就是中央政府利用預算經費的控管而掌握對地方政府的權限。這是一種中央集權的制度與觀念。在當前所謂全球化時代，中央集權制度反而難以有效因應，而地方政府為了擁有更靈活的因應能力，並且展現更豐富的地方特質，地方分權化的觀念與制度設計遂逐漸取代過去中央集權的看法與實踐。

一、地方自治制度的演變

　　明治時期日本政府的行政體系採中央集權制，中央政府掌控一切。1872 年「廢藩置縣」是日本近代地方制度的基礎，此時地方自治制度的建立，本來就是配合中央「集權國家」的需求。具體的說，府縣的知事隸屬於中央政府所派遣的地方機關官吏，不論人事、組織等各種事務都必須接受內務大臣的指揮與監督，因此地方團體的活動受到極大的壓抑。除此之外，中央也利用財政手段，如補助金、財政調整交付金，來統制地方。

　　二次大戰後，在盟總的主導下，日本仿效美國式的民主化改革，日本新憲法中特別設立「地方自治」一章，使民主政治能落實至地方。戰前掌管地方行政、警察、監獄等事務，且鎮壓大眾運動、取締思想、干涉選舉的「內務省」，因此在 1947 年 12 月被解體，相關的地方自治體業務則由地方財政委員會接管，1949 年改組為地方自治廳，1952 年改組為自治廳，1960 年自治廳合併國家消防本部而成立自治省。無論是地方財政委員會、地方自治廳或自治省，他們的權限皆被大幅限縮。同時，日本因戰後財政困難及嚴重的通貨膨脹等情況下，美國政府決定派遣蕭普使節團 (Shoup Mission) 到日本調查稅制，並提出課稅的合理化、民間資本的儲蓄、地方稅的擴充等意見。蕭普 (Carl Sumner Shoup) 及蕭普使節團提出的報告建議，對戰後日本地方自治建立有重大的意義與影響。他認為日本民主化的推進必須要有強有力的地方自治體的出現，日本宜依國 (中央)、都道府縣、市町村三級政府來劃分行政事務，而以市町村自治為優先，且透過明確的

制度設計來提高地方自治的效率與責任；而為加強地方財政，應讓三級政府擴大地方獨立財源，以及擁有獨立的稅收來源。

　　戰後日本中央與地方政府的關係，就在盟總和美國的壓力下走向偏重地方自治的法制化。但是受到國際冷戰情勢的影響，美國對日政策為之轉變，日本成為美國圍堵共產勢力的一環，取代日本民主化改革的優先順序。隨著盟總佔領時期的結束，日本政府也就逐漸恢復中央集權制。

　　1954 年 6 月日本政府全面修訂警察法，廢除自治體警察，將其收編為中央政府管轄、派駐地方的警察，修訂後的警察法幾乎與戰前的警察制度一致。1956 年 4 月日本中央政府廢除地方教育委員會遴選制度，教育權因此也中央集權化。1960 年代日本進入高度經濟成長期，中央政府更透過制度上的調整以及利益誘導的方式，例如行政指導、中央政府空降地方政府、行政省廳分配行政業務補助金等財政政策，藉此達到中央統制地方的目的。1960 年自治省的成立，使中央集權體制更加鞏固。這也是 1955 年自民黨「一黨獨大」體制形成以來，日本的中央集權體制，把戰後美國式地方分權的民主主義架空的過程。

　　戰後地方自治體制的法律基礎，主要是依據日本國憲法第八章及地方自治基本法。日本國憲法第八章地方自治只有四個條文，分別為：第九十二條所謂的「地方自治宗旨」：「關於地方公共團體之組織及其營運事項，基於地方自治之宗旨，以法律定之。」第九十三條：「地方公共團體依法律之規定，設置議會，為其議事機關。地方公共團體之首長、議會議員及法律所定之其他官吏，由該地方公共團體之住民，直接選舉之。」第九十四條的「保障地方自治權」：「地方公共團體有管理其財產、處理事務及執行行政之權限，並得在法律範圍內，制定條例。」第九十五條：「僅適用於一地方公共團體之特別法，依法律之規定，非經該地方公共團體住民之投票，並獲得半數之同意，國會不得制定之。」

　　其中，第九十四條本意是保障地方自治體的廣泛自治權，但將自治體的條例制定權限定於法律規定內，便是給予中央操控的機會。第九十五條表現出對地方自治體特殊性的尊重，然而由於此規定不夠明確，因此有許

多法律案應經住民投票決定,卻被解釋成不適用此條憲法規定而逕予執行。

另外,應特別注意日本國憲法中所謂的「地方公共團體」(Local Self-government),與「自治體」(Local Government) 實際上是同義詞,指的都是我們所謂的「地方政府」。雖然指稱的對象相同,但是內涵卻有差異,地方公共團體的說法更具有中央集權的內涵,因此在 1990 年代日本進行地方分權改革後,「自治體」這種賦予地方政府積極自主意義的詞彙才被廣為使用。

二、地方公共團體

「地方公共團體」是日本地方自治的法人主體,它可分為「普通地方公共團體」與「特別地方公共團體」兩大類。前者包括都道府縣、市町村兩級地方組織。後者包括特別區、地方公共團體組合、財產區、地方開發事業團等。

在普通地方公共團體方面,目前日本全國共有 1 個都(東京都)、1 個道(北海道)、2 個府(京都府、大阪府)、43 個縣,以及 664 個市、1,992 個町、576 個村。都道府縣在地域上是包含市町村在內的廣域公共團體,但在法制精神上,這兩級地方公共團體處於對等的立場。不過,由於知事在機關委任事務上,對市町村長有指揮命令權,且市町村在行政上不得違反都道府縣的行政事務條例,因此這兩種團體在實際政治運作時,存在著上下的階層關係。

市町村的市可再分為「政令指定都市」、「中核市」、「一般市」三種。所謂政令指定都市是指,人口達 50 萬以上,依政令承認具有事務分配與財政上特殊權力之都市。政令指定都市受中央主務大臣而非地方知事之行政監督。目前共有大阪、京都、名古屋、橫濱、神戶、北九州、札幌、川崎、福岡、廣島、仙台、千葉等 12 個政令指定都市,這些政令指定都市的實際人口數多在 100 萬上下,擁有來自都道府縣轉移之社會福祉、衛生與都市計畫等 18 項行政事務的權限,並受中央政府的行政監督。至於其他都市,

如浦和市、靜岡市等則正朝此方向改制中。

中核市成立的基本條件是，該市人口達 30 萬、面積達 100 平方公里以上，且晝夜間人口比例達 100% 以上，此外，必須獲得所在都道府縣政府之同意，將都市開發、住宅規劃、空氣污染、設置衛生所等 300 至 600 多項事務，移交委讓給該市。至 2002 年時，日本全國共有 36 個中核市。

在特別地方公共團體方面，「特別區」只適用於東京都，不同於大阪市之類所設置的行政區。「特別區」原則上具有相當於「市」的法人格，但是與一般市町村不同的是，特別區在行政、財政面的自治權受到上級地方公共團體較大的制約（例如固定資產稅原屬市町村的財源，但在東京都則是由東京都政府徵收後分配各特別區）。目前東京都內共有 23 個區，區內人口從千代田區的 4 萬，到世田谷區的 79 萬，總人口數是 800 多萬。

此外，特別地方公共團體還有所謂的「地方公共團體組合」、「地方開發事業團」。由於人民生活範圍的擴大，許多公共事務不能由個別的市町村單獨處理以獲得解決，因此，朝向跨越單一地方自治體區域的「廣域行政」，便有「地方公共團體組合」、「地方開發事業團」之類共同處理事務的制度設計，這在 1960 年代以後成為廣域行政的主要方式。這些共同處理的方式，大多因為無法納入住民直接選舉、請求、議會統治等民主制度，不受居民控制而備受批評。地方自治法修正後，新設之廣域聯合，也屬於特別地方公共團體之一種，經由選舉產生議員及首長，可直接從國家授受權限之移讓。居民有罷免首長與解散議會的請求權，其獨立性高於「一部事務組合」，但實際上幾無行使罷免或解散的實例。

三、地方分權體制

盟總一連串民主化的改革，給日本政治帶來相當大幅度的變化，內務省的廢止和（都道府縣）知事（相當於我國縣市長）直接民選制度的採用，改變明治維新以來中央集權式的「國家統治」體制，確立了地方「市民自治」的架構。都道府縣分成兩個獨立自治體，分別是直選的知事，以及民

選議會代表所組成之議會，兩者皆成為可獨立處理事務的自治體。市町村
的改造亦如此。

　　依當時美國顧問「蕭普勸告」原本的設計，是將事務、權限分別配給
三級政府，即國（中央）、都道府縣、市町村，明確地劃分各自的主管事務。
然而因當時經濟社會秩序相當混亂，加上日本中央政府仍欲獨攬大權，便
藉口對地方直選知事的不信賴，將大半的事務仍歸為國政事務，再基於個
別法律或政令，將知事、市町村長及各種行政委員會，定位為國家「機關」
而委任執行，也就是現在所稱的「機關委任事務」。儘管新憲法保障地方自
治，實際上中央仍透過法律與行政指導、財政上的補助金、中央官員空降
地方的人事安排等方式，控制著地方行政，地方議會的權力也明顯地在地
方首長之下。

　　就法律面而言，「機關委任事務」原本不屬於受委任機關的事務，因此
執行時須受監督，即主管大臣對於知事、知事對於市町村長監督，但實際
上很難明確劃分地方委任事務和固有事務的界限。再就財政面而言，機關
委任事務的總量約佔府縣事務的七成、市町村事務的四成。而地方自主的
財源不足，中央補助地方的財源只有三成，卻要處理事務總量七成的機關
委任事務。而地方為了爭取中央更多的補助金，自然願意接受中央各省廳
對地方的人事任命，即所謂的「官員空降」。如此一來，地方自治體仍舊是
中央的地方機關，戰後分權體制雖然在形式上有所改變，但是仍延續了戰
前體制的本質。

地方自治事務方面

　　地方自治體的事務可略分為地方固有事務與委任事務兩類。前者包括
公共事務與行政事務，都是自治體本來應執行之事務。委任事務可再分為
團體委任事務與機關委任事務兩種。公共事務是指以非權力的方式，以增
進住民福祉為目的的事務。行政事務是指以公權力去除社會惡害的警察作
用的事務。團體委任事務與機關委任事務，在事務性質上都包含公共事務
與行政事務的性質，兩者的差別在於後者專指原屬中央而依據法律或政令

委任給知事或市町村長的事務。

在地方財政方面，地方政府的歲入項目主要有地方稅、地方交付稅、國庫支出金、地方債等。其中地方稅由地方政府自行徵收，屬自主財源，主要稅目為住民稅（個人所得稅與企業營利稅）、固定資產（如土地等）稅等；而地方交付稅、國庫支出金、地方債等是由中央交付給地方的財源，屬依賴財源。地方稅的收入近年來只佔地方總收入的 40% 左右，也就是說約有 60% 的財政收入是依賴中央的補助及交付。換言之，在這種地方財政的結構下，地方政府為爭取更多的財政補助，只得跟著中央的腳步走。

補助金包括一般補助金（地方交付稅）及特定補助金（國庫支出金）。地方交付稅是為了平衡地方稅收差距過大而造成行政品質良莠不齊的一種財政設計。對於經濟力弱、地方稅收少的地方而言，是相當重要的財源。地方交付稅的來源是國稅的一部分（所得稅、法人稅、酒稅的 32%、消費稅的 24%、香菸稅的 25%），其分配計算由自治省負責。地方交付稅中的 6% 屬於為協助地方自治體應付重大災害等特別事件的「特別交付稅」，其餘 94% 皆為「普通交付稅」。

國庫支出金分為三種：(1)國庫委託金，對原本屬中央所管事務，為求行政效率，必須交付給地方政府執行者，由中央全額補助。例如對國勢調查與國會議員選舉之補助；(2)國庫負擔金，對屬中央與地方的共同事務，由中央負擔一定金額。例如對義務教育教師薪資與交通建設之補助；(3)國庫補助金，地方自治體事業中，被認為有必要全國性地推動者，基於減輕地方財政負擔的考量，由中央斟酌補助。例如對農業產業構造之加強與地方道路之改善等事業之補助。國庫支出金佔地方自治體歲入的比例，在戰後曾經超過 20%，然而自 1985 年（昭和 60 年）以後，由於中央採取削減補助金的策略，因此其比例已降至 15% 左右。

如同國庫補助金，都道府縣對市町村特定經費支出的補助稱為「都道府縣補助金」。這是從都道府縣所獲得中央國庫補助金下分來的。

在地方人事方面，以 1993 年（平成 5 年）為例，共計 22 個道府縣的副知事，以及四成左右府縣部長級以上的職位，是由中央各省廳的官員出

任。諸如，自治省官員出任副知事、總務部長；建設省官員出任企畫部長、土木部長；通產省官員出任工商部長；厚生省官員出任福祉部長等。中央公務員出任地方政府職務的現象，雖說是依地方政府方面的要求，實際上乃是根據中央各單位的「本位主義行政」所做的職務分配。

日本的住民自治

　　所謂住民自治，是指地方社會中，關於公共的問題由地方居民自己來進行決定、處理並負其責任的一種自治、分權的理念。住民是地方自治的主體。20 歲以上，在該自治地區連續擁有 3 個月以上的戶籍就擁有選舉權。25 歲以上則擁有議員與市町村長的被選舉權，30 歲以上則可參選知事。除了憲法中所規定的地方行政首長與議會議員由地方居民直接選舉產生之外，地方自治法中，還規定了許多體現住民自治精神的直接民主制度，這些制度包括：「住民投票」、「直接請求」、「住民監察請求與訴訟」等。

　　直接請求制度範圍很廣，舉凡條例的制定存廢請求、事務的監察請求、議會的解散請求、以及地方政府要員的解職請求。不過地方稅的課徵、使用費、手續費不適用於直接請求。條例制定請求需要自治體內有選舉權者五十分之一以上的連署，交由議會表決決定。議會解散與議員、首長、地方政府的農、漁業委員的罷免案，需要地方有權者三分之一的連署，有效票超過半數則成立。而其他的地方政府要員之罷免案，則因其非由選民選舉產生，因此在經由三分之一有權者連署，投票半數通過後，還是要交由議會三分之二出席，四分之三同意才能成立。

　　直接請求中的事務監察請求與住民監察請求常被搞混。根據地方自治法第七十五條之規定，事務監察請求需要該自治體內有選舉權者五十分之一以上的連署。範圍包括所有事務類項目。住民監察請求則是依據地方自治法二四二條，提出申請的住民不論其選舉權之有無，皆擁有請求權，且一人即可發動請求權。請求之事項以財政、會計上的不公正行為為限。提出請求後，若對監察委員與職員之處理不滿時，得向法院提出訴訟，要求損害賠償。

地方政府可以在住民投票過半數的同意下，依據憲法第九十五條，可實行僅限於該地方自治體內的特別法。且依據地方自治法第七十六～八十五條，地方議會的解散，議員、地方政府首長的罷免可經由地方住民過半數投票同意而決定。住民投票可彌補地方代議政治的不足，也將難以解決的爭議點交由住民決定。例如住民要實行直接請求權中的條例制定時，若是與議會的條例提案相左，則可以交付住民投票表決。

四、地方自治的變形

戰後日本新憲法雖特別規定了地方自治一章，但地方自治的運作情況實際上可說只是「架構改革」、「三成自治」而已。在財源方面，地方政府依附中央財政的援助，易受中央財政方面的緊縮影響。在地方政府執行事務方面，必須依照中央基準執行的「機關委任事務」，佔都道府縣事務量七、八成，佔市町村事務量四成左右。並且地方必須服從中央省廳之行政指導，亦即中央藉「指導」達到「統制」的目的。統制手段如國庫支出金、許認可權、訓令・通達等行政指導，皆阻礙地方的自立。再者，在自治權方面，即使有自主制訂條例的權限，亦因沿用中央既存條例而有劃一化的傾向。

由於地方自治的推行長久以來存在許多困難，因此如何落實憲法中地方自治的精神，也就一直成為行政改革中的主要議題之一。從 1960 年代後半開始，就有所謂的由公害污染所引發的「居民運動」及「革新自治體」的出現，這股由下而上的改革要求，隨著日本經濟在 1980 年代進入安定成長期，並加快國際化，而逐漸成為朝野的共識，並且成為 1990 年代日本進行地方分權化主要的推動力量。

1990 年代初期，由於選民強烈要求政治改革的力量，新興政黨，例如日本新黨等，紛紛提出「地方分權化」的主張來區隔其與自民黨或社會黨的不同。1993 年日本新黨的細川護熙成立聯合政府，並取代自民黨的長期一黨執政。細川政權除了積極推動政治改革外，在行政改革方面於 1994 年 1 月設置「行政改革推進本部」，討論地方分權等議題。自民黨重新執政後，

儘管對於地方分權化有不同的意見，但是在選民的壓力下，自民黨還是持續推動地方分權化的改革。1994 年 12 月日本政府決定「地方分權大綱」，1995 年 5 月 15 日，日本國會決議通過「地方分權推進法」，正式將地方分權運動條文化。但此法案僅具「宣言」性質，且需五年的時間來進行。但在市民社會，國民主權等理念盛行的今日，民間要求改革的力量仍是不可忽視的。

　　1999 年地方分權法及相關法案成立，日本中央政府與地方政府之間的關係從過去的「上下、主從」改為「對等、夥伴」關係，並且在 2000 年 4 月 1 日實施。地方分權改革的第一個作為是「廢除機關委任事務」，透過法令規定之機關委任事務，其實是確定中央政府作為地方政府之「上級機關」，如今廢除這些事務後，地方自治體的責任在於自治事務，至於中央省廳透過法令委託地方自治體來執行者稱之「法定受託事務」。其次則是設立「國地方系爭處理委員會」（日文原文），也就是設立第三者機關來處理中央政府與地方公共團體之間的法律紛爭。該委員會設置於總理府，共有五名委員，須經由國會同意後，再由總理任命，任期三年。該委員會可以針對「違法的」地方自治事務或是「違法的」法令受託事務等事件，向相關的行政省廳提出勸告，相關行政省廳則必須提出說明或是進行必要的處理。自治體若有不服的情形，可以向高等裁判所提出訴訟。第三則是尊重地方公共團體的行政組織自主權以及課稅自主權。

小泉政府推動「三位一體改革」之分析

　　2000 年日本通過「地方分權一括法」，大幅擴大地方政府的權限，不過在地方事務所轄範圍擴大的情況下，財政仰賴中央政府的舊態，依然沒有改變，因此地方政府仍未脫離「三成自治」的詛咒。而小泉純一郎推出的三位一體改革，說得很漂亮，可以讓地方政府自立的良方，並能夠讓地方擺脫自明治維新以來的中央集權體制。

表 9-1　地方分權推進法之內容與特徵

地方與中央在角色上的分配
（中央） ・國際社會中為維持國家一貫性之必要事務 ・國民的各種活動・地方自治的基本準則等相關事務由全國統一訂定 ・從全國的觀點來看必須由國家實施的政策・事業 -- （地方） ・地方上居民的行政事務交由地方公共團體處理
權限的委讓
・依照中央與地方間角色分配的原則，將權限委讓給地方
國家對地方的干涉行為及必置規制
・中央對地方的干涉行為及必置規制應調整
機關委任事務
・中央委任給地方政府機關執行事務應調整
稅制、財政
・為確保地方能夠自主且自立地處理各種事務，應配合中央與地方間權責分配的比例，分配財源，以確保地方財源的充足 ・中央交付給地方的負擔金、補助金等支出金應調整
委員會
・總理府設置「地方分權推進委員會」 ・向內閣總理大臣提出關於實施地方分權推進計畫的具體方針 ・監督地方分權推進計畫的實施狀況，並將結果連同建議事項向內閣總理大臣提出勸告 ・委員會由七位委員組成 ・委員從學者專家中遴選，經參眾兩議院同意由內閣總理大臣任命
法律
・公布之日開始，四個月內施行 ・從施行日開始五年後失效

　　2003 年日本眾議員大選結束，第二次小泉內閣成立，小泉純一郎的「結構改革」進入最後三年的完成期限，其中最有可能招致失敗的部分，就是關於中央與地方財政的「三位一體改革」。因為這個改革所遭遇的抵抗是全面性的，更挑戰到所有政黨的支持基礎。

　　三位一體改革，是為了推動地方分權、促進國家與地方的行政效率化、

財政健全化的改革。三位一體這個說法是假借了基督教的用語，而實際上是指「中央對地方的補助金」、「中央給的地方交付稅」，「中央稅源移轉給地方」等三個方向的財政改革。由於財稅的改革牽涉到政策最根本，也就是「錢」的問題，因此所有有關中央與地方政府的政策都會有相當大的調整，包括各種公共建設、教育、社會保障等層面，所以問題不單單只是錢的問題，還包括了許多地方政策的存續與否。

把層次拉高來看，這改革所影響的是中央各省廳對地方的控制，以及身為中央與地方利益協調者——自民黨族議員的生存。不過很諷刺的，針對這所謂三個方向的財政改革，阻礙改革的勢力也有三個，並「有志一同」的成為反對改革的力量。這三個勢力就是「審議會」、「中央省廳官僚與族議員」、「地方首長與基層民代」。

正如同小泉構造改革中的個別改革，均設立「審議會」作為改革的諮詢機構，三位一體改革也不例外，只是這個改革相關的諮詢機構就有三個，分別是由西室泰三（東芝會長）擔任議長的「地方分權改革推進會議」（以下稱推進會議），由諸井虔（經團連副會長）擔任會長的「地方制度調查會」（以下稱調查會），以及首相小泉純一郎擔任會長的「經濟財政諮問會議」（以下稱諮問會議）。這三個組織，在 2003 年 5 月決定改革方針的討論過程中，產生了相當分歧的意見，導致各說各話，已經預言著未來三位一體改革的進展將是非常的不樂觀。

分歧的開始是在推進會議中，針對稅源移轉的問題，在多次爭議下做出了「先進行補助金與交付稅的削減，稅源移轉要在增稅以後才進行」這個完全不顧地方財政的決議。而調查會與諮問會議對此則表示稅源移轉問題必須先處理，與推進會議立場相反，但是在交付稅的立場，諮問會議與調查會又處於對立。在小泉政權的結構改革中，數個諮詢機構彼此對立的情況也是頭一遭，原因無他，當初會設立這麼多個諮詢機構，正是由於「三位一體改革」所涉及的層面太廣，從公共建設（包括道路建設）、義務教育、兒童福利、農業等政策，到與稅有關的稅源、稅率等所有問題，都在三位一體改革的範圍內。因此要理出一個改革方針，就已經是大工程了，更不

用說牽涉範圍越廣，招致的反對力量就會越大的關鍵問題。

　　過去日本的地方自治被譏為「三成自治」，指的就是地方財源不足的問題，有七成的財源都是中央補助，也因此補助金的削減等於是讓各省廳的權限被嚴重壓縮，進而影響到業界與族議員的利益。過去維持自民黨長期政權的基礎，最主要的部分就是由補助金所構築出的既得利益，反抗改革的「抵抗勢力」將會進行前所未有的抵抗行動。

　　問題不僅僅是中央的官廳與議員的反對，都、道、府、縣、市、町、村等地方自治體的首長，面臨的是更嚴酷的考驗。2003 年 6 月推動改革相關的諮詢機構決定了補助金削減的方針，即「2006 年以前削減補助金 4 兆日圓，並將縮減的補助金 7～8 成的稅源移轉給地方」。為了進行這個目標，小泉內閣已經指示了 2004 年補助金削減一兆日圓的方針，並將香菸稅（約 5 千億日圓）移轉給地方，削減的部分比轉移的多，這樣等於是讓地方財源不足的現況更加嚴重。以至於地方六團體（全國知事會、全國都道府縣議會議長會、全國市長會、全國市議會議長會、全國町村會、全國町村議會議長會）發表共同聲明書表示反對。

　　不同於「族議員」等利益共同體的抵抗，地方首長中有不少形象清新的改革派知事，也反對目前的改革方針，例如田中康夫、片山善博、淺野史郎、增田寬也等都是目前普遍受到民眾支持的首長。換句話說，三位一體改革所遭遇的「抵抗勢力」，除了舊有的既得利益結構之外，還有新興的地方改革派勢力。三位一體改革遭遇這樣空前的阻礙，說這是小泉政權結構改革中最有可能招致失敗的改革也不為過。2004 年底，日本政府正為了三位一體改革中，義務教育費的問題吵的不可開交，而自民黨內反對改革的聲音佔了絕大多數，連向來與小泉親近的自民黨重量級人士也公開反對，當前情勢彷彿顯示了三位一體改革失敗的前景。

市町村合併

　　日本的「市町村合併」已經有多年歷史，從明治大合併、昭和大合併、到現在正在進行中的平成大合併，都是為了增進行政效率、減少財政支出、

促進地方分權、完善地方服務等理由而進行的。

　　明治大合併是在日本明治維新後，政府為了推動近代地方自治制度「市制町村制」而實施的，這個制度消除了自江戶時代以來就存在的自然集落，並能夠更加方便中央政府進行對教育、徵稅、土木建設、救濟、戶口等行政事務的處理。地方自治單位根據 1888 年（明治 21 年）6 月 13 日內務大臣訓令第 352 號的「町村合併標準」，來進行全日本的町村合併，結果在 1889 年把日本的「町村」數目減少到原來的五分之一，也就是由 71,314 個「町村」減少到 15,820 個，並新設了 39 個「市」。此後隨著都市化的進展，町村的數目就一直減少，而市的數目則逐漸增加。

　　到了二次大戰後，日本新憲法中關於地方自治的規定改變，因而使得新制中學的設置管理、市町村消防和警察的創辦事務、社會福利、保健衛生等新事務，都被規定為市町村的事務。在提升行政效率的考量下，也認為有必要將地方政府的規模合理化。根據 1953 年（昭和 28 年）的町村合併促進法以及 1956 年（昭和 31 年）的新市町村建設促進法，規定町村至少要有八千人以上的規模。因此町村數在這次大合併後，到了 1961 年市町村數大體上只剩三分之一，町村數由 10,505 減至 3,472 個，市則由 210 個增加到 556 個。此後日本的市町村合併特例法經過多次修改，使得地方政府數量逐漸減少，到了 1995 年 4 月，日本有 633 個市、1,994 個町、577 個村。

　　平成年間，日本為了促進地方分權，而成立了地方分權推進法，此外地方自治法也做出修改，再次進行了地方政府市町村的一波合併，日本政府為了加速合併的推動，設定合併的市町村目標數為 1,000 個，並以財政為誘餌獎勵合併，也因此招來這是扼殺地方的自主性，而違反合併特例法精神的批評，更使得地方政府的反對聲浪由此而起。目前「平成大合併」是否能達到預定目標還是未知數。

東京首都功能轉移等問題

　　首都的設定需考量政治、經濟、戰略等因素，原本就具有相當特殊的

政治意味，特別是首都設定後將衍生的國土綜合開發計畫，以及中央與地方關係的調整。但是在最近十多年來，由於受到全球化的影響，首都機能的調整也逐漸受到學者專家的討論。作為首都的單一都市，卻必須承擔相當複雜的政治、經濟、戰略等功能，反而有可能影響公共利益的提供與滿足。日本早在 1970 年代即已注意到「東京一極化」的後遺症，例如大量的人口集中東京，大量的資源也因為經濟發展之需求而集中於東京，東京地區負擔相當繁重的壓力，例如交通、居住品質、環境保護等；同時也造成日本其他鄉村地區逐漸出現人口外移、欠缺足夠的就業機會等後遺症，城鄉差距越來越明顯；再加上中央部會地區駐紮在東京，又進一步促使東京必須負責大多數的政治與行政交換機能，更強化人口與資源向東京集中的趨勢。

日本早在 1977 年第三次全國總合開發計畫即已注意「東京一極化」的問題，並且提出「首都機能分散」作為國土政策的一個重要主張，希望透過國土開發計畫的方式，以新的都會地區來取代東京。然而，這樣的主張容易讓人聯想到政治人士企圖藉此謀取「尋租」(rent-seeking) 特權與利益，特別是新的都會地區為了滿足特定的首都機能，需要大量地興建公共建設，包含官廳建築物、官廳內部的裝潢與儀器採購、中央政府公務人員的居住環境等，這些公共建設計畫有可能被自民黨內部特定的利益團體，例如建設族、國土族等國會議員，聯合相關的產業組織而謀取利益，因此，首都機能分散計畫一直無法獲得多數民眾的信任與支持。

1978 年東京近郊的伊豆地區連續發生地震，以及 1995 年阪神・淡路地區亦發生大地震，日本國會嚴肅地討論大地震等天然災害對於類似東京之巨大都市地區的影響，其中為避免國會與行政機構因為大地震等天然災害而造成無法運作的結果，首都機能分散論的討論焦點遂擴大為三點，分別是：⑴國政全盤性的改革契機；⑵解決東京一極化的缺失，特別是中央政府機構過於集中東京，民間企業管理機構也集中在東京。⑶強化對天然災害的應變能力。而阪神・淡路大地震更顯現一個令人困擾的問題，就是單一城市實在無法有效行使大規模災害的危機管理能力。

　　日本積極討論首都機能分散的原因，除單一城市無法有效處理大規模災害外，還包括因為 1990 年代日本經濟泡沫瓦解後，東京地區一極化的現象不僅更加明顯，拉開東京與其他地區的城鄉差距，東京居住品質也因為人口過度集中、空氣污染、交通擁擠、通勤時間與距離的拉長等後遺症逐漸為人所詬病，涉及到東京地區的公共建設成本也提高，東京地區一公里高速道路的建設成本幾乎是其他地區的十至三十倍。經濟失調問題與生活環境惡化後的影響，導致東京地區出現少子化的現象，新增加的人口數字有下滑的趨勢。也就是說，儘管東京作為日本的首善之都，卻也導致東京本身都市機能的失衡。因此，首都機能分散論的提出，其實也是協助東京地區解決這些現實的問題，成為日本整體的國土規劃之一環。

　　更重要的是，東京分散作為首都的部分機能，例如遷移中央省廳行政機關或是國會機關前往其他地區，最實質的意義在於改變中央與地方的關係，並且拉近東京與其他地區之間的差距問題。中央省廳或是國會也可以因為轉移其他地區，而更了解日本其他農村地區的真實面貌，賦予地方自治體真正的自治權限，使中央與地方政府共同協力農村與都會地區的差距問題。

話題　地方改革派

　　這年頭，大家都在說「改革」。

　　小泉純一郎首相從早到晚不斷地說「結構改革」；多位都道府縣知事，相當於我國縣市首長，也以「改革形象」著稱。鳥取縣知事片山善博、岩手縣知事增田寬也是最早掀起這一波「地方改革派」的先驅，長野縣田中康夫、宮城縣淺野史郎則是此波地方改革派的明星人物。地方改革派除了個人卓越的政績之外，最主要的特質在於他們提出新的觀念來調整中央政府與地方政府的關係，其中又以田中康夫最具有代表性。

　　田中康夫是作家出身，他競選長野縣知事的政見就是「脫水庫宣言」，亦即，田中康夫反對那些沒有必要的公共建設方案。由於長野縣

承辦 2000 年冬季奧林匹克運動會，興建許多體育館、體育場與配合的公共建設，例如道路、公園等。中央政府願意出錢興建這些公共建設來舉辦奧運會，可是等到奧運會結束後，長野縣政府卻必須承擔日常維護的相關費用，至少包括了水費、電費與人事費，造成長野縣政府嚴重的財政負擔。在這樣的背景下，田中康夫競選長野縣知事，進而提出「脫水庫宣言」，反而成為田中康夫造勢的手段，並且批評中央政府往往提出過多、且沒有必要的公共建設，美其名是拉近城鄉差距，其實是一種預算的浪費，是一種環境的破壞，是一種不尊重地方自治的行為態度。長野縣民接受了田中康夫的訴求。

田中康夫的當選，除長野縣民的支持，也顯示日本民眾愈來愈願意接受具有改革形象的無黨派人士，後來的千葉縣知事堂本曉子、櫪木縣知事福田昭君等人，幾乎採取同樣的選舉策略——調整中央政府與地方政府的關係，或是強調住民自治的落實。

長久以來，日本地方知事的出身，大多數是來自中央行政機構的官員。這些官員也許是退休後先轉任地方副知事，再繼承原任知事的志業，尋求地方選民的支持。當然也有現任的行政官員來到地方政府服務多年後，隨即投入選舉活動而當選地方政府知事。不過，這些出身於中央行政機關的地方知事具有一個相當特殊的優勢，因為他們曾經任職於中央政府，非常熟悉中央政府如何透過委任事業與財政補貼等手段來控制地方政府，甚至他們前往地方政府就是替中央政府處理這些事項。說好聽一點，他們可以向中央政府打交道；另一種說法就是，他們是中央政府延伸到地方的機器手臂。也因為地方知事多數曾經服務於中央行政機構，中央政府才能更順利的支配地方政府。

「改革派知事」在投入選舉時，往往被批評為沒有行政經驗，沒有中央政府的人脈關係，政不通，人不和，怎能做好地方知事的工作呢？然而，改革派知事當選了，這也顯示出日本住民自治的發展將會更快速地進行。

第十章

利益團體

利益團體對日本政治運作具有相當重要的功能。利益團體指的是為共同利益所聚集的組織，他們以影響政策及政治過程來達到自己的目的。日本國會議員的行動多半是受利益團體所驅動，特別是日本利益團體與自民黨接觸的比率比其他政黨高了一倍以上。由自民黨長期執政的情形，可見利益團體對穩定執政權的深遠影響。1990 年代日本選民強烈要求日本進行政治改革，最主要的因素之一就在於日本利益團體過度涉入政治運作，進而對日本政治產生嚴重的傷害。

一、 利益團體的發展

日本的利益團體之雛形，是在明治維新後以產業公會形態為主的團體，組織內的統制力較弱，多半缺乏自立性，為政府政策代言者居多，例如大日本農會、大日本佛教會、帝國鐵道協會、造船協會。1917 年成立的「日本工業俱樂部」是日本第一個「財界」團體。1922 年出現了第一個以企業主為核心的「日本經濟聯盟會」。此外，由於社會運動的蓬勃發展，製鋼勞動組合、日本交通勞動總聯盟等勞工團體也相繼出現。但因為二次大戰的爆發，產業界團體全部被整併由國家機器控制，以作為「增產報國」之用，使得二次大戰前的日本團體，國家統合主義的色彩濃厚而缺乏自主性。

二次大戰後，美國佔領軍為了促進日本的民主化，將控制內政最大的行政機構——內務省予以解體，原本在戰時因該省管轄下而強調國家統合的「御用」團體也不再受控制而重新復活，並促成了各類型利益團體的大量興起。最具代表性的例子就是在 1946 年成立的日本最大財界團體「經濟團體連合會」（經團連），以及最大農業組織「農業協同組合」與中小企業協同組合。雖然這些組織是延續戰前的形態，但其自立性與民主性是無可比擬的，日本的利益團體也進入一個全新的時代，自民黨長期執政的五五年體制其實就是經濟性利益團體在背後醞釀與操作的結果。

1960 年代起經濟快速成長後，工商業繁榮與生活水準的提升更加速了利益團體的多元化發展，除了各種產業與專家團體以外，還出現了大量

的消費者團體與市民團體。1970 年代是日本社會產生遽變的時代，資本自由化、日幣升值、高齡化問題逐漸浮現，在 1973 年石油危機後，產業結構與社會的轉變，以及政府稅收不足產生了「財政零和化」，刺激了利益團體要求政府改革的聲浪，從此以後，利益團體對政治或政策的影響力逐漸增加。

利益團體對政治或政策的影響力可說是雙刀刃的效果。利益團體能夠影響政治運作或政策制定，的確是民主政治最具體的一個表現；但是利益團體利用其豐沛的人才與資金來影響政治或政策，其實也造就了金權政治的形成與弊端。1990 年代以來日本選民愈來愈不滿意自民黨統治下金權政治的惡質化發展，他們因此提出政治改革的壓力甚至迫使政治人士開始嘗試釐清政治與金錢之間應有的界限。由於金權政治的網絡關係非常嚴密，至今為止，日本依舊持續改革因利益政治所衍生的各種弊端。

從政商利益的特徵上來分類，在政治上影響力較大的利益團體主要有以下幾種：

工商業界利益團體

這是利益團體中影響力最大的團體。除因工商業界有雄厚的政經資源之外，他們在工業化國家中對一國國力增長、經濟發展、技術革新等層面都有實質的影響力，這使得政府決策部門非常重視工商業界的政策態度。

日本工商業界利益團體又可分為三個層次，最上層的是「財界」四團體：日本經濟團體連合會（經團連）、日本經營者團體連盟（日經連）、日本商工會議所（日商）、經濟同友會（同友會）。1946 年成立的經團連可說是日本財界的代表，經團連會長也有著「財界總理」的稱號。經團連主要是由大企業出資維持運作，其組織內設有經濟、產業、能源等 30 多個委員會，針對各種經濟議題甚至政治議題進行研究，並且提出建言。經團連亦建議團體內企業成員對政黨的政治獻金方向，使得經團連對政界的影響力超越其他所有利益團體。

日經連是以經營者立場處理勞工問題的全國性組織。作為維護企業主

利益的團體，並且用以對抗勞工運動組織，故被稱為財界的勞資對策參謀本部，日本的勞資政策和勞資立法大多是在日經連直接參與下制定的。日經連的成員包括地方企業主團體和行業經營者團體，下屬會員公司的職工約佔日本僱用工人總數的三分之一，目前擁有包括鐵鋼聯盟等六十個企業主集團，四十七個都道府縣經營者協會，總計有一百零七個會員。日經連擬定的勞工政策對日本的勞資關係具有重要的影響力，尤其是對日本工會每年一度為提高工資而進行的「春鬥」，日經連經常提出具有關鍵決定性的對策。

「日商」是日本歷史最悠久的全國性經濟團體，1878 年東京、大阪、神戶等地成立「商法會議所」，是為「日商」的前身。1982 年，日本全國各地 15 個商業會議所合組「商業會議所聯合會」，確立「日商」運作的雛形；1922 年「商業會議所聯合會」改組為「日本商工會議所」，設立常設機構與祕書處。二戰結束後，日商一度加入經團連，1952 年藤山愛一郎恢復公職以來，為追求「日商」的獨立性以及不滿經團連的政策主張，遂帶領「日商」脫離經團連而獨立門戶。

日商是日本各地商工會議聯合會的聯合組織，成員大都是中小企業，各市町村的商工會議所為其團體會員，以振興地方工商業和促進發展國民經濟為主要目的。目前日本全國有 526 個商工會議所基層組織，包含地域性、總和性、公共性、國際性等四大特徵的會員組織，會員總數超過一百六十二萬。

經濟同友會則是財界主要領導人物以個人身分組成的團體，專門負責經濟政策的研究與制定，被稱為財界的參謀本部。經濟同友會成立於 1946 年 4 月，當時日本正陷入戰爭結束後的經濟混亂，部分經濟界人士被解除公職，工人運動崛起，一批年輕企業家成立經濟同友會，且提出企業經營民主化方針，建立有工會代表參加的企業經營協議會等激進主張。經濟同友會成立後，主要關切的議題為提高國民生活，實現良好經濟社會。

1994 年對 247 個全國性利益團體實施的輿論調查中，經團連、同友會、日經連、日商在 20 個對政治過程影響力最大的團體中分別排名第 1、

2、4、5 名。經團連在 2002 年與日經連合併，改名為日本經濟團體連合會後，實力更加強大，穩固了「財界總代表」的地位。

　　中間層次的工商業界利益團體是全國特定行業所組成的產業公會，例如日本鋼鐵聯盟、日本石油聯盟、全日本造船、日本汽車工業協會等，這些中層利益集團對政治事務的發言權，僅限於政府相關經濟政策方面，因此交涉對象為執政黨的政調會與中央政府相關省廳。最下層的則是由中小企業組成的團體，這些團體是在政府的法令規定下建立的，例如 1957 年根據「中小企業團體法」建立的中小企業團體中央會，1962 年根據「商店街振興組合法」建立的商店街組合聯合會等。由於日本的中小企業與大公司競爭經常處於不利地位，因此中小企業聯合成利益團體以資對抗，其組織規模與實力遠不如中上層的工商業利益團體，但是目標更為單一，通常是為了某一行業，甚至是某一特定地區的具體目標結合而成。由於中小企業團體這種由上而下的組織方式，一方面決定了中小企業團體與行政機構間的密切聯繫，另一方面也使中小企業團體帶有明顯的政策受益性團體的色彩。

　　工商業界利益團體主要從行政與立法兩方面影響政府決策及政治。就行政方面來說，日本利益團體主要透過團體領袖與各大臣、高級官僚的私人關係，以及派代表直接參加政府的諮詢機構，如審議會❶，等方式發揮影響力。就立法方面來說，最根本的方式就是在國會議員選舉時，捐獻政治獻金給政黨或特定候選人，並利用原有組織網絡集票動員，支持甚至直接推派政策主張符合其利益的候選人，建立國會中的勢力。這是組織規模較大、凝聚力較高的經濟團體影響決策過程的主要戰略。除此之外，經濟

---

❶　審議會是日本政府各省廳的重要諮詢機構，許多重要政策課題、法律草案都是由審議會提出與修正。依據法律及內閣命令組成的審議會約有兩百多個，較重要的有決定政府經濟政策最高方針的「經濟審議會」、決定產業政策的「產業結構審議會」、討論政府財政與預算方針的「財政制度審議會」、討論資本自由化的「外資審議會」、有關稅收政策的「稅制調查會」、研究行政改革議題的「行政調查會」等等。

團體也會利用對國會議員遊說的方式，以使符合其利益的法案能得到國會的通過。

勞工利益團體

戰後的日本工會組織是依據 1949 年勞動組合法而成立的。在 1980年代以前，全國性的大型工會團體主要有四個，即日本勞動組合總評議會（General Council of Trade Unions of Japan，簡稱「總評」）、全日本勞動總同盟（同盟）、全國勞動組合聯絡協議會（全勞協）、全國產業別勞動組合聯合（新產別）。此外，具有代表性的工會組織還有日本教職員組合（Japan Teachers' Union, JTU，簡稱「日教組」）、全日本自治團體勞動組合、全農林勞動組合等各類行業工會團體，以及以企業為單位的工會團體。

日本的工會組織相當多，成員規模也大，但是由於各個主要全國性工會的立場不盡相同，力量分散，導致工會的政治影響力不如工商業利益團體。再加上經濟大幅成長使得社會富裕程度增高，中產階級意識的增強反而使得工會的統合力量降低，工人參加工會的比率也從 1949 年的 55.8%，減少到 1987 年的 27.6%，2002 年的 20.2%。近年來日本勞工組織的組織率逐漸下滑，2004 年甚至達到 19.2% 的歷史新低。

一般而言，日本工會的政治影響力並不強，一方面是因為工人參加工會的比例不高，另一方面，兩大全國性工會組織——總評與同盟長期處於對立，又欠缺整合能力，造成半數以上以企業為單位的工會組織未參加任何一個全國性工會組織，總評、同盟所屬工會組織也各行其是，政治資源難以得到統合，影響工會組織的政治影響力。

1987 年，同盟以及中立勞動組合聯絡會議解散，並與全日本民間勞組協議會（1982 年成立，以 16 個行業工會組成的政策推進勞組會議為中心）合組「全日本民間勞動組合聯合會」，簡稱「聯合」。1989 年 11 月，總評、全國行業勞動組合聯合宣布解散，與「聯合」組成「日本勞動組合總聯合會」。此外，共產黨系統的工會組成「全國勞動組合總聯合」，社會黨左派系統工會則組成「全國勞動組合聯絡協議會」。

　　日本勞動組合總聯合會並沒有明顯主張支持特定政黨，但是積極主張社會黨與民社黨進行合併，並且在 1993 年成功地推動包括社會、民社兩黨在內的細川護熙聯合政府。然而，1994 年社會黨決定與自民黨合組聯合政府，且民社黨與其他政黨合組新進黨後，日本勞動組合總聯合會想要透過政黨力量來擴大政治影響力的企圖變得比較困難。

　　至目前為止，日本勞動組合總聯合會是日本最大的工會組織與最大的社會團體之一，即使是自民黨內重要領導人物，例如前幹事長加藤紘一等人，也與日本勞動組合總聯合會的領導成員保持密切的互動。

　　基本上，願意加入且積極參與工會的多半是高齡的勞工，他們加入工會也反映日本戰後初期社會主義與共產主義等意識形態對日本經濟社會的影響；現階段日本工會組織率下滑，年輕勞工不是不願意加入工會組織，而是受到日本勞資關係特有的「終身雇用制」的影響。如今日本在泡沫經濟瓦解後出現嚴重的失業問題，終身雇用制也被廢除，日本工會組織率是否有改變的趨勢，以及勞工組織對政治影響力是否有所變化，是一個值得觀察的議題。

　　日本教職員組合（日教組）是在 1947 年由幼稚園、小學、中學、高中、大學的教職員統一聯合起來的工會，在政治立場上向來是支持日本共產黨，立場左傾。1997 年的成員數達到 40 萬人，是國際知名的教師團體。伴隨著 1989 年「連合」（日本勞動組合總連合會）的組成而加盟，並造成反對團體全日本教職員組合協議會（全教）的成立。日教組的力量逐漸分散，組織率也日漸低落，2004 年日教組成員在全國教職員的比率跌破 30%，也創下歷史新低，該組織實力的衰弱，也反映在日本共產黨選票的下滑。

　　1980 年代以來，由於第二次行政改革的進行，勞工組織為了發揮在改革過程中的影響力而發生重組，1982 年成立了全日本民間勞動組合協議會（全民勞協），當時會員有 484 萬人，以遂行其「勞動戰線的統一」目標。1987 年，「同盟」與「中立勞聯」解散，與「全民勞協」合併成全日本民間勞動組合聯合會，「總評」與「新產別」也在 1989 年 11 月解散後加入，後來成立新的組織日本勞動組合總聯合會 (Japanese Trade Union Confederation, JTUC, 簡稱「聯合」)。雖然「聯合」成員約 800 萬人，約佔有組織工人的 63%，但內部仍然派系林立，難以統一行動。但即便如此，聯合在 90 年代政界重編中發揮重要影響力，1994 年的社會調查中，聯合名列 20 個最有影響力利益團體的第三名，甚至高於財界團體日商與日經聯。戰後的勞工組織向來支持左派立場的社會黨與共產黨，但在政治總體保守化的過程中，勞工組織立場漸趨保守，從 80 年代以後的勞動組織重組，以及 90 年代的政界重編，共產、社會黨的式微與民主黨的興起，都可以看出這個勞工保守化現象日益明顯，也凸顯出利益團體對政黨的生存都具有關鍵的影響力。

農業利益團體

在工商業極度發達的日本，農業利益團體始終擁有舉足輕重的地位，除了最大的日本農業協同組合(Japan Agricultural Co-operatives, 簡稱「農協」) 以外，還有全國農民總同盟、中央畜產會、中央酪農會議、日本園藝農協聯合會等農業利益團體。但「農協」因為組織龐大，成員眾多，是最有影響力的利益團體。1900 年日本政府制定產業組合法，促成了農民組織的興起，也是「農協」的雛形。二次大戰時由於日本糧食不足，為了增加稻米生產，讓國民公平分配到米糧，而制定了食糧管理法（簡稱食管法），並依據此法成立了名為「農業會」的農民組織。1947 年，日本政府頒布農業協同組合法，規範「農協」的目的是為了提升農民的經濟地位，具備信用、販賣、購買、災害共同救濟等功能，「農協」因此成為政府認可與扶植下的官辦機構。「農協」團體中有中央農協與地方農協之分，中央農協設有掌管農產品購銷的全國農協聯合會、負責信用貸款的農林中央金庫、從事保險的全國共濟農協聯合會，在地方政府的都道府縣市町村層級都設有相關機構，組織非常嚴密，日本農民中有 99% 都納入農協組織中。農協擁有巨大的政治力量，在 1980 年代中期以前一直是自民黨最穩固的支持基礎。

由於農協是經由農業協同組合法之規定而成立，也可以視為協助政府實施國家農業政策，分配農業補助金的準行政機構；但因為農協並非特殊

法人或公益法人，使得農協並非政府的一部分。然而，農協與日本政府之間卻存在著許多爭議的關係。

農協成立之初，由於繼承著「農業會」的許多不良資產，再加上戰後的通貨膨脹，使得農協經營並不順利，日本政府為了救援而在 1953 年制定了「農林漁業工會整治促進法」，又在 1956 年制定「農協整治特別措施法」，對農協給了不少的補助。此外，在泡沫經濟盛行的 1980 年代後期，大藏省為了推動農協系金融機構的資金流向不動產，大藏省行政官僚不惜與農協主管部門達成保障農協系金融機構回收貸款資金的協議。結果造成了不動產與股票價格急遽攀升。泡沫經濟崩潰後農協面臨龐大損失，但自民黨族議員與政府照樣在輿論反對下用國民的稅金給予補貼，解決農協鉅額的不良債權。

1990 年代日本農業面臨美國開放農業市場的壓力，使得政府與國會議員也無法像過去那樣強力捍衛農民利益，但「農協」所掌握的農村票仍是一股無法被政治人物忽視的龐大勢力。1994 年的社會調查顯示，農協在 20 個最有影響力的利益團體中名列第九。1995 年農協推薦的 40 名參議員候選人中，有 34 人當選，可見農協勢力雖然大不如前，但仍是不可忽視的強大利益團體。

其他的特殊利益團體

除了上述的幾種在政治上影響力較大的利益團體，還有幾種特殊類型的利益團體，例如專家利益團體中的日本醫師會、地方政府等機關組成的地方六團體、以及宗教團體創價學會等，都是不屬於一般工商農勞等分類，但影響力卻不可忽視的利益團體。

日本醫師會（Japan Medical Association，簡稱日醫），是在 1916 年由北里柴三郎博士所設立的醫師團體，1947 年成為社團法人，由日本全國的「開業醫師」（並不包括在大醫院工作的「勤務醫」）所組成，目前有全國 6 成的醫師（15 萬 9,224 人，2003 年 12 月的資料）參加。因為醫師是專業的高薪階級，所以醫師會的會費一人一年高達約 25 萬日圓，擁有十幾

萬會員的醫師會每年就可輕而易舉的募集五、六十億日圓的資金，該會並可視情況徵集臨時會費，透過國會議員遂行其目的，影響力也不小。該會在 1994 年的社會調查中，名列 20 個最有影響力利益團體的第 11 名。日醫在過去的極盛時期，就像族議員中的「御三家」一樣，與「農協」、工會組織「總評」共同被稱為「利益團體御三家」。日醫在選戰時的影響力，被認為是「無法單獨讓一個候選人當選，但絕對有讓人落選的實力」。例如在 2000 年 6 月的眾院大選時，由於眾議員戶井田徹曾在自民黨醫療基本問題調查會中，對醫療報酬修正表態「只讓醫師收入增加說不過去」，因此他選區的姬路市醫師會沒有推薦他，被普遍認為這是導致他高票落選的原因，日醫的影響力也因此不敢被任何候選人小覷。

地方六團體是指全國知事會、全國都道府縣議會議長會、全國市長會、全國市議會議長會、全國町村會、全國町村議會議長會，這六個地方政府的民選首長與議員所組成的利益團體，大多是戰前就存在的，其功能除了各地方政府首長間的彼此聯繫與進行地方政務有關的研究調查外，主要就是經由對國會議員與行政機構施加壓力，而串連起來向中央政府「搶錢」，獲得建設地方的資本。日本是個中央集權的國家，地方政府由於缺乏財源，經常需要中央的補助，使得地方自主性較低，向來被譏為「三成自治」，因此地方六團體挾其地方首長、基層民代的民意基礎，聯合起來發揮在政治上的影響力，以爭取預算與建設，並抵抗中央政府對地方不利的政策，小泉內閣正在進行的三位一體改革❷與道路公團改革，都可以見到地方六團體的串連反抗活動。

---

❷ 三位一體改革是指中央對地方的補助金、地方交付稅削減的同時，將中央稅源移轉給地方，由於稅源一共分了三個方向進行，因此稱為三位一體。這是 2002 年 6 月 7 日，小泉純一郎在經濟財政諮詢會議所提出的改革方針，目的是為了推動地方分權、促進國家與地方的行政效率化、財政健全化。但由於改革必須伴隨著地方補助金的削減與中央稅源的移讓，使得中央政府與地方政府都不樂見。

表 10-1 　日本著名的壓力團體

種　類	壓力團體名稱	簡　稱	創立年分	活動內容	加盟人數與團體
經濟團體	經濟團體聯合會	經團聯	1946	代表整個工商業界對內對外進行交涉	會員約1,000人
	日本經營者團體聯盟	日經聯	1948	向政府建議勞工對策	100個團體，約3萬社
	經濟同友會	同友會	1946	向政府提出經濟政策建議	經營者約1,500人
	日本商工會議所	日商	1953	中小企業的全國組織	約140萬人
勞工團體	日本勞動組合總評議會	總評	1950	以改善勞動條件為目標	約200萬人
	全日本勞動組合總聯合會	聯合	1989	官民統一	約761萬人
	日本教職員組合	日教組	1947	改善教育環境，堅持和平、人權、民主主義	約31萬人
農業團體	日本農業協同組合	農協	1947	提高政府收購農產品的價格、限制農產品進口、增加農業補助金	約700萬農民
	全國農業協同組合聯合會	全農	1972	販賣與購買的一體化	由全購聯、全販聯合併而成
	全日本農民組合聯合會	全日農	1922	與舊地主對抗	約由25萬農民組成
消費者團體	主婦聯合會	主婦聯	1948	保障消費者權利	約450個主婦團體
職業工會	日本醫師會	日醫	1947	提高醫療費、維持醫師售藥權、醫師優惠稅制	約11萬人
	日本齒科醫師會	日齒		推廣牙齒保健	約6萬4千人
	日本藥劑師會		1948	維護藥師倫理，醫藥品質	約9萬人

　　創價學會 (Soka Gakkai) 則是一個非常具有政治色彩的宗教團體，該團體篤信日本佛教宗派日蓮正宗，在二次大戰時因反對日本軍國主義被日本政府迫害。戰後在 1955 年開始推出候選人競選地方議員。創價學會第二任會長戶田城聖於 1956 年 8 月，在學會刊物《大白蓮華》上發表了「王佛冥合論」，向社會大眾揭示創價學會參與政界的目的。戶田在文中表示：「我們對政治的關心，就是要宣導傳播三大密法的南無妙法蓮華經，只有國立戒壇的建立，才是我們的目的。」也就是說，創價學會是為了在日本推動其教義中的三大密法——本尊、戒壇、題目（南無妙法蓮華經），才參與政治。1961 年創價學會成立了公明政治聯盟，1964 年正式成立公明黨，1969 年公明黨在眾議院選舉大勝，成為國會第三大黨。之後雖然經歷了「言論出版妨害事件」後席次下跌，但始終是政壇中不可忽視的力量。在小泉內閣中，公明黨是與自民黨組聯合內閣的關鍵少數政黨，並在歷次選舉中動員創價學會組織在全國各選區為「友黨」拉票，對增加自民黨的席次頗有幫助，由此可見創價學會在政治上的強大影響力。

二、利益團體與中央行政官廳的關係

　　日本的政治過程，可以說是由企業界、國會議員與官廳之間的互動所構成。企業界透過政治獻金，可以控制國會議員，但必須接受官廳的「行政指導」與管理。國會議員有權否決行政官廳研議草擬而成的法案，使行政官僚的辛勞付諸流水，但國會議員的競選活動乃至日常開支，卻相當仰賴企業界的政治獻金以及選票的動員。行政官僚透過各式各樣的「行政指導」與執照認可權力，對企業界掌有生殺大權，但為使所擬法案獲得國會通過，卻必須討好國會議員。

　　對利益團體來說，政府預算是必須要爭取的目標，一般會計、特別會計、地方政府、財政投融資等預算大約佔日本 GNP 的三分之一，利益團體在每年 5 月到年底在行政機關進行各種遊說活動來影響政策，透過尋租 (rent-seeking) 活動與特權來搶佔這些政策的利益分配。由於日本內閣立法

佔所有法律總數的八成，所以，對行政機構的說服工作是利益團體影響立法的主要手段。在日本較為特殊的狀況是，官僚機構經由審議會、懇談會等官方諮詢機構與諮詢委員會，在個別政策領域中獲得利益團體的同意。透過利益團體的活動，可以影響政府的政策，探測官員的誠意。另一方面政府可以吸取各方面的資訊，了解各利益團體對特定政策的反應。

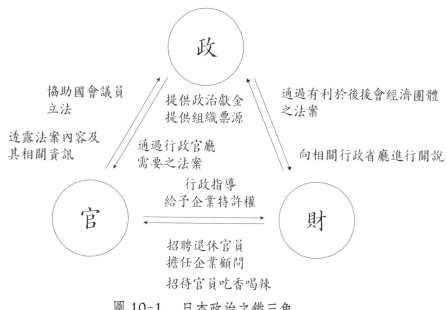

圖 10-1　日本政治之鐵三角

日本官僚機構以「行政指導」作為管制民間業界與利益團體的另一種手段。「行政指導」並沒有法律或政令依據，它是政府為達成一定的政策目的，透過勸告、指示、獎勵、期望、警告等手段，在企業自願配合之下達成行政目的的活動。雖然企業有選擇服從或不服從行政指導的自由，而且不服從行政指導並沒有罰則的規定，不過由於政府許多行政行為對人民實際上都會產生利害得失的影響，企業為避免日後政府在其他事項上可能施加的刁難，多半會配合政府。

日本的利益團體多以獲得政府的協助與支持為主要的活動目的。日本主要的利益團體都有與其對應之省廳、局與課。對應關係團體最多的省廳

是通產省，大約有七百多個關係利益團體。利益團體對官廳最重要的活動，就是透過其相關省廳局課編列有助達成其目標的預算，從政府預算的消耗中牟取利益。

在公務人員的層級中，與利益團體接觸最密切的是課長，其次為局長，除了行政關係團體與專門職業人員團體外，其他團體無法任意接觸到事務次官與大臣。此外，派遣代表進入相關審議會中，也是利益團體常用的方式。農業、經濟等團體經常利用給予公務員退休後職位的承諾，以換取行政上方便。

利益團體與行政機關的私人關係，最明顯的現象就是「官員空降」。官員空降是指公務員在離職後進入與所管事務相關的公司或外調地方機關工作的現象。2001 年中央省廳重編前，在所有的官廳中，大藏省是最多公務員「空降」民間企業的官廳。大藏省與銀行、證券業的關係十分密切，東京證券交易所的首任、前任、現任理事長都是大藏省的退休事務次官，其他自大藏省離職後進入證券業、銀行業等證券相關公司的退休公務員也非常多。

轉往民間企業的公務員人數僅次於大藏省的官廳是建設省，而建設省也是中央官廳「空降」地方，擔任地方行政官員人數最多的官廳。日本每年的公共投資額高達三十兆日圓，為分食這塊大餅，建設業者將選票與政治獻金支持自民黨，以換取自民黨將業者所擬建設計畫交給建設省採用的機會，而業者為爭取官廳的支持，則以提供建設省官員退休後的工作機會作為回報。

利益團體與行政機關間的公務關係包括補助金、執照認可關係、法規制、行政指導等。教育、福祉、農業等政策受益型團體與專門職業人員團體中，有相當高的比率領有政府的補助金。農業、經濟、專門職業團體多半必須有政府的執照認可，而有行政指導關係的團體，多屬專門職業、農業、經濟、福祉等團體。由於行政機關握有透過種種行政手段限制利益團體行動的權力，因此對行政機關提出的要求，利益團體多半是唯唯諾諾答應少有拒絕，若是利益團體對行政機關有所要求，則往往透過其所資助、

支持的國會議員向相關官僚施加壓力，或者是透過參與各種諮詢機關，或是透過「官員空降」而來的卸任高級公務員，以「前輩」的姿態向在任的「後輩」公務員反映意見。

三、利益團體與政黨的關係

日本的利益團體幾乎都是藉由提供政治資金與選票等方式，透過政黨與國會議員對政府的政策制定發揮影響力。不同於美國的壓力政治，日本缺乏政治公關公司進行遊說活動，因此利益團體必須直接對政黨進行施壓，使得日本利益團體涉入政治的層面有其特殊性，國會的族議員甚至扮演了遊說行政機構的角色。此外，由於日本政黨基層組織薄弱，政治人物除了個人後援會，就必須倚靠利益團體的支持與動員才能增加其選票。因此大型利益團體的支持與否幾乎決定了一個政治人士，甚至是一個派閥或是政黨的命運。

任何利益團體皆以維護、增進團體的利益為目的，在日本雖然有一些利益團體採取與日本各政黨均維持關係的策略，但絕大多數利益團體已經和特定政黨存在著系統化的關係。日本學者村松岐夫等人的研究將日本的壓力團體分為經濟、農業、行政關係、福祉、教育、專業人員、勞工、市民政治等八種。經濟、農業、行政關係、福祉、教育等五種團體，是以自民黨為主要的接觸與支持對象。例如前面所說的工商團體、農協、醫師會、遺族會等大半的利益團體與自民黨的關係持續深化，自民黨與經團連、日商、同友會、日經連等財界團體有廣泛的關係，自民黨政治資金有一半來自財界利益團體。這是由於透過執政黨政治上的優勢地位，通常較能實現利益團體期望的緣故。以 1959 年成立的自民黨稅制調查會為例，在 1966年有 43 個利益團體向自民稅調會提出稅制修正的要求，到了 1970 年代則超過 100 個團體，1980 年代超過 200 個，1986 年有 358 個，可以看出自民黨對利益團體的要求有多麼「照顧」。

而勞動團體與市民政治團體則相對的以社會、公明、民社、民主黨等

在野黨為中心。過去的最大在野黨社會黨則與工會保持聯繫，社會黨80%
的資金來源於總評工會。後來日本工會重組後，「聯合」工會倒向支持民主
黨，使得社會黨（社民黨）席次大幅降低，而民主黨卻是現階段日本在野
第一大黨。共產黨則依靠產別工會，隨著工會成員的減少與重組，共產黨
也逐漸式微。公明黨依靠佛教團體創價學會的支援，一直在全日本維持穩
定的支持基礎。至於專業人員團體的情況，則介於上述兩種之間。由全部
團體的支持分布情況看，很容易發現多數利益團體是以自民黨為支持核心。

利益團體與政黨的關係，與上節所提的這種官僚空降問題，形成官僚、
執政黨、利益團體的鐵三角利益結構。我們可以從日本的汽車檢定制度（車
檢）來看出這個牢靠的既得利益連結。

車檢制度是以前的運輸省，現在的國土交通省管理下的重要法規。其
由來是二次大戰後的車輛法為基礎，目的是防止汽車的故障造成交通安全
的危害，因此政府強制汽車所有者必須定期進行檢修與零件的更換，但由
於汽車製造技術的提升與故障率降低，再加上車主本來就會定期回廠檢修，
不需要政府「多管閒事」，更不用說這項規定造成車主在車檢費用上的沈重
負擔。但是這個制度的修改乃至廢止，對於汽車修理業來說是生存問題，
汽車修理業大概有40%的營業額與車檢有關。與汽車修理業有關的利益團
體「日本自動車整備振興會連合會」（簡稱日整連），是基於道路運輸車輛
法所成立的公益法人，其下部組織是都道府縣的地方自動車整備振興會（振
興會）。舊運輸省自動車交通局（現在併入國土交通省）的路上技術安全部、
陸運支局是主管車檢制度的主要單位，該單位的官僚在退休後多半轉業（空
降）到日整連與振興會工作，獲得優渥的薪資與二次退休金。如果沒有車
檢制度，官僚的出路就成問題了。因此，車檢制度所代表的意義，並非僅
僅是表面上保障車子的安全性，而是保障官僚自己的生活。因此從1980年
代開始民間要求廢除車檢制度的改革聲浪，全部都被自民黨為首的運輸族
議員擋下，這是由於日整連長期對自民黨議員進行政治獻金與競選後援活
動，使得議員們「感恩圖報」下的後果，足以長期忽視社會大眾的要求，
捍衛既得利益不遺餘力。而關於車檢的改革議論，持續了二十多年到現在

都還在原地踏步的階段，顯見利益團體與政黨、官僚勾結後的影響力。

四、政治資金規正法的變形

　　利益團體最常使用金錢來影響政治。利益團體通常提供政治獻金給符合其利益的政黨、派閥乃至個別候選人，而接受政治獻金者則會以支持特定的法案與政策作為回報。在日本，戰前便有官商勾結的金權政治，戰後為規範政治獻金在合理與公開的情形下進行，1948 年日本政府就制定了政治資金規正法，然而由於規定過於寬鬆，漏洞百出以至於幾乎產生不了防弊的功效，事實上政治資金規正法是一個「死的法律」。

　　政治資金規正法在 1976 年洛克希德醜聞案爆發後經過相當的修正，修正後的法律將政治團體分為政黨、政治資金團體、其他政治團體三類。所謂「政黨」，是指擁有五名以上眾議員或參議員，或在最近的國會議員選舉中，獲得總有效票數的百分之二以上，而且擁有自治大臣確認書的政治團體。所謂「政治資金團體」是以援助政黨取得資金為目的而成立的政治團體，每個政黨至少擁有一個政治資金團體。自民黨的政治資金團體是「國民政治協會」，民社黨的則是「政和協會」。其他的政治團體則可再分為以單一都道府縣為主要活動區域的政治團體，以及活動區域跨越兩個以上都道府縣的政治團體兩類，前者的申報機關是各都道府縣選舉管理委員會，後者則是自治省（現在改為總務省）。

　　政治人物為了規避政治資金規正法修正後對企業政治獻金的限制，而紛紛成立「某某議員激勵會（後援會）」之類的組織，創造出「募款餐會商法」。候選人後援會以募款餐會為名義，向企業界大量發售「餐券」，其價格每張不乏高達三萬日圓者，但是真正的成本只有 20% 左右，因此，一次募款餐會往往可以募集到數千萬乃至上億日圓的資金。更重要的是，有些政治人物利用政府相對於企業的優勢地位，透過關係深厚的官廳向企業界分銷募款餐券，而企業界為了避免得罪行政官廳，不得不購買「餐券」，或是發動員工出席募款餐會，製造人氣。

　為防止這種變相的違法情形持續發生，1992 年修正政治資金規正法，規定自 1993 年 4 月起，利用募款餐券募集政治資金的行為將納入法律的規範下。其內容為：一、禁止公務員利用其地位販賣餐券，違者將受處罰。二、每人購入餐券總額的上限為一百五十萬日圓。三、購買餐券超過二十萬日圓者，必須向政府申報姓名。

　1994 年 3 月，以實現政治改革為成立目的的細川護熙聯合內閣在國會中通過的「政治改革四法案」，「政治資金規正法」屬於其中之一。其修正的精神，把過去以政治家個人與派閥為中心的政治資金籌措方式，導正為以政黨為中心的方式。然而，政治人物為了己身利益，必定會想出別的方法來籌措政治資金。法律不可能完全規範人的生活，在政治生態沒有改變的情況下，政治改革不可能僅靠著法律的規定就能達成。例如，餐券依舊是政治資金募集的「主流」，據估計一年有一百億日圓的資金是由餐券募來的，而且餐券募得的資金也沒有確實呈報，部分資金還是變成黑錢被隱匿起來。

　「政治資金規正法」對於政治家個人與其支援團體的政治獻金有相當程度的限制，但對政黨卻沒有限制，因此該法成立後，各黨紛紛在各地區設立「黨支部」來收取政治獻金，而這些黨支部也是由該地區的國會議員所負責，因此黨支部等於是過去政治人物的後援會、政治資金團體的翻版。正因為如此，黨支部的政治資金收入常常與主管該支部國會議員的「募款能力」劃上等號。舉例來說，有「政界的王子」之稱的自民黨前加藤派會長加藤紘一，擔任所屬選區的黨支部代表時，2001 年的政治獻金有 1 億 3,142 萬日圓，而後來加藤因為牽涉到政治資金逃稅問題而辭職以示負責，該支部在換人擔任代表後，2002 年的政治獻金只有 106 萬 5,000 日圓，相差了百倍之多。由此也可以看出，「政治資金規正法」雖然想要切割政治人物與金錢的關係，但是「資金仍然追著政治人物跑」，而財閥與利益團體對政黨的獻金又沒有限制，要杜絕金權政治的效果其實很有限。

　2004 年爆發的「日齒連獻金事件」，又再次證明「政治資金規正法」實在無力解決日本金權政治的弊端，也暴露出該法依舊無法遏止政治與利

益的掛勾，只是個名副其實的「漏洞法」罷了。

表 10-2　政治資金規正法對捐款總額的限制

捐贈者	捐贈給政黨（政治資金團體）	捐贈給其他政治團體、個人
個人	（總量）最多 2,000 萬日圓 （單一政黨）沒有限制	（總量）最多 1,000 萬日圓 （單一政治團體或個人）最多 150 萬
公司、勞動團體	（總量）最多 750 萬至 1 億日圓，視公司、勞動團體的規模大小 （單一對象）沒有限制	禁止

　　2004 年 7 月東京地檢特搜部逮捕了自民黨前眾議員吉田幸宏與日齒連前會長臼田貞夫，日齒連對自民黨橋本派見不得光的黑錢才被公諸於世，被稱為「日齒連獻金事件」。這起事件是日本牙醫師會組成的政治團體日本牙醫師連盟（日齒連），在沒有登記、沒有收據的情況下，於 2001 年 7 月由會長臼田親手交給前首相橋本龍太郎一億日圓的支票，這種隱瞞國民的「黑錢」違反了政治資金規正法中要求資金流動公開透明的規範。原本日齒連依照正常的管道，應該把錢交給自民黨的政治團體「國民政治協會」，由黨來統籌規劃政治獻金，並向政府申報從哪些團體與個人收了多少錢，讓一切政治資金流向透明化。但在這起事件中，日齒連與橋本派迴避法律規範，跳過了自民黨，直接由政治人物私下接受獻金，並另外爆出橋本派虛報其他諸多費用與資金來源，視政治資金規正法如無物。這種逃避法律規範的手法被稱為「迂迴獻金」，事發後在野黨聯合提出政治資金規正法的修正案，以防類似事件的重演，不過在政權輪替無望的情況下，光憑不過半的在野黨要能夠修改「漏洞法」的機會是微乎其微的。

話題 **公共建設的魔術**

日本公共建設非常具有特色，我國政府行政部門考察國外經驗時，經常選擇日本公共建設作為重要的參考依據；國人旅遊日本時，多多少少會留意到日本公共建設的特色，例如高速公路旁邊的休息站，不僅佔地廣大，還有數量驚人、卻井然有序之車輛與旅客，包羅萬象的土產品或食品，連公共廁所也很乾淨，或是裝置具有高科技的衛生設備。這些公共建設的確是日本精緻文化的象徵之一，但是公共建設卻是日本腐敗的金權政治之淵藪。

日本興建大量的公共建設，主要目的在於促進城鄉的均衡發展，特別是出身於農業地區、新潟縣的田中角榮擔任國會議員與內閣首相後，不遺餘力地推動公共建設，例如興建從東京到新潟縣的新幹線鐵路，可以說是利用公共建設拉近城鄉差距的最佳證明。此外，二次大戰結束後許多公共建設是為了修復原有的道路、鐵道，或是為了配合經濟發展而興建的基礎建設，例如港口、機場等，這些公共建設對日本經濟發展有相當大的助益。

大量的公共建設也可以促進經濟發展，經濟學者凱恩斯曾經提出完整的說法，政府在經濟景氣衰微時期，應該更積極地推動公共建設的支出，雖然在短期內可能出現政府赤字，可是這些公共建設將帶動就業的增長、原料採購的成長、工業生產等連鎖性效應，也就是促進經濟景氣的恢復。一旦景氣恢復後所增加的稅收或是社會福祉將可以消除過去的政府舉債。日本在 1990 年代泡沫經濟瓦解後的景氣振興方案大多是基於這樣的理論。

問題是，從國會議員的角度來觀察，地方公共建設卻是國會議員的「績效」，國會議員沒有績效，會被譏為「不夠力」，會被批評為「不認真」，會被選民唾棄，也就是會落選，失去政治生命。因此，國會議員往往積極爭取這些公共建設計畫。尤其是「中選舉區制」的時代，由於同一選區產生多位國會議員，造成該選區的國會議員會有「輸人不輸陣」的心理。別的國會議員為選區爭取到一個美麗的公園，我也

要爭取一個美麗的公園；別的國會議員為選區爭取到一座跨海大橋，我也要蓋一個更大、更壯麗的跨海大橋，最好再加上高速公路搭配跨海大橋；如果有收費站或休息站可以增加就業機會，那就更好了！就在這樣的邏輯思考下，公共建設不是為了提振經濟景氣，而是為了達成國會議員的績效。

國會議員除爭取績效，向選民討好「人情債」之外，這些公共建設往往也是建設公司、營造公司以及相關企業的「業績」，國會議員、建設公司、營造公司以及相關企業遂形成「利益共生網」，國會議員不僅爭取選區的公共建設，更要想辦法讓特定的建設公司、營造公司或相關企業來承包興建工程，這些公司有了生意與利潤後，當然會再提供適當的政治資金給國會議員，國會議員的選舉經費就有著落了。

更麻煩的是，有些公共建設需要維修、管理、修補等費用，長年累積的結果也是政府財政上的一大負擔。例如，高速公路通車後，高速公路的修補費用、高速公路收費站的人事費用、高速公路休息站的維修管理費用，這些都是「錢、錢、錢」。萬一某高速公路的使用頻率並不高，每天通過的車輛及其所支付的通行費往往不足以支出該高速公路的成本，政府只好繼續「舉債」來維持這條高速公路了。

由此可見，這麼多的公共建設一定會造成政府龐大的財政赤字，而且，這些公共建設未必是經濟發展所需要的基礎建設，也無法促進經濟景氣的恢復。如此一來，這些公共建設反而成為一種預算的浪費，甚至是一種消耗政府預算的權力與利益之交換機制。因此，日本政府已經開始檢討這些不必要的公共建設，高速公路的民營化，郵政民營化等具有爭議性議題之癥結與衝突，也在於不同行為者相異的思考邏輯。

結　論

2005 年是戰後 60 年。1945 年是日本戰敗之年，屬乙酉年，2005 年又回到乙酉年，俗語說 60 年是還曆。

在日本戰敗當時，人們都期待日本將從軍國主義國家、戰爭國家，轉變為民主國家、和平國家。實際上如將戰前與戰後的日本對比，戰前的價值觀就是從事戰爭、侵略、天皇主權的專制、貧困的生活，而戰後變為放棄戰爭、和平、國民主權的民主、富裕的生活。換言之，戰後的價值觀是對戰前價值觀的否定開始，從不惜「為國戰死」轉變為尊重個人生命，從「國家第一」轉變為基本人權的尊重，言論的自由、良心思想的自由、男女同權平等，其間價值觀有 180 度的轉變。在戰後的這 60 年當中，日本的政治、經濟、社會、文化等各方面產生很大的變化。日本在美國的指導下，重建了一套合乎國際要求的政治制度，但是現在又在美國為首的國際壓力下，面臨重大的改變。

如果將戰後日本的發展分期，則第一期是從 1945 年到 1950 年代，日本戰敗與美軍佔領、韓戰到簽訂合約獨立時期；第二期從 1960 年到 1973 年石油危機的經濟高度成長時代；第三期是石油危機以後到 1989-91 年冷戰體制終結，而 1989 年是昭和天皇去世之年，隨著「昭和時代」的結束，讓日本人意識到戰後時代終了；從 1990 年代開始至今是第四期，經過九一一事件、伊拉克戰爭的重大轉變期。

日本的政治制度在 1945 年是一個斷層，經過戰敗及美國式的改革，持續到國際上的東西冷戰終結，從 1990 年前後開始有一種類似地殼的變形。日本經濟在 1990 年開始泡沫化以後，至今挫折感和閉塞感充滿了整個社會，日本媒體遂有「失去的 10 年」的稱謂。日本政治在 1993 年因自民黨「一黨獨大體制」的崩潰，而進入多黨聯合政權的時代，其後自民黨雖然再行執政，但已經不復掌握過半數的優越地位，必須面臨與友黨聯合執政的局面。

日本的地殼變動是在外在的壓力下進行，日本人的內心其實並不以為然。例如日本政府說郵政民營化有這麼多好處，並且以數據表示如此可以提高效能，然而人們內心的疑問卻是：郵政民營化的好處被政府說得天花亂墜，但是維持現狀又有什麼不好，為什麼有這麼多人要反對民營化？一定是有很多人覺得維持現狀有什麼不對！

日本正在進行法制化，例如志願工作（志工）或服務活動，目的都是創造一個更溫馨的社會，所以幾乎沒有人反對，但若要將此法制化的話卻另當別論，會有很多人起來反對。因為人們的「自由意志」或「自發性情感」，在「法制化」之後變成強制性的，亦即「法制」將自由社會「經由人民同意的政治」從根本推翻，而讓權力當局去統治了。

在所謂自由化、國際化的口號之下，日本正在進行「法制化」的結構改革，政治制度隨之也在變形，有人說其實這是「統制化」的一種偽裝。因為自由社會與統制化社會，在基本上法律的性質相當不同。自由社會中以不侵犯他人的自由為原則，而規定「不可……」的禁止法，如不可詐欺、不可傷害、不可妨害名譽、不可侵佔、不可殺人等等；在統制化的社會，則以國家權力制定人民「應……」的命令法，如應愛國、應尊敬國旗、國歌等。這些本來是屬於個人的自由或良心的領域，法制化之後則給予國家監視的權限，帶有強制性而將人民統制化了。

在自由化和國際化的波浪滲透之下，制度的改革不只限於政治、經濟，連教育、醫療、文化等其他各方面都被迫進行改革。但是因應國際化而提高國家對外的自由度時，或許在另一方面反而降低了國民的自由度。當企業的自由度提高時，在職員工說不定更容易被裁員或被迫加班工作了。日本的結構改革，宣稱要將民間的經營資源和能力，推廣到經濟以外的領域。民營化既然有那麼多好處，為什麼以民間經濟出發的資本主義自由經濟，在過去 200 年間要創造社會保障制度、公立學校等公共制度呢？日本對義務教育的國庫補助金設定種種使用限制，但是為什麼對政黨的補助金使用則不設限制呢？所謂「制度化」，即對制度的變形結果，進一步發現對我們具有參考性的成分吧。

參考書目

Kent E. Calder，1989，自民黨長期政權の研究。東京：文藝春秋社。

NHK放送文化研究所（編），2000，現代日本の意識構造。東京：日本放送出版協會。

三宅一郎，1995，日本の政治と選舉。東京：東京大學出版會。

三宅一郎，1998，政黨支持の構造。東京：木鐸社。

三宅一郎、山口定、村松崎夫、進藤榮一，1985，日本政治の座標。東京：有斐閣。

上田耕一郎，1999，國會議員。東京：平凡社。

上住充弘，1995，分裂政界の見取圖。東京：時事通信社。

千田夏光，1978，あの戰爭は終ったが──體驗傳承の視點。東京：汐文堂。

大山耕輔，1996，行政指導の政治經濟學。東京：有斐閣。

大竹邦實，1996，わかりやすい公職選舉法。東京：ぎょうせい株式會社。

大嶽秀夫，1999，日本政治の對立軸。東京：中央公論新社。

大嶽秀夫，2003，日本型ポピュリズム──政治への期待と幻滅。東京：中央公論新社。

大嶽秀夫，1996，現代日本の政治權力經濟權力。東京：三一書房。

小林良彰（編），1999，日本政治の過去・現在・未來。東京：慶應義塾大學出版會。

小林良彰，1997，現代日本の政治過程。東京：東京大學出版會。

小林良彰，2000，選舉・投票行動。東京：東京大學出版會。

小林直樹，1963，日本における憲法動態の分析。東京：岩波書店。

小林直樹，1982，憲法第九條。東京：岩波書店。

小高剛等編，1978，地方自治法入門。東京：有斐閣。

小澤一郎，1993，日本改造計劃。東京：講談社。

山口二郎（編著），2001，日本政治——再生の條件。東京：岩波書店。

山口二郎，1993，政治改革。東京：岩波書店。

山口二郎，1997，日本政治の課題：新政治改革論。東京：岩波書店。

山口二郎，2004，戰後政治の崩壞。東京：岩波書店。

山口二郎，1989，一黨支配體制の崩壞。東京：岩波書店。

山口二郎，1999，危機の日本政治。東京：岩波書店。

川人貞史、吉野孝、平野浩、加藤淳子，2001，現代の政黨と選舉。東京：有斐閣。

川上和久、丸山直起、平野浩，2000，21世紀を読み解く政治學。東京：日本經濟評論社。

川北隆雄，1999，官僚たちの繩張り。東京：新朝社。

川村俊夫，2000，日本國憲法の心とはなにか。東京：あけび書房株式會社。

不破哲三，1991，日本共產黨綱領と歷史の檢證。東京：新日本出版社。

不破哲三、井上ひさし，1999，新日本共產黨宣言。東京：光文社。

中野實，2002，日本政治經濟の危機と再生。東京：早稻田大學出版社。

中曽根康弘、宮澤喜一，2000，憲法大論爭：改憲 VS 護憲。東京：朝日新聞社。

中邨章，2001，新版官僚制と日本の政治——改革と抵抗のはざまで。東京：北樹出版。

五十嵐敬喜、小川明雄，1995，議會：官僚支配を超えて。東京：岩波書店。

五十嵐敬喜、小川明雄，1997，公共事業をどうするか。東京：岩波書店。

五十嵐敬喜、小川明雄，1999，市民版行政改革。東京：岩波書店。

今井照，2004，地方自治のしくみ。東京：學陽書房。

今村都南雄（編著），2002，日本の政府體系：改革の過程と方向。東京：成文堂。

内田建三，1989，現代日本の保守政治。東京：岩波書店。

內田健三，1983，派閥。東京：講談社。

內田滿，1981，政黨政治の政治學。東京：三一書房。

內田滿，1983，政黨政治の論理。東京：三嶺書房株式會社。

升味準之輔，1988，日本政治史 4：占領改革、自民黨支配。東京：東京大學出版會。

升味準之輔，1983，戰後政治：1945-1955 年（上）、（下）。東京：東京大學出版會。

升味準之輔，1985，現代政治：1955 年以後（上）、（下）。東京：東京大學出版會。

日本政治學會（編），1996，日本政治學會 1996 年年報：55 年體制の崩壞。東京：岩波書店。

日本國際政治學會（編），1998，21 世紀の日本、アジア、世界。東京：國際書院。

日本現代史研究會，1988，戰後體制の形成。東京：大月書店。

木田雅俊，2001，現代日本の政治と行政。東京：北樹出版。

水野清、堺屋太一、榊原英資、岡本行夫，2001，官僚と權力。東京：小學館。

加藤秀治郎，2003，日本の選舉：何を變えれば政治が變わるのか。東京：中央公論新社。

加藤秀治郎、橋本五郎編著，1995，圖說日本はこうなっている政治のしくみ。東京：PHP 出版社。

北岡伸一，1995，政黨政治の再生——戰後政治の形成と崩壞。東京：中央公論社。

北岡伸一，1995，自民黨：政權黨の 38 年。東京：讀賣新聞出版社。

北岡伸一，2000，「普通の國」へ。東京：中央公論新社。

北岡伸一，2004，日本の自力——對米協調とアジア外交。東京：中央公論新社。

古川利明，1999，システムとしての創価学会＝公明党。東京：第三書館。

古賀純一郎，2000，經團連。東京：新潮社。

正村公宏，1999，日本をどう變えるのか。東京：日本放送出版協會。

民間政治臨調，1995，日本變革のヴィジョン―民間政治改革大綱。東京：講談社。

永森誠一，2002，派閥。東京：筑摩書房。

田中一昭、岡田彰合編，2000，中央省庁改革―橋本行革が目指した「この国のかたち」。東京：日本評論社。

田中伸尚，2000，日の丸・君が代の戰後史。東京：岩波書店。

田中直毅，1994，日本政治の構想。東京：日本經濟新聞社。

田中直毅，2001，構造改革とは何か。東京：東洋經濟新報社。

田中浩，1996，戰後日本政治史。東京：講談社。

田島義介，1995，地方分權事始。東京：岩波書店。

石川真澄，1993，戰後政治史。東京：岩波書店。

石川真澄、廣瀬道貞，1989，自民黨：長期支配の構造。東京：岩波書店。

石川真澄、田中秀征、山口二郎，2000，どうする日本の政治。東京：岩波書店。

石川真澄，1993，戰後政治史。東京：岩波書店。

伊藤光利、田中愛治、真淵勝，2000，政治過程論。東京：有斐閣。

吉田和男，1996，憲法改正論。東京：PHP 研究所。

佐佐木信夫，1996，圖説日本はこうなっている行政のしくみ。東京：PHP。

佐佐木毅（等編），1991，戰後史大事典。東京：三省堂出版。

佐佐木毅（編），1999，政治改革 1800 日の真實。東京：講談社。

佐佐木毅、吉田慎一、谷口將紀、山本修嗣（編），1999，代議士とカネ。東京：朝日新聞社。

佐佐木毅，1992，政治はどこへ向かうのか。東京：中央公論社。

佐藤誠三郎、松崎哲夫，1986，自民黨政權。東京：中央公論出版社。

村松岐夫（等著），1988，地方議員の研究。東京：日本經濟新聞社。

村松岐夫，1994，日本の行政：活動型官僚制の變貌。東京：中央公論新

社。

村松岐夫，1999，行政學教科書。東京：有斐閣。

並河信乃（編著），2002，檢證行政改革──行革の過去・現在・未來。
東京，イマジン出版株式會社。

京極純一，1983，日本の政治。東京：東京大學出版會。

依田薰，2000，全図解「省庁再編」のすべて──行政のしくみ利権の構図
はこう変わる。東京：日本実業出版社。

岩井奉信，1990，政治資金の研究。東京：日本經濟新聞社。

東京大學社會科學研究所編，1974，戰後改革全八卷。東京：東京大學出
版會。

松下圭一，1994，戰後政治の歷史と思想。東京：筑摩書房。

松下圭一，1999，自治體は變わるか。東京：岩波書店。

松本健一，1999，「日の丸・君か代」の話。東京：PHP 研究所。

松村崎夫、伊藤光利、辻中豊，2001，日本の政治。東京：有斐閣。

松原聰，2000，既得權の構造──「政・官・民」のスクラムは崩せるか。
東京：PHP 研究所。

松島通夫，1991，政治家の條件。東京：岩波書店。

阿部齊、新藤宗幸、川人貞史，1991，概説現代日本の政治。東京：東京
大學出版會。

阿部齊、内田満、高柳先男（合編），1999，現代政治學小辞典。東京：
有斐閣。

城山英明、鈴木寬、細野助博，1999，中央省廳の政策形成過程。東京：
中央大學出版部。

後藤田正晴，1994，政と官。東京：講談社。

原彬久，2000，戰後史のなかの日本社會黨。東京：中央公論新社。

渋谷秀樹，2001，憲法への招待。東京：岩波書店。

神島二郎（編），1985，現代日本の政治構造。京都：法律文化社。

草野厚，1999，連立政權──日本の政治 1993 ～。東京：文藝春秋。

高畠通敏（編），1989，社會黨。東京：岩波書店。

高橋正則、小林正敏、上條末夫、福岡政行，1982，現代日本の政治構造。東京：蘆書房。

崛江湛（編），1993，政治改革と選擧制度。東京：蘆書房。

笠原英彥、玉井清（編）。1998。日本政治の構造と展開。東京：慶應大學出版會。

野口悠紀雄，1999，日本經濟再生の戰略。東京：中央公論新社。

野中尚人，1995，自民黨政權下の政治エリート。東京：東京大學出版會。

野中俊彥、中村睦男、高橋和之、高見勝利，1992，憲法 II。東京：有斐閣。

堀要，1996，日本政治の實證分析。東京：東海大學出版會。

富森叡兒，1981，戰後保守黨史。東京：日本評論社。

渡邊治，1994，憲法改革と憲法改正。東京：青木書店。

渡邊昭夫（編），1995，戰後日本の宰相たち。東京：中央公論社。

渡邊洋三，2000，日本國憲法の精神。東京：新日本出版社。

渡邊洋三，1996，日本をどう變えていくのか。東京：岩波書店。

粟本慎一郎，1999，自民黨の研究。東京：光文社。

粟本慎一郎，1999，現代政治の秘密と構造。東京：東洋經濟新報社。

菅直人，1996，日本大轉換。東京：光文社。

菅直人，1998，大臣。東京：岩波書店。

間場壽一（編），2000，講座社會學(9)：政治。東京：東京大學出版會。

新藤宗幸，2003，異議あり！公務員制度改革。東京：岩波書店。

福元健太郎，2000，日本の國會政治。東京：東京大學出版會。

福岡政行，2000，日本の選擧。東京：早稻田大學出版社。

蒲島郁夫，1988，政治參加。東京：東京大學出版會。

豬口孝，1993，日本：經濟大國の政治運營。東京：東京大學出版社。

磯村英一、星野光男編，1990，地方自治讀本。東京：東洋經濟新報社。

讀賣新聞政治部，2001，小泉革命——自民黨は生き殘るか。東京：中央

公論新社。

嶌信彦，2000，全図解「省庁再編」のすべて——行政のしくみ利権の構図はこう変わる。東京：中経出版。

榊原英資，1993，文明としての日本型資本主義。東京：東洋經濟新報社。

樋口陽一，1999，憲法と國家。東京：岩波書店。

樋渡展洋、三浦まり（編），2002，流動期の日本政治：「失われた十年」の政治學的檢證。東京：東京大學出版會。

辻中豊（編），2002，現代日本の市民社会・利益団体。東京：木鐸社。

辻中豊，1988，利益集団。東京：東京大学出版会。

圖片出處：

圖 1-1　Getty Images

圖 2-2、圖 3-2、圖 3-4、圖 5-1　　Reuters

中華民國憲法──憲政體制的原理與實際　蘇子喬／著

　　本書作者以深入淺出的筆觸，結合政治學與法學研究方法，對於我國憲政體制進行全面且深入的探討。本書一方面兼顧了憲政體制的實證與法理分析，對於憲法學與政治學的科際整合做了重要的示範，另一方面也兼顧了微觀與巨觀分析、學術深度與通識理解、本土性與全球性分析，非常適合政治學與憲法學相關領域的教師與學生閱讀，也適合對憲政體制與臺灣民主政治發展有興趣的一般讀者閱讀。

日本史──現代化的東方文明國家　鄭樑生／編著

　　本書將日本黎明時期至二十一世紀初的歷史作通盤的考察，對戰前失真的論著捨而未用，完全採用當今日本史學界的研究成果，並站在世界史的視野，加以扼要的敘述。內容除作為客觀的日本通史外，也站在一介外國人的立場來論述；且兼及中、日兩國彼此間的關係，與國際情勢的演變對這個國家所造成的影響。至於社會經濟的動向與文化發展的關聯，也是本書注意之處。而對各種學說的異同，則加以妥適整理後，表達作者的見解，並附適當的注釋文字與相關圖片，以加深讀者對日本史的認識。